Psicopatología de la vida cotidiana

Sigmund Freud

Psicopatología
de la vida cotidiana

Alianza editorial
El libro de bolsillo

Título original: *Psychopathologie des Altagslebens*
Traducción de: Luis López-Ballesteros y de Torres

Primera edición en «El libro de bolsillo»: 1966
Tercera edición: 2011
Quinta reimpresión: 2018

Diseño de colección: Estudio de Manuel Estrada con la colaboración de Roberto
Turégano y Lynda Bozarth
Diseño de cubierta: Manuel Estrada

    Calle Juan Ignacio Luca de Tena, 15
    28027 Madrid
    www.alianzaeditorial.es

ISBN: 978-84-206-5089-0
Depósito legal: B. 9.140-2011
Composición: Grupo Anaya
Printed in Spain

Si quiere recibir información periódica sobre las novedades de Alianza Editorial,
envíe un correo electrónico a la dirección: alianzaeditorial@anaya.es

Índice

Unas palabras del Dr. Freud sobre la versión al castellano de sus *Obras Completas:*

Sr. D. Luis López-Ballesteros y de Torres:

Siendo yo un joven estudiante, el deseo de leer el inmortal *Don Quijote* en el original cervantino me llevó a aprender, sin maestros, la bella lengua castellana. Gracias a esta afición juvenil puedo ahora –ya en edad avanzada– comprobar el acierto de su versión española de mis obras, cuya lectura me produce siempre un vivo agrado por la correctísima interpretación de mi pensamiento y la elegancia del estilo. Me admira, sobre todo, cómo, no siendo usted médico ni psiquiatra de profesión, ha podido alcanzar tan absoluto y preciso dominio de una materia harto intrincada y a veces oscura.

FREUD
Viena, 7 de mayo de 1923

1. Olvido de nombres propios

En el año 1898 publiqué en la *Revista de Psiquiatría y Neurología* un pequeño trabajo titulado «Sobre el mecanismo psíquico del olvido», que quiero reproducir aquí, utilizándolo como punto de partida para más amplias investigaciones. Examinaba en dicho ensayo, sometiendo al análisis psicológico un ejemplo observado directamente por mí mismo, el frecuente caso de olvido temporal de un nombre propio, y llegaba a la conclusión de que estos casos de fallo de una función psíquica –de la memoria–, nada raros ni importantes en la práctica, admitían una explicación que iba más allá de la usual valoración atribuida a tales fenómenos.

Si no estoy muy equivocado, un psicólogo a quien se preguntase cómo es que con mucha frecuencia no conseguimos recordar un nombre propio que, sin embargo, estamos ciertos de conocer, se contentaría con responder que los nombres propios son más susceptibles de ser olvidados que otro cualquier contenido de la memoria, y expondría luego plausibles razones para fundamentar esta preferencia del olvido, pero no sospecharía más amplia determinación de tal hecho.

Por mi parte he tenido ocasión de observar, en minuciosas investigaciones sobre el fenómeno del olvido temporal de los nombres, determinadas particularidades que no en todos, pero sí en muchos de los casos, se manifiestan con claridad suficiente. En tales casos sucede que no sólo *se olvida,* sino que, además, *se recuerda erróneamente.* A la conciencia del sujeto que se esfuerza en recordar el nombre olvidado acuden otros –*nombres sustitutivos*– que son rechazados en el acto como falsos, pero que, sin embargo, continúan presentándose en la memoria con gran tenacidad. El proceso que nos había de conducir a la reproducción del nombre buscado se ha *desplazado,* por decirlo así, y nos ha llevado hacia un sustitutivo erróneo. Mi opinión es que tal desplazamiento no se halla a merced de un mero capricho psíquico cualquiera, sino que sigue determinadas trayectorias regulares y perfectamente calculables, o, por decirlo de otro modo, presumo que los nombres sustitutivos están en visible conexión con el buscado, y si consigo demostrar la existencia de esta conexión espero quedará hecha la luz sobre el proceso y origen del olvido de nombres.

En el ejemplo que en 1898 elegí para someterlo al análisis, el nombre que inútilmente me había esforzado en recordar era el del artista que, en la catedral de *Orvieto,* pintó los grandiosos frescos de «las postrimerías del hombre». En vez del nombre que buscaba –*Signorelli*– acudieron a mi memoria los de otros dos pintores –*Botticelli* y *Boltraffio*–, que rechacé en seguida como erróneos. Cuando el verdadero nombre me fue comunicado por un testigo de mi olvido, lo reconocí en el acto y sin vacilación alguna. La investigación de por qué influencias y qué caminos asociativos se había desplazado en tal forma la reproducción –desde *Signorelli* hasta *Botticelli* y *Boltraffio*– me dio los resultados siguientes:

a) La razón del olvido del nombre *Signorelli* no debe buscarse en una particularidad del mismo ni tampoco en un especial carácter psicológico del contexto en que se hallaba incluido. El nombre olvidado me era tan familiar como uno de los sustitutivos –*Botticelli*– y mucho más que el otro –*Boltraffio*–, de cuyo poseedor apenas podría dar más indicación que la de su pertenencia a la escuela milanesa. La serie de ideas de la que formaba parte el nombre *Signorelli* en el momento en que el olvido se produjo me parece absolutamente inocente e inapropiada para aclarar en nada el fenómeno producido. Fue en el curso de un viaje en coche desde Ragusa (Dalmacia) a una estación de la Herzegovina. Iba yo en el coche con un desconocido; trabé conversación con él y cuando llegamos a hablar de un viaje que había hecho por Italia, le pregunté si había estado en Orvieto y visto los famosos frescos de...

b) El olvido del nombre queda aclarado al pensar en el tema de nuestra conversación, que precedió inmediatamente a aquel otro en que el fenómeno se produjo, y se explica como *una perturbación del nuevo tema por el anterior.* Poco antes de preguntar a mi compañero de viaje si había estado en Orvieto habíamos hablado de las costumbres de los turcos residentes en *Bosnia* y en la *Herzegovina.* Yo conté haber oído a uno de mis colegas que ejercía la Medicina en aquellos lugares y tenía muchos clientes turcos, que éstos suelen mostrarse llenos de confianza en el médico y de resignación ante el destino. Cuando se les anuncia que la muerte de uno de sus deudos es inevitable y que todo auxilio es inútil, contestan: «¡*Señor (Herr),* qué le vamos a hacer! ¡Sabemos que si hubiera sido posible salvarle, le hubierais salvado!» En estas frases se hallan contenidos los siguientes nombres: *Bosnia, Herzegovina* y *Señor (Herr)*, que pueden incluirse en una serie de asociaciones entre *Signorelli, Botticelli* y *Boltraffio*.

c) La serie de ideas sobre las costumbres de los turcos en Bosnia, etc., recibió la facultad de perturbar una idea inmediatamente posterior, por el hecho de haber yo apartado de ella mi atención sin haberla agotado. Recuerdo, en efecto, que antes de mudar de tema quise relatar una segunda anécdota que reposaba en mi memoria al lado de la ya referida. Los turcos de que hablábamos estiman el placer sexual sobre todas las cosas, y cuando sufren un trastorno de este orden caen en una desesperación que contrasta extrañamente con su conformidad en el momento de la muerte. Uno de los pacientes que visitaba mi colega le dijo un día: «Tú sabes muy bien, *señor (Herr)*, que cuando eso no es ya posible pierde la vida todo su valor.»

Por no tocar un tema tan escabroso en una conversación con un desconocido reprimí mi intención de relatar este rasgo característico. Pero no fue esto sólo lo que hice, sino que también desvié mi atención de la continuación de aquella serie de pensamientos que me hubiera podido llevar al tema «muerte y sexualidad». Me hallaba entonces bajo los efectos de una noticia que pocas semanas antes había recibido, durante una corta estancia en *Trafoi*. Un paciente en cuyo tratamiento había yo trabajado mucho y con gran interés se había suicidado a causa de una incurable perturbación sexual. Estoy seguro de que en todo mi viaje por la Herzegovina no acudió a mi memoria consciente el recuerdo de este triste suceso ni de nada que tuviera conexión con él. Mas la consonancia *Trafoi-Boltraffio* me obliga a admitir que en aquellos momentos, y a pesar de la voluntaria desviación de mi atención, fue dicha reminiscencia activada en mí.

d) No puedo ya, por tanto, considerar el olvido del nombre *Signorelli* como un acontecimiento casual y tengo que reconocer la influencia de un *motivo* en este suceso. Existían motivos que me indujeron no sólo a interrumpirme en la comunicación de mis pensamientos sobre las costumbres de los turcos, etc., sino también a impedir que se hiciesen conscientes en mí aquellos otros que, asociándose a los anteriores, me hubieran conducido hasta la noticia recibida en Trafoi. Quería yo, por tanto, olvidar algo y había *reprimido* determinados pensamientos. Claro es que lo que deseaba olvidar era algo muy distinto del nombre del pintor de los frescos de Orvieto; pero aquello que quería olvidar resultó hallarse en conexión asociativa con dicho nombre, de manera que mi volición erró su blanco y *olvidé lo uno contra mi voluntad,* mientras quería *con toda intención* olvidar lo otro.

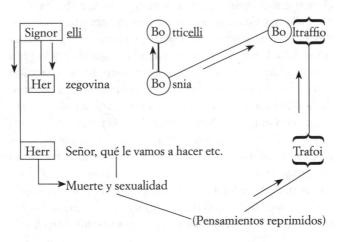

(Pensamientos reprimidos)

La repugnancia a recordar se refería a un objeto, y la incapacidad de recordar surgió con respecto a otro. El caso sería más sencillo si ambas cosas, repugnancia e incapacidad, se hubieran referido a un solo dato. Los nombres sustitutivos no aparecen ya tan injustificados como antes de estas aclaraciones y aluden (como en una especie de transacción) tanto a lo que quería olvidar como a lo que quería recordar, mostrándome que mi intención de olvidar algo no ha triunfado por completo ni tampoco fracasado en absoluto.

e) La naturaleza de la asociación establecida entre el nombre buscado y el tema reprimido (muerte y sexualidad, etc., en el que aparecen las palabras Bosnia, Herzegovina y Trafoi) es especialmente singular. El anterior esquema, que publiqué con mi referido artículo, trata de representar dicha asociación.

En este proceso asociativo, el nombre *Signorelli* quedó dividido en dos trozos. Uno de ellos *(elli)* reapareció sin modificación alguna en uno de los nombres sustitutivos, y el otro entró –por su traducción *Signor-Herr* (Señor)– en numerosas y diversas relaciones con los nombres contenidos en el tema reprimido, pero precisamente por haber sido traducido no pudo prestar ayuda ninguna para llegar a la reproducción buscada. Su sustitución se llevó a cabo como si se hubiera ejecutado un desplazamiento a lo largo de la asociación de los nombres *Herzegovina* y *Bosnia,* sin tener en cuenta para nada el sentido ni la limitación acústica de las sílabas. Así, pues, los nombres fueron manejados en este proceso de modo análogo a como se manejan las imágenes gráficas representativas de trozos de una frase con la que ha de formarse un jeroglífico. La conciencia no advirtió nada de todo el proceso que por tales caminos produjo los nombres sustitutivos en lugar del nombre *Signorelli.*

Tampoco parece hallarse a *primera vista* una relación distinta de esta reaparición de las mismas sílabas o, mejor dicho, series de letras entre el tema en el que apareció el nombre *Signorelli* y el que le precedió y fue reprimido.

Quizá no sea ocioso hacer constar que las condiciones de la reproducción y del olvido aceptadas por los psicólogos, y que éstos creen hallar en determinadas relaciones y disposiciones, no son contradichas por la explicación precedente. Lo que hemos hecho es tan sólo añadir, en ciertos casos, un *motivo* más a los factores hace ya tiempo reconocidos como capaces de producir el olvido de un nombre y, además, aclarar el mecanismo del recuerdo erróneo. Aquellas disposiciones son también, en nuestro caso, de absoluta necesidad para hacer posible que el elemento reprimido se apodere asociativamente del nombre buscado y lo lleve consigo a la represión. En otro nombre de más favorables condiciones para la reproducción quizá no hubiera sucedido esto. Es muy probable que un elemento reprimido esté siempre dispuesto a manifestarse en cualquier otro lugar, pero no lo logrará sino en aquellos en los que su emergencia pueda ser favorecida por condiciones apropiadas. Otras veces la represión se verifica sin que la función sufra trastorno alguno o, como podríamos decir justificadamente, sin *síntomas*.

El resumen de las condicionantes del olvido de nombres, acompañado del recuerdo erróneo, será, pues, el siguiente:

1.º Una determinada disposición para el olvido del nombre de que se trate.

2.º Un proceso represivo llevado a cabo poco tiempo antes.

3.º La posibilidad de una asociación *externa* entre el nombre que se olvida y el elemento anteriormente reprimido.

Esta última condición no debe considerarse muy importante, pues la asociación externa referida se establece con gran facilidad y puede considerarse existente en la mayoría de los casos. Otra cuestión de más profundo alcance es la de si tal asociación externa puede ser condición suficiente para que el elemento reprimido perturbe la reproducción del nombre buscado o si no será, además, necesario que exista más íntima conexión entre los temas respectivos. Una observación superficial haría rechazar el último postulado y considerar suficiente la contigüidad temporal, aun siendo los contenidos totalmente distintos; pero si se profundiza más, se hallará que los elementos unidos por una asociación externa (el reprimido y el nuevo) poseen con mayor frecuencia una conexión en su contenido. El ejemplo *Signorelli* es una prueba de ello.

El valor de lo deducido de este ejemplo depende, naturalmente, de que lo consideremos como un caso típico o como un fenómeno aislado. Por mi parte debo hacer constar que el olvido de un nombre, acompañado de recuerdo erróneo, se presenta con extrema frecuencia en forma igual a la que nos ha revelado nuestro análisis. Casi todas las veces que he tenido ocasión de observar en mí mismo tal fenómeno he podido explicarlo del mismo modo; esto es, como motivado por represión. Existe aún otro argumento en favor de la naturaleza típica de nuestro análisis, y es el de que, a mi juicio, no pueden separarse en principio los casos de olvido de nombres con recuerdo erróneo de aquellos otros en que no aparecen nombres sustitutivos equivocados. Éstos surgen espontáneamente en muchos casos, y en los que no, puede forzárseles a emerger por medio de un esfuerzo de atención, y entonces muestran, con el elemento reprimido y el nombre buscado, iguales conexiones que si su aparición hubiera sido espontánea. La percepción del nombre sustitutivo por la conciencia parece estar regulada por dos factores: el esfuerzo de atención y una determinante interna inherente al material psíquico. Esta última pudiera buscarse en la mayor o menor facilidad con la que se constituye la necesaria asociación externa entre los dos elementos. Gran parte de los casos de olvido de nombre sin recuerdo erróneo se unen, de este modo, a los casos con formación de nombres sustitutivos en los cuales rige el mecanismo descubierto en el ejemplo *Signorelli.*

Sin embargo, no me atreveré a afirmar rotundamente que todos los casos de olvido de nombre pueden ser incluidos en dicho grupo, pues, sin duda, existen algunos que presentan un proceso más sencillo. Así, pues, creemos obrar con prudencia exponiendo el estado de cosas en la siguiente forma: *junto a los sencillos olvidos de nombres propios aparecen otros motivados por represión.*

2. Olvido de palabras extranjeras

El léxico usual de nuestro idioma propio parece hallarse protegido del olvido dentro de los límites de la función normal. No sucede lo mismo con los vocablos de un idioma extranjero. En éste, todas las partes de la oración están igualmente predispuestas a ser olvidadas. Un primer grado de perturbación funcional se revela ya en la desigualdad de nuestro dominio sobre una lengua extranjera, según nuestro estado general y el grado de nuestra fatiga. Este olvido se manifiesta en una serie de casos siguiendo el mecanismo que el análisis nos ha descubierto en el ejemplo *Signorelli*. Para demostrarlo expondremos un solo análisis de un caso de olvido de un vocablo no sustantivo en una cita latina, análisis al que valiosas particularidades dan un extraordinario interés. Séanos permitido exponer con toda amplitud y claridad el pequeño suceso.

En el pasado verano reanudé, durante mi viaje de vacaciones, mi trato con un joven de extensa cultura y que, según pude observar, conocía algunas de mis publicaciones psicológicas. No sé por qué derroteros llegamos en nuestra conversación a tratar de la situación social del pueblo a que ambos pertenecemos, y mi interlocutor, que mostraba ser un tanto ambicioso, comenzó a lamentarse de que su generación estaba, a su juicio, destinada al fracaso, no pudiendo ni desarrollar sus talentos ni satisfacer sus necesidades. Al acabar su exaltado y apasionado discurso quiso cerrarlo con el conocido verso virgiliano en el cual la desdichada Dido encomienda a la posteridad su venganza sobre Eneas: *Exoriare...*, pero le fue imposible recordar con exactitud la cita e intentó llenar una notoria laguna que se presentaba en su recuerdo cambiando de lugar las palabras del verso: *Exoriar(e) ex nostris ossibus ultor!* Por último, exclamó con enfado: «No ponga usted esa cara de burla, como si estuviera gozándose en mi confusión, y ayúdeme un poco. Algo falta en el verso que deseo citar. ¿Puede usted decírmelo completo?».

En el acto accedí con gusto a ello y dije el verso tal y como es:

–Exoriar(e) *aliquis* nostris ex ossibus ultor!

–¡Qué estupidez olvidar una palabra así! Por cierto, que usted sostiene que nada se olvida sin una razón determinante. Me gustaría conocer por qué he olvidado ahora el pronombre indefinido *aliquis.*

Esperando obtener una contribución a mi colección de observaciones, acepté en seguida el reto y respondí:

–Eso lo podemos averiguar en seguida, y, para ello, le ruego a usted que me vaya comunicando *sinceramente y absteniéndose de toda crítica* todo lo que se le ocurre cuando dirige usted sin intención particular su atención sobre la palabra olvidada[1].

–Está bien. Lo primero que se me ocurre es la ridiculez de considerar la palabra dividida en dos partes: *a* y *liquis.*

–¿Por qué?

–No lo sé.

–¿Qué más se le ocurre?

–La cosa continúa así: *reliquias-liquidación-líquido-fluido.* ¿Ha averiguado usted ya algo?

–No; ni mucho menos. Pero siga usted.

–Pienso –prosiguió, riendo con burla– en Simón de Trento, cuyas reliquias vi hace dos años en una iglesia de aquella ciudad, y luego en la acusación que de nuevo se hace a los judíos de asesinar a un cristiano cuando llega la Pascua para utilizar su sangre en sus ceremonias religiosas[2]. Recuerdo después el escrito de *Kleinpaul,* en el que se consideran estas supuestas víctimas de los judíos como reencarnaciones o nuevas ediciones, por decirlo así, del Redentor.

–Observará usted que esos pensamientos no carecen de conexión con el tema de que tratábamos momentos antes de no poder usted recordar la palabra latina *aliquis.*

–En efecto, ahora pienso en un artículo que leí hace poco en un periódico italiano. Creo que se titulaba: «Lo que dice *San Agustín* de las mujeres». ¿Qué hace usted con este dato?

–Por ahora, esperar.

–Ahora aparece algo que seguramente no tiene conexión alguna con nuestro tema...

–Le ruego prescinda de toda crítica y...

–Lo sé, lo sé. Me acuerdo de un arrogante anciano que encontré la semana pasada en el curso de mi viaje. Un verdadero *original.* Su aspecto es el de una gran ave de rapiña. Si le interesa a usted su nombre, le diré que se llama *Benedicto.*

–Hasta ahora tenemos por lo menos una serie de santos y padres de la Iglesia: *San Simón, San Agustín, San Bene-*

dicto y *Orígenes*. Además, tres de estos nombres son nombres propios, como también *Pablo (Paul)*, que aparece en *Kleinpaul*.

–Luego se me viene a las mientes San Jenaro y el milagro de su sangre... Creo que esto sigue ya mecánicamente.

–Déjese usted de observaciones. *San Jenaro* y *San Agustín* tienen una relación con el calendario. ¿Quiere usted recordarme en qué consiste el milagro de la sangre de San Jenaro?

–Lo conocerá usted, seguramente. En una iglesia de Nápoles se conserva, en una ampolla de cristal, la sangre de San Jenaro. Esta sangre se licúa milagrosamente todos los años en determinado día festivo. El pueblo se interesa mucho por este milagro y experimenta gran agitación cuando se retrasa, como sucedió una vez durante una ocupación francesa. Entonces, el general que mandaba las tropas, o no sé si estoy equivocado y fue Garibaldi, llamó aparte a los sacerdotes y, mostrándoles con gesto significativo los soldados que ante la iglesia había apostado, dijo que *esperaba* que el milagro se produciría en seguida, y, en efecto, se produ...

–Siga usted. ¿Por qué se detiene?

–Es que en este instante recuerdo algo que... Pero es una cosa demasiado íntima para comunicársela a nadie. Además, no veo que tenga conexión ninguna con nuestro asunto ni que haya necesidad de contarla...

–El buscar la conexión es cosa mía. Claro que no puedo obligarle a contarme lo que a usted le sea penoso comunicar a otra persona; pero entonces no me pida usted que le explique por qué ha olvidado la palabra *aliquis*.

–¿De verdad? Le diré, pues, que de pronto he pensado en una señora de la cual podría fácilmente recibir una noticia sumamente desagradable para ella y para mí.

–¿Que le ha faltado este mes la menstruación?

—¿Cómo ha podido usted adivinarlo?

—No era difícil. Usted mismo me preparó muy bien el camino. Piense usted en los *santos del calendario, la licuefacción de la sangre en un día determinado, la inquietud cuando el suceso no se produce, la expresiva amenaza de que el milagro tiene que realizarse o que si no...* Ha transformado usted el milagro de San Jenaro en un magnífico símbolo del período de la mujer.

—Pero sin darme en absoluto cuenta de ello. ¿Y cree usted que realmente mi temerosa expectación ha sido la causa de no haber logrado reproducir la palabra *aliquis?*

—Me parece indudable. Recuerde usted la división que de ella hizo en *a* y *liquis* y luego las asociaciones: *reliquias, liquidación, líquido.* ¿Debo también entretejer en estas asociaciones el recuerdo de Simón de Trento, *sacrificado en su primera infancia?*

—Más vale que no lo haga usted. Espero que no tome usted en serio esos pensamientos, si es que realmente los he tenido. En cambio, le confesaré que la señora en cuestión es italiana y que visité Nápoles en su compañía. Pero ¿no puede ser todo ello una pura casualidad?

—Dejo a su juicio el determinar si toda esa serie de asociaciones puede explicarse por la intervención de la casualidad. Mas lo que sí le advierto es que todos y cada uno de los casos semejantes que quiera usted someter al análisis le conducirán siempre al descubrimiento de «casualidades» igualmente extrañas[3].

Estamos muy agradecidos a nuestro compañero de viaje por su autorización para hacer público uso de este pequeño análisis, que estimamos en mucho, dado que en él pudimos utilizar una fuente de observación cuyo acceso nos está vedado de ordinario. En la mayoría de los casos nos vemos obligados a poner como ejemplos de aquellas perturbaciones psicológicas de las funciones en el curso de la vida cotidiana que aquí reunimos observaciones verificadas en nuestra propia persona, pues evitamos servirnos del rico material que nos ofrecen los enfermos neuróticos que a nosotros acuden, por temor a que se nos objete que los fenómenos que expusiéramos eran consecuencias y manifestaciones de la neurosis. Es, por tanto, de gran valor para nuestros fines el que se ofrezca como objeto de tal investigación una persona desligada de nosotros y de nervios sanos. El análisis que acabamos de exponer es, además, de gran importancia, considerado desde otro punto de vista. Aclara, en efecto, un caso de olvido de una palabra *sin* recuerdos sustitutivos y confirma nuestra anterior afirmación de que la emergencia o la falta de recuerdos sustitutivos equivocados no puede servir de base para establecer una diferenciación esencial[4].

El principal valor del ejemplo *aliquis* reside, sin embargo, en algo distinto de su diferencia con el caso *Signorelli.* En este último, la reproducción del nombre se vio perturbada por los efectos de una serie de pensamientos que había comenzado a desarrollarse poco tiempo antes y que fue interrumpida de repente; pero cuyo contenido no estaba en conexión con el nuevo tema, en el cual estaba incluido el nombre *Signorelli.* Entre el tema reprimido y el del nombre olvidado existía tan sólo una relación de contigüidad temporal, y ésta era suficiente para que ambos temas pudieran ponerse en contacto por medio de una asociación externa[5]. En cambio, en el ejemplo *aliquis* no se observa huella ninguna de tal tema, independiente y reprimido, que, habiendo ocupado el pensamiento consciente inmediatamente antes, resonara después, produciendo una perturbación. El trastorno de la reproducción surge aquí del interior del tema tratado y a causa de una contradicción inconsciente, que se alza frente a la optación expresada en la cita latina. El orador, después de lamentarse de que la actual generación de su patria sufriera, a su juicio, una disminución de sus derechos, profetizó, imitando a Dido, que la generación siguiente llevaría a cabo la venganza de los oprimidos. Por tanto, había expresado su deseo de tener descendencia. Pero en el mismo momento se interpuso un pensamiento contradictorio: «En realidad, ¿deseas tan vivamente tener descendencia? Eso no es cierto. ¡Cuál no sería tu confusión si recibieras la noticia de que estabas en camino de obtenerla en la persona que tú sabes! No, no; nada de descendencia, aunque sea necesaria para nuestra venganza». Esta contradicción muestra su influencia haciendo posible, exactamente como en el ejemplo *Signorelli,* una asociación externa entre uno de sus elementos de representación y un elemento del deseo contradicho, lográndolo en este caso de un modo altamente violento y por medio de un rodeo asociativo aparentemente artificioso. Una segunda coincidencia esencial con el ejemplo *Signorelli* resulta del hecho de provenir la contradicción de fuentes reprimidas y partir de pensamientos que motivarían una desviación de la atención. Hasta aquí hemos tratado de la diferencia e interno parentesco de los dos paradigmas del olvido de nombres. Hemos aprendido a conocer un segundo mecanismo del olvido: la perturbación de un pensamiento por una contradicción interna proveniente de lo reprimido. En el curso de estas investigaciones volveremos a hallar repetidas veces este hecho, que nos parece el más fácilmente comprensible.

3. Olvido de nombres y de series de palabras

Experiencias como la anteriormente relatada sobre el proceso del olvido de un trozo de una frase en idioma extranjero excitan la curiosidad de comprobar si el olvido de frases del idioma propio demanda o no una explicación esencialmente distinta. No suele causar asombro el no poder reproducir sino con lagunas e infidelidades una fórmula o una poesía aprendidas de memoria tiempo atrás. Mas como este olvido no alcanza por igual a la totalidad de lo aprendido, sino que parece asimismo desglosar de ello trozos aislados, pudiera ser de interés investigar analíticamente algunos ejemplos de tal reproducción defectuosa.

a) Uno de mis colegas, más joven que yo, expresó, en el curso de una conversación conmigo, la presunción de que el olvido de poesías escritas en la lengua materna pudiera obedecer a motivos análogos a los que producen el olvido de elementos aislados de una frase de un idioma extranjero, y se ofreció en el acto como objeto de una experiencia que aclarase su suposición. Preguntado con qué poesía deseaba que hiciéramos la prueba, eligió *La prometida de Corinto,* composición muy de su agrado, y de la que creía poder recitar de memoria por lo menos algunas estrofas. Ya al comienzo de la reproducción surgió una dificultad realmente singular: «¿Es –me preguntó mi colega– "de Corinto a Atenas" o "de Atenas a Corinto"?» También yo vacilé por un momento, hasta que, echándome a reír, observé que el título de la poesía, *La prometida de Corinto,* no dejaba lugar a dudas sobre el itinerario seguido por el novio para llegar al lado de ella. La reproducción de la primera estrofa se verificó luego sin tropiezo alguno o, por lo menos, sin que notásemos ninguna infidelidad. Después de la primera línea de la segunda estrofa se detuvo el recitador y pareció buscar la continuación durante unos instantes; pero en seguida prosiguió, diciendo:

> Mas ¿será bien recibido por sus huéspedes
> *ahora que cada día trae consigo algo nuevo?*
> Él es aún pagano, como todos los suyos,
> y aquéllos son ya cristianos y están bautizados.

Desde la segunda línea había yo ya sentido cierta extrañeza, y al terminar la cuarta convinimos ambos en que el verso había sufrido una deformación; pero no siéndonos posible corregirla de memoria, nos trasladamos a mi biblioteca para consultar el original de Goethe, y hallamos con sorpresa que el texto de la segunda línea de la estrofa era en absoluto diferente del producido por la memoria de mi colega y había sido sustituido por algo que, al parecer, no tenía la menor relación con él.

El texto verdadero es como sigue:

Mas ¿será bien recibido por sus huéspedes
si no compra muy caro su favor?

Con «compra» *(erkauft)* rima «bautizados» *(getauft)*, y, además, me pareció muy extraño que la *constelación* pagano, cristianos y bautizados hubiese ayudado tan poco al recitador a reconstruir con acierto el texto.

–¿Puede usted explicarse –pregunté a mi compañero– cómo ha podido usted borrar tan por completo todo un verso de una poesía que le es perfectamente conocida? ¿Sospecha usted de qué contexto ha podido usted sacar la frase sustitutiva?

Podía, en efecto, explicar lo que creía motivo del olvido sufrido y de la sustitución efectuada, y, forzándose visiblemente por tener que hablar de cosas poco agradables para él, dijo lo que sigue:

–La frase «ahora que cada día trae consigo algo nuevo» no me suena como totalmente desconocida; he debido de pronunciarla hace poco refiriéndome a mi situación profesional, pues ya sabe usted que mi clientela ha aumentado mucho en estos últimos tiempos, cosa que, como es natural, me tiene satisfecho. Vamos ahora a la cuestión de cómo ha podido introducirse esta frase en sustitución de la verdadera. También aquí creo poder hallar una conexión. La frase «si no compra muy caro su favor» me resultaba, sin duda alguna, desagradable, por poderse relacionar con el siguiente hecho: Tiempo atrás pretendí la mano de una mujer y fui rechazado. Ahora que mi situación económica ha mejorado mucho proyecto renovar mi petición. No puedo hablar más sobre este asunto; pero con lo dicho comprenderá que no ha de ser muy agradable para mí, si ahora soy aceptado, el pensar que tanto la negativa anterior como el actual consentimiento han podido obedecer a una especie de cálculo.

Esta explicación me pareció aclarar lo sucedido sin necesidad de conocer más minuciosos detalles. Pero, sin embargo, pregunté:

—¿Y qué razón le lleva a usted a inmiscuir su propia persona y sus asuntos privados en el texto de *La prometida de Corinto?* ¿Existe quizá también en su caso aquella diferencia de creencias religiosas que constituyen uno de los temas de la poesía?

> (Cuando surge una nueva fe,
> el amor y la fidelidad son, con frecuencia,
> arrancados como perversa cizaña.)

Esta vez no había yo acertado, pero fue curioso observar cómo una de mis preguntas, yendo bien dirigida, iluminó el espíritu de mi colega de tal manera que le permitió contestarme con una explicación que seguramente había permanecido hasta entonces oculta para él. Mirándome con expresión atormentada y en la que se notaba algún despecho, murmuró como para sí mismo los siguientes versos, que aparecen algo más adelante en la poesía goethiana:

> *Mírala bien.*
> Mañana habrá ella encanecido[1].

Y añadió a poco: «Ella es algo mayor que yo.»

Para no apenarle más, desistí de proseguir la investigación. Además, el caso me pareció suficientemente aclarado. Lo más sorprendente de él era ver cómo el esfuerzo efectuado para hallar la causa de un inocente fallo de la memoria había llegado a herir cuestiones particulares del sujeto de la experiencia, tan lejanas al contenido de ésta y tan íntimas y penosas.

b) C. G. Jung expone otro caso de olvido de varias palabras consecutivas de una poesía conocida, que quiero copiar aquí tal y como él lo relata[2]:

«Un señor quiere recitar la conocida poesía "Un pino se alza solitario...", etc. Al llegar a la línea que comienza "Dormita..." se queda atascado, sin poder continuar. Ha olvidado por completo las palabras siguientes: "envuelto en blanco manto". Este olvido de un verso tan vulgarizado me pareció extraño e hice que la persona que lo había sufrido me comunicase todo aquello que se le fuese ocurriendo al fijar su atención en las palabras olvidadas, las cuales le recordé, obteniendo la serie siguiente: Ante las palabras "envuelto en blanco manto", en lo primero que pienso es en un sudario –un lienzo blanco en el que se envuelve a los muertos–. *(Pausa.)* Luego, en un íntimo amigo mío. Su hermano ha muerto hace poco de repente; dicen que de una apoplejía. Era *también* muy corpulento. Mi amigo lo es *también,* y varias veces he pensado que podía sucederle *lo mismo.* Hace una vida muy sedentaria. Cuando me enteré de la muerte de su hermano, me entró el temor de que algún día pudiera yo sufrir igual muerte, pues en mi familia tenemos tendencia a la obesidad, y mi abuelo murió *asimismo* de una apoplejía. También yo me encuentro demasiado grueso y he emprendido en estos días una cura para adelgazar.»

Vemos, pues –comenta Jung–, que el sujeto se había identificado en el acto inconscientemente con el pino envuelto en un blanco sudario.

c) El ejemplo que a continuación exponemos, y que debemos a nuestro amigo S. Ferenczi, de Budapest, se refiere, a diferencia de los anteriores, a una frase no tomada de la obra de un poeta, sino pronunciada por el propio sujeto, que luego no logra recordarla. Además, nos presenta el caso, no muy común, en que el olvido se pone al servicio de nuestra discreción en momentos en que ésta se ve amenazada del peligro de sucumbir a una caprichosa veleidad. De este modo, el fallo se convierte en una función útil, y cuando nuestro ánimo se serena hacemos justicia a aquella corriente interna, que anteriormente sólo podía exteriorizarse por un fallo, un olvido, o sea una impotencia psíquica.

«En una reunión se mencionó la frase *Tout comprendre c'est tout pardonner*. Al oírla hice la observación de que con la primera parte bastaba, siendo un acto de soberbia el meterse a perdonar; misión que se debía dejar a Dios y a los sacerdotes. Uno de los presentes halló muy acertada mi observación, lo cual me animó a seguir hablando, y probablemente para asegurarme la buena opinión del benévolo crítico, le comuniqué que poco tiempo antes había tenido una ocurrencia aún más ingeniosa. Pero cuando quise comenzar a relatarla no conseguí recordar nada de ella. En el acto me retiré un poco de la reunión y anoté las ideas encubridoras *(Deckeinfaelle)*. Primero acudió el nombre del amigo y el de la calle de Budapest, que fueron testigos del nacimiento de la ocurrencia buscada, y después, el nombre de otro amigo, Max, al que solemos llamar familiarmente Maxi. Este nombre me condujo luego a la palabra máxima y al recuerdo de que en aquella ocasión se trataba también, como en la frase inicial de este caso, de la transformación de una máxima muy conocida. Por un extraño proceso, en vez de ocurrírseme a continuación una máxima cualquiera, recordé la frase siguiente: "Dios creó al hombre a su imagen", y su transformación: "El hombre creó a Dios a la suya". Acto seguido surgió el recuerdo buscado, que se refería a lo siguiente:

»Un amigo mío me dijo, paseando conmigo por la calle de Andrassy: "Nada humano me es ajeno", a lo cual respondí yo, aludiendo a las experiencias psicoanalíticas: "Debías continuar y reconocer que tampoco nada animal te es ajeno."

»Después de haber logrado de este modo hacerme con el recuerdo buscado, me fue imposible relatarlo en la reunión en que me hallaba. La joven esposa del amigo a quien yo había llamado la atención sobre la animalidad de lo inconsciente estaba también entre los presentes, y yo sabía que se hallaba poco preparada para el conocimiento de tales poco halagadoras opiniones. El olvido sufrido me ahorró una serie de preguntas desagradables que no hubiera dejado de dirigirme y quizá una inútil discusión, lo cual fue, sin duda, el motivo de mi amnesia temporal.

»Es muy interesante el que se presentase como idea encubridora una frase que rebaja la divinidad hasta considerarla como una invención humana, al par que en la frase buscada se alude a lo que de animal hay en el hombre. Ambas frases tienen, por tanto, común una idea de *capitis diminutio,* y todo el proceso es, sin duda, la continuación de la serie de ideas sobre el comprender y el perdonar, sugerida por la conversación.

»El que en este caso surgiese tan rápidamente lo buscado débese, quizá, a que en el acto de ocurrir el olvido abandoné momentáneamente la reunión, en la que se ejercía una censura sobre ello, para retirarme a un cuarto solitario.»

He analizado numerosos casos de olvido o reproducción incorrecta de varias palabras de una frase, y la conformidad de los resultados de estas investigaciones me inclina a admitir que el mecanismo del olvido, descubierto al analizar los casos de *aliquis* y de *La prometida de Corinto,* posee validez casi universal. No es fácil publicar con frecuencia tales ejemplos de análisis, dado que, como se habrá visto por los anteriores, conducen casi siempre a asuntos íntimos del analizado, y a veces hasta desagradables y penosos para él; razón por la cual no añadiré ningún otro a los ya expuestos. Lo que de común tienen todos estos casos, sin distinción del material, es que lo olvidado o deformado entra en conexión, por un camino asociativo cualquiera, con un contenido psíquico inconsciente, del que parte aquella influencia que se manifiesta en forma de olvido.

Volveré, pues, al olvido de nombres, cuya casuística y motivos no han quedado aún agotados por completo, y como esta clase de rendimientos fallidos *(Fehlleistungen)* los puedo observar con bastante frecuencia en mí mismo, no he de hallarme escaso de ejemplos que exponer a mis lectores. Las leves jaquecas que padezco suelen anunciarse unas horas antes de atacarme por el olvido de nombres, y cuando llegan a su punto cumbre, si bien no son lo suficientemente intensas para obligarme a abandonar el trabajo, me privan con frecuencia de la facultad de recordar todos los nombres propios. Casos como este mío pudieran hacer surgir una vigorosa objeción a nuestros esfuerzos analíticos. ¿No habrá, acaso que deducir de él que la causa de los olvidos, y en especial del olvido de nombres, está en una perturbación circulatoria o funcional del cerebro y que, por tanto, no hay que molestarse en buscar explicaciones psicológicas a tales fenómenos? Mi opinión es en absoluto negativa y creo que ello equivaldría a confundir el mecanismo de un proceso, igual en todos los casos, con las condiciones variables, y no inevitablemente necesarias, que puedan favorecer su desarrollo. En vez de discutir con detención la objeción expuesta voy a exponer una comparación, con la que creo quedará más claramente anulada.

Supongamos que he cometido la imprudencia de ir a pasear de noche por los desiertos arrabales de una gran ciudad y que, atacado por unos ladrones, me veo despojado de mi dinero y mi reloj. En el puesto de policía más próximo hago luego la denuncia con las palabras siguientes: «En tal o cual calle, *la soledad y la oscuridad* me han robado el reloj y el dinero.» Aunque con esto no diga nada inexacto, correría el peligro de ser considerado –juzgándome por la manera de hacer la denuncia– como un completo chiflado. La correcta expresión de lo sucedido sería decir que, *favorecidos* por la soledad del lugar y *al amparo* de la oscuridad que en él reinaba, me habían despojado de mi dinero y mi reloj *unos desconocidos malhechores.* Ahora bien: la cuestión del olvido de los nombres es algo totalmente idéntico. Un poder psíquico desconocido, favorecido por la fatiga, la perturbación circulatoria y la intoxicación, me despoja de mi dominio sobre los nombres propios pertenecientes a mi memoria, y este poder es el mismo que en otros casos puede producir igual fallo de la memoria, gozando el sujeto de perfecta salud y completa capacidad mental.

Al analizar los casos de olvido de nombres propios observados en mí mismo, encuentro casi regularmente que el nombre retenido muestra hallarse en relación con un tema concerniente a mi propia persona y que con frecuencia puede despertar en mí intensas y a veces penosas emociones. Conforme a la acertada y recomendable práctica de la

Escuela de Zúrich (Bleuler, Jung, Riklin), puedo expresar esta opinión en la forma siguiente: El nombre inhibido ha rozado en mí un «complejo personal». La relación del nombre con mi persona es una relación inesperada y facilitada en la mayoría de los casos por una asociación superficial (doble sentido de la palabra o similicadencia) y puede reconocerse casi siempre como una asociación lateral. Unos cuantos sencillos ejemplos bastarán para aclarar su naturaleza.

a) Un paciente me pidió que le recomendase un sanatorio situado en la Riviera. Yo conocía uno cerca de Génova y recordaba muy bien el nombre del médico alemán que se hallaba al frente de él; pero por el momento me fue imposible recordar el nombre del lugar en que se hallaba emplazado, aunque sabía que lo conocía perfectamente. No tuve más remedio que rogar al paciente que esperase un momento y recurrir en seguida a las mujeres de mi familia para que me dijesen el nombre olvidado. «¿Cómo se llama la población próxima a Génova donde tiene el doctor X su pequeño establecimiento en el que tanto tiempo estuvieron en cura las señoras N. y R.?» «¡Es muy natural que hayas olvidado el nombre de esta población! –me respondieron–. Se llama *Nervi.*»

En efecto, los *nervios* y las cuestiones relativas a ellos me dan ya de por sí quehacer suficiente.

b) Otro paciente me habló de una cercana estación veraniega y manifestó que, además de las dos fondas más conocidas, existía una tercera, cuyo nombre no podía decirme en aquel momento y a la que estaban ligados para él determinados recuerdos. Yo le discutí la existencia de esta tercera fonda, alegando que había pasado siete veranos en la localidad referida y debía conocerla, por tanto, mejor que él.

Excitado por mi contradicción, recordó el paciente el nombre de la fonda. Se llama *Der Hochwartner*. Al oír su nombre tuve que reconocer que mi interlocutor tenía razón y confesar, además, que durante siete semanas había vivido en la más próxima vecindad de dicha fonda, cuya existencia negaba ahora con tanto empeño. ¿Cuál es la razón de haber olvidado tanto la cosa misma como su nombre? Opino que la de que el nombre *Hochwartner* suena muy parecidamente al apellido de uno de mis colegas vieneses dedicado a mi misma especialidad. Es, pues, en este caso, el «complejo profesional» el que había sido rozado en mí.

c) En otra ocasión, al ir a tomar un billete en la estación de Reichenhall, me fue imposible recordar el nombre, muy familiar para mí, de la más próxima estación importante por la cual había pasado numerosas veces anteriormente y me vi obligado a buscarlo en un itinerario. El nombre era Rosenheim (casa de rosas). Al verlo descubrí en seguida cuál era la asociación que me lo había hecho olvidar. Una hora antes había estado en casa de una hermana mía que vive cerca de Reichenhall. Mi hermana se llama Rosa y, por tanto, venía de *casa de Rosa* «Rosenheim». Este nombre me había sido robado por el «complejo familiar».

d) Esta influencia depredadora del «complejo familiar» puede demostrarse con una numerosa serie de ejemplos.

Un día acudió a mi consulta un joven, hermano menor de uno de mis clientes, al cual yo había visto innumerables veces y al que acostumbraba a llamar por su nombre de pila. Al querer después hablar de su visita me fue imposible recordar dicho nombre, que yo sabía no era nada raro, y no pude reproducirlo por más intentos que hice. En vista de ello, al salir a la calle fui fijándome en los nombres escritos en los escaparates de las tiendas y en otros anuncios hasta reconocer el nombre buscado en cuanto se presentó ante mis ojos. El análisis me demostró que había yo trazado un paralelo entre el visitante y mi propio hermano, paralelo que culminaba en la siguiente pregunta reprimida: «En un caso semejante, ¿se hubiera conducido mi hermano igualmente o hubiera hecho más bien todo lo contrario?». La conexión exterior entre los pensamientos concernientes a la familia extraña y a la mía propia había sido facilitada por el hecho de que en una y otra llevaba la madre igual nombre: el de Amalia. Subsiguientemente comprendí los nombres sustitutivos, Daniel y Francisco, que se habían presentado sin explicación ninguna. Son éstos, así como Amalia, nombres de personajes de *Los bandidos,* de Schiller, y todos ellos están en conexión con una chanza del popular tipo vienés *Daniel Spitzer.*

e) En otra ocasión me fue imposible hallar el nombre de un paciente que perteneció a mis amistades juveniles. El análisis no me condujo hasta el nombre buscado sino después de un largo rodeo. El paciente me había manifestado su temor de perder la vista. Esto hizo surgir en mí el recuerdo de un joven que se había quedado ciego a consecuencia de un disparo, y a este recuerdo se agregó el de otro joven que se había suicidado de un tiro. Este último individuo se llamaba de igual modo que el primer paciente, aunque no tenía con él parentesco ninguno. Pero hasta después de haberme dado cuenta de que en aquellos días abrigaba el temor de que algo análogo a estos dos casos ocurriera a una persona de mi propia familia no me fue posible hallar el nombre buscado.

Así, pues, a través de mi pensamiento circula una incesante corriente de «autorreferencia» *(Eigenbeziehung),* de la cual no tengo noticia alguna generalmente, pero que se manifiesta en tales ocasiones de olvido de nombres. Parece como si hubiera algo que me obligase a comparar con mi propia persona todo lo que sobre personas ajenas oigo y como si mis complejos personales fueran puestos en movimiento al percatarse de la existencia de otros. Esto no puede ser una cualidad individual mía, sino que, por el contrario, debe de constituir una muestra de la manera que todos tenemos de comprender lo que nos es ajeno. Tengo motivos para suponer que a otros individuos les sucede en esta cuestión lo mismo que a mí.

El mejor ejemplo de esta clase me lo ha relatado, como una experiencia personal suya, un cierto señor *Lederer*. En el curso de su viaje de novios encontró en Venecia a un caballero a quien conocía, aunque muy superficialmente, y tuvo que presentarle a su mujer. No recordando el nombre de dicho sujeto, salió del paso con un murmullo ininteligible. Mas al encontrarle por segunda vez y no pudiendo esquivarle, le llamó aparte y le rogó le sacase del apuro diciéndole su nombre, que sentía mucho haber olvidado. La respuesta del desconocido demostró que poseía un superior conocimiento de los hombres: «No me extraña nada que no haya podido usted retener mi nombre. Me llamo igual que usted: ¡Lederer!».

No podemos reprimir una impresión ligeramente desagradable cuando encontramos que un extraño lleva nuestro propio nombre. Yo sentí claramente esta impresión al presentárseme un día en mi consulta un señor S. Freud. De todos modos, hago constar aquí la afirmación de uno de mis críticos, que asegura comportarse en este punto de un modo opuesto al mío.

f) El efecto de la relación personal aparece también en el siguiente ejemplo, comunicado por Jung[3].

«Un cierto señor Y. se enamoró, sin ser correspondido, de una señorita, la cual se casó poco después con el señor X. A pesar de que el señor Y. conoce al señor X. hace ya mucho tiempo y hasta tiene relaciones comerciales con él, olvida de continuo su nombre, y cuando quiere escribirle tiene que acudir a alguien que se lo recuerde.»

La motivación del olvido es, en este caso, más visible que en los anteriores, situados bajo la constelación de la referencia personal. El olvido parece ser aquí la consecuencia directa de la animosidad del señor Y. contra su feliz rival. No quiere saber nada de él.

g) El motivo del olvido de un nombre puede ser también algo más sutil, puede ser, por decirlo así, un rencor «sublimado» contra su portador. La señorita I. v. K. relata el siguiente caso:

«Yo me he construido para mi uso particular la pequeña teoría siguiente: Los hombres que poseen aptitudes o talentos pictóricos no suelen comprender la música, y al contrario. Hace algún tiempo hablaba sobre esta cuestión con una persona, y le dije: "Mi observación se ha demostrado siempre como cierta, excepto en un caso." Pero al querer citar al individuo que constituía esta excepción no me fue posible recordar su nombre, no obstante saber que se trataba de uno de mis más íntimos conocidos. Pocos días después oí casualmente el nombre olvidado y lo reconocí en el acto como el del destructor de mi teoría. El rencor que inconscientemente abrigaba contra él se manifestó por el olvido de su nombre, en extremo familiar para mí.»

h) El siguiente caso, comunicado por Ferenczi, y cuyo análisis es especialmente instructivo, por la explicación de los pensamientos sustitutivos (como Botticelli y Boltraffio en sustitución de Signorelli), muestra cómo por caminos algo diferentes de los seguidos en los casos anteriores conduce la autorreferencia al olvido de un nombre.

«Una señora que ha oído hablar algo de psicoanálisis no puede recordar en un momento dado el nombre del psiquiatra *Jung*.

»En vez de este nombre se presentan los siguientes sustitutivos: *Kl (un nombre)-Wilde-Nietzsche-Hauptmann.*

»No le comunico el nombre que busca y le ruego me vaya relatando las asociaciones libres que se presenten al fijar su atención en cada uno de los nombres sustitutivos.

»Con *Kl*, piensa en seguida en la *señora de Rl* y en que es un tanto cursi y afectada, pero que se conserva muy bien para su edad. "No envejece." Como concepto general y principal sobre *Wilde* y *Nietzsche*, habla de *perturbación mental*. Después dice irónicamente: "Ustedes, los *freudianos*, investigarán tanto las causas de las enfermedades mentales, que acabarán por volverse también *locos*." Y luego: "No puedo resistir a *Wilde* ni a *Nietzsche*. No los comprendo. He oído que ambos eran homosexuales." *Wilde* se rodeaba siempre de muchachos *jóvenes (junge* Leute). Aunque al final de la frase ha pronunciado la palabra buscada (*junge* Leute-*Jung)*, no se ha dado cuenta y no le ha servido para recordarla.

»Al fijar la atención en el nombre de Hauptmann asocia él las palabras *mitad (Halbe)* y *juventud (Jugend)*, y entonces, después de dirigir yo su atención sobre la palabra *juventud (Jugend)*, cae en la cuenta de que *Jung* era el nombre que buscaba.

»Realmente, esta señora, que perdió a su marido a los treinta y nueve años y no tiene probabilidades de casarse otra vez, posee motivos suficientes para evitar el recuerdo de todo aquello que se refiera a *juventud* o *vejez*. Lo interesante del caso es que las asociaciones de los pensamientos sustitutivos del nombre buscado son puramente de contenido, no presentándose ninguna asociación por similicadencia.»

i) Otra distinta y muy sutil motivación aparece en el siguiente ejemplo de olvido de nombre, aclarado y explicado por el mismo sujeto que lo padeció.

«Al presentarme a un examen de Filosofía, examen que consideraba como algo secundario y al margen de mi verdadera actividad, fui preguntado sobre las doctrinas de Epicuro, y después sobre si sabía quién había resucitado sus teorías en siglos posteriores. Respondí que *Pierre Gassendi,* nombre que había oído citar dos días antes en el café como el de un discípulo de Epicuro. El examinador me preguntó, un tanto asombrado, que de dónde sabía eso, y yo le contesté, lleno de audacia, que hacía ya mucho tiempo que me interesaba *Gassendi* y estudiaba sus obras. Todo esto dio como resultado que la nota obtenida en el examen fuera un *magna cum laude;* pero más tarde me produjo, desgraciadamente, una tenaz inclinación a olvidar el nombre de *Gassendi,* motivada, sin duda, por mis remordimientos. Tampoco hubiera debido conocer anteriormente dicho nombre.»

Para poder apreciar la intensidad de la repugnancia que el narrador experimenta a recordar este episodio de examen hay que conocer lo mucho en que estima ahora su título de doctor.

j) Añadiré aquí un ejemplo de olvido del nombre de una ciudad, ejemplo que no es quizá tan sencillo como los anteriormente expuestos, pero que parecerá verosímil y valioso a las personas familiarizadas con esta clase de investigaciones. Trátase en este caso del nombre de una ciudad italiana, que se sustrajo al recuerdo a consecuencia de su gran semejanza con un nombre propio femenino, al que se hallaban ligadas varias reminiscencias saturadas de afecto y no exteriorizadas seguramente hasta su agotamiento. El doctor S. Ferenczi, de Budapest, que observó en sí mismo este caso de olvido, lo trató –y muy acertadamente– como un análisis de un sueño o de una idea neurótica.

«Hallándome de visita en casa de una familia de mi amistad, recayó la conversación sobre las ciudades del norte de Italia. Uno de los presentes observó que en ellas se echa de ver aún la influencia austriaca. A continuación se citaron los nombres de algunas de estas ciudades, y al querer yo citar también el de una de ellas no logré evocarlo, aunque sí recordaba haber pasado en tal ciudad dos días muy agradables, lo cual no parece muy conforme con la teoría freudiana del olvido. En lugar del buscado nombre de la ciudad se presentaron las siguientes ideas: *Capua-Brescia-El león de Brescia.*

»Este león lo veía objetivamente ante mí bajo la forma de una *estatua de mármol;* pero observé en seguida que semejaba mucho menos al león del monumento a la Libertad existente en Brescia (monumento que sólo conozco por fotografía) que a otro marmóreo león visto por mí en el *panteón erigido en el cementerio de Lucerna a la memoria de los soldados de la Guardia Suiza muertos en las Tullerías,* monumento del que poseo una reproducción en miniatura. Por último, acudió a mi memoria el nombre buscado: *Verona.*

»Inmediatamente me di cuenta de la causa de la amnesia sufrida, causa que no era otra sino una antigua criada de la familia en cuya casa me hallaba en aquel momento. Esta criada se llamaba *Verónica,* en húngaro *Verona,* y me era extraordinariamente antipática por su repulsiva fisonomía, su voz ronca y destemplada y la inaguantable familiaridad, a la que se creía con derecho por los muchos años que llevaba en la casa. También me había parecido insoportable la *tiranía* con que trataba a los hijos pequeños de sus amos. Descubierta esta causa de mi olvido, hallé en el acto la significación de los pensamientos sustitutivos.

»Al nombre de *Capua* había asociado en seguida *caput mortuum,* pues con frecuencia había comparado la cabeza de Verónica a una calavera. La palabra húngara *kapzsi* (codicioso) había constituido seguramente una determinante del desplazamiento. Como es natural, hallé también aquellos otros caminos de asociación, mucho más directos, que unen *Capua* y *Verona* como conceptos geográficos y palabras italianas de un mismo ritmo.

»Esto último sucede asimismo con respecto a *Brescia.* Pero también aquí hallamos ocultos caminos laterales de la asociación de ideas.

»Mi antipatía por Verónica llegó a ser tan intensa, que la vista de la infeliz criada me causaba verdadera repugnancia, pareciéndome imposible que su persona pudiese inspirar alguna vez sentimientos afectuosos. Besarla –dije en una ocasión– tiene que provocar *náuseas (Brechreiz).* Sin embargo, esto no explica en nada su relación con los muertos de la Guardia Suiza.

»*Brescia,* por lo menos en Hungría, suele unirse no con el león, sino con otra *fiera.* El nombre más odiado en esta tierra, como también en toda la Italia septentrional, es el del general *Haynau,* al cual se le ha dado el sobrenombre de *la hiena de Brescia.* Del odiado *tirano* Haynau nos lleva, pues, una de las rutas mentales, pasando sobre Brescia, hasta la ciudad de Verona, y la otra, pasando por la idea del *animal sepulturero de ronca voz* (que coadyuva a determinar la emergencia de la representación *monumento funerario),* a la calavera y a la desagradable voz de Verónica, tan atropellada por mi inconsciente. Verónica, en su tiempo, reinaba tan tiránicamente en la casa como el general austriaco sobre los libertarios húngaros e italianos.

»A *Lucerna* se asocia la idea de un verano que Verónica pasó con sus amos a orillas del lago de los Cuatro Cantones, en las *proximidades de dicha ciudad.* La Guardia Suiza, a la reminiscencia de que sabía tiranizar no sólo a los niños de la casa, sino también a las personas mayores, complaciéndose en el papel de *garde-dame.*

»Haré constar especialmente que esta mi antipatía hacia Verónica pertenecía conscientemente a cosas ya pasadas y dominadas. Con el tiempo había cambiado Verónica mucho exteriormente, y modificado sus maneras de tal modo, que al encontrarla (cosa que de todos modos sucedía raras veces), podía yo hablarle con sincera amabilidad. Mi inconsciente conservaba, sin embargo, como generalmente sucede, las impresiones con una mayor tenacidad. Lo inconsciente es rencoroso.

»Las Tullerías constituyen una alusión a una segunda personalidad, a una anciana señora francesa que realmente había "guardado" a las señoras de la casa en distintas ocasiones y a la que todas mostraban grandes consideraciones y hasta quizá *temían* un poco. Yo fui durante algún tiempo alumno (*élève*) suyo de conversación francesa. Ante la palabra *élève,* recuerdo, además, que en una visita al cuñado del que en aquel momento era mi huésped, residente en la Bohemia septentrional, me hizo reír mucho el que entre la gente del pueblo de aquella comarca se llamara "leones" (*loewen*) a los alumnos (*élèves*) de la Escuela forestal allí existente. Este divertido recuerdo debió de participar en el desplazamiento de *hiena* a *león.*»

k) El ejemplo que va a continuación[4] muestra cómo un complejo personal que domina al sujeto en un momento determinado puede producir en dicho momento y en cuestiones apartadas de la naturaleza del complejo el olvido de un nombre.

Dos individuos, viejo el uno y joven el otro, se hallaban conversando sobre sus recuerdos de los bellos e interesantes días que habían vivido durante un viaje que hacía seis meses habían hecho por Sicilia.

–¿Cómo se llama el lugar –preguntó el joven– donde pernoctamos al emprender nuestra excursión a Selinunt? ¿No era *Catalafimi?*

El viejo rechazó este nombre:

–Estoy seguro –dijo– de que no se llamaba así; pero también yo he olvidado cómo, aunque recuerdo perfectamente todos los detalles de nuestra estancia en aquel sitio. Basta que me dé cuenta de que otra persona ha olvidado un nombre para incurrir en igual olvido. Vamos a tratar de buscar éste. El primero que se me ocurre es *Caltanisetta,* que desde luego no es el verdadero.

–No –respondió el joven–; el nombre que buscamos comienza con *w,* o por lo menos hay alguna *w* en él.

–No hay ninguna palabra italiana que tenga una *w* –objetó el viejo.

–Es que me he equivocado. Quería decir una *v* en vez de una *w.* Mi lengua materna me hace confundirlas fácilmente.

El viejo presentó nuevas objeciones contra la existencia de una *v* en el nombre olvidado, y dijo luego:

–Creo que ya se me habrán olvidado muchos nombres sicilianos. Vamos a ver. ¿Cómo se llama, por ejemplo, aquel lugar situado sobre una altura y que los antiguos denominaban *Enna?* ¡Ah, ya lo sé: *Castrogiovanni!*

En el mismo momento en que acabó de pronunciar este nombre, descubrió el joven el que ambos habían olvidado antes, y exclamó: *¡Castelvetrano!,* indicando gozosamente a su interlocutor el hecho de que, en efecto, existía en este nombre la letra *v,* como él había afirmado. El viejo dudó aún algunos momentos antes de reconocer el nombre; pero una vez que aceptó su exactitud, pudo también explicar la razón de haberlo olvidado.

–Seguramente –dijo–, el olvido se debe a que la parte final del nombre, o sea *vetrano,* me recuerda la palabra *veterano,* pues sé que no me gusta pensar en la vejez y reacciono con extraña intensidad cuando se me hace recordar. Así, hace poco que dije, un tanto inconvenientemente, a un muy querido amigo mío, «que hacía ya mucho tiempo que había pasado de los años juveniles», como en venganza de que dicho amigo, en medio de múltiples alabanzas a mi persona, había dicho un día que «yo no era ya precisamente joven». La prueba de que mi resistencia surgía tan sólo contra la segunda mitad del nombre *Castelvetrano,* es que su primera mitad aparece, aunque algo desfigurada, en el nombre sustitutivo *Caltanisetta.*

–¿Y qué le sugiere a usted este nombre sustitutivo por sí mismo? –preguntó el joven.

–Caltanisetta me pareció siempre un apelativo cariñoso aplicable a una muchacha joven –confesó el anciano interlocutor.

Algún tiempo después añadió éste:

–El nombre moderno de *Enna* era también un nombre sustitutivo. Se me ocurre ahora que el nombre *Castrogiovanni,* que surgió con ayuda de un raciocinio, alude tan expresivamente a *giovane* = joven, como el olvidado nombre *Castelvetrano* a *veterano* = viejo.

De este modo supuso el anciano haber explicado suficientemente su olvido del nombre. Lo que no fue sometido a investigación fue el motivo de que también el joven sufriera igual olvido.

Debemos interesarnos no sólo por los motivos del olvido de nombres, sino por el mecanismo de su proceso. En un gran número de casos se olvida un nombre, no porque haga surgir por sí mismo tales motivos, sino porque roza por similicadencia otro nombre contra el cual se dirigen aquéllos. Se comprende que tal debilitación de las condiciones favorezca extraordinariamente la aparición del fenómeno. Así sucede en los siguientes ejemplos:

a) Ed. Hitschman («Dos casos de olvido de nombres», en *Internat Zeitsch. für Psychoanalyse,* I, 1913).

b) El señor N. quiso indicar a una persona el título de la sociedad *Gilhofer y Ranschburg,* libreros; pero por más esfuerzos que hizo no logró acordarse más que del segundo nombre, *Ranschburg,* a pesar de serle muy familiar y conocida la firma completa. Ligeramente molesto por tal olvido, le concedió importancia suficiente para despertar a su hermano, que se había acostado ya, y preguntarle por la primera parte de la firma. El hermano se la dijo en seguida, y al oír la palabra *Gilhofer* recordó N. en el acto la palabra *Gallhof,* nombre de un lugar donde meses antes había estado de paseo con una atractiva muchacha, paseo lleno de recuerdos para él. La muchacha le había regalado aquel día un objeto sobre el que se hallaban escritas las siguientes palabras: «En recuerdo de las bellas horas pasadas en *Gallhof.*» Pocos días antes del olvido que aquí relatamos había N. estropeado considerablemente, al parecer por casualidad, este objeto, al cerrar el cajón en que lo guardaba, cosa de la que N., conocedor del sentido de los actos sintomáticos *(Symtomhandlungen)*, se reconocía en cierto modo culpable. Se hallaba en estos días en una situación espiritual un tanto ambivalente con respecto a la señorita de referencia, pues aunque la quería, no compartía su deseo de contraer matrimonio.

c) Doctor Hans Sachs:

«En una conversación sobre Génova y sus alrededores quiso un joven citar el lugar llamado *Pegli,* mas no pudo recordar su nombre sino después de un rato de intenso esfuerzo mental. Al volver a su casa, pensando en aquel enfadoso olvido de un nombre que le era muy familiar, recordó de repente la palabra *Peli,* de sonido semejante a la olvidada. Sabía que *Peli* era el nombre de una isla del mar del Sur, cuyos habitantes han conservado hasta nuestros días algunas extrañas costumbres. Poco tiempo antes había leído una obra de Etnología que trataba de esta cuestión, y pensaba utilizar los datos en ella contenidos para la construcción de una hipótesis original. Recordó asimismo que *Peli* era el lugar en que se desarrollaba la acción de una novela de Laurids Bruun titulada *Los tiempos más felices de Van Zanten,* novela que le había gustado e interesado grandemente. Los pensamientos que casi sin interrupción le habían ocupado durante todo aquel día se hallaban ligados a una carta que había recibido por la mañana de una señora a la que amaba, carta cuyo contenido le hacía temer que tuviera que renunciar a una entrevista acordada con anterioridad. Después de haber pasado todo el día de perverso humor, salió al anochecer con el propósito de no atormentarse por más tiempo con tan penosos pensamientos y procurar distraerse agradablemente en la reunión en la que luego surgió su olvido del nombre *Pegli;* reunión que se componía de personas a las que estimaba y cuya compañía le era grata. Puede verse de manera clara que este propósito de distraer sus desagradables pensamientos quedaba amenazado por la palabra *Pegli,* que por similicadencia había de sugerir en el acto el nombre *Peli,* el cual, habiendo adquirido por su interés etnológico un valor de autorreferencia, encarnaba no sólo "los tiempos más felices de Van Zanten", sino asimismo los de igual condición del joven y, por tanto, también los temores y cuidados que este último había abrigado durante todo el día. Es muy característico el hecho de que esta sencilla interpretación del olvido no fuera alcanzada por el sujeto hasta que una segunda carta convirtió sus dudas y temores en alegre certeza de una próxima entrevista con la señora de sus pensamientos.»

Recordando ante este ejemplo el anteriormente citado, en el que lo olvidado por el sujeto era el nombre del lugar italiano *Nervi,* caso semejante al último expuesto, se ve cómo el doble sentido de una palabra puede ser sustituido por la similicadencia de dos palabras diferentes.

d) Al estallar en 1915 la guerra con Italia pude observar cómo se sustraía de repente a mi memoria una gran cantidad de nombres de poblaciones italianas que de ordinario había podido citar sin esfuerzo alguno. Como otras muchas personas de nacionalidad germánica, acostumbraba yo pasar una parte de las vacaciones en Italia, y no podía dudar de que tal olvido general de nombres italianos fuera la expresión de la comprensible enemistad hacia Italia, en la que se transformaba, por mandato de las circunstancias, mi anterior predilección por dicho país. Al lado de este olvido de nombres directamente motivado, podía observarse también otro, motivado indirectamente y que podía ser referido a la misma influencia. Durante esta época advertí, en efecto, que también me hallaba inclinado a olvidar nombres de poblaciones no italianas, e investigando estos últimos olvidos hallé que tales nombres se ligaban siempre, por próximas o lejanas semejanzas de sonido, a aquellos otros italianos que mis sentimientos circunstanciales me prohibían recordar. De este modo estuve esforzándome un día en recordar el nombre de la ciudad de *Bisenz,* situada en Moravia, y cuando, por fin, logré recordarlo vi en seguida que el olvido debía ponerse a cargo del *Palazzo Bisenzi,* de *Orvieto.* En este *Palazzo* se encuentra instalado el hotel Belle Arti, en el cual me había hospedado siempre en todos mis viajes a dicha población. Como es natural, los recuerdos preferidos y más agradables habían sido los más fuertemente perjudicados por la transformación de mis sentimientos.

El rendimiento fallido del olvido de nombres puede ponerse al servicio de diferentes intenciones, como nos lo demuestran los ejemplos que siguen:

1. Olvido de un nombre como garantía del olvido de un propósito:

a) A. J. Storfer («Zur Psychopathologie des Alltags», en *Internationale Zeitschrift für ärztliche Psychoanalyse,* II, 1914).

«Una señora de Basilea recibió una mañana la noticia de que una amiga suya de juventud, Selma X., de Berlín, acababa de llegar a Basilea en el curso de su viaje de novios, pero que no permanecería en esta ciudad más que un solo día. Por tanto, fue en seguida a visitarla al hotel. Al despedirse por la mañana, quedaron de acuerdo en verse de nuevo por la tarde, para pasar juntas las horas restantes hasta la partida de la recién casada berlinesa.

»Mas la señora de Basilea olvidó por completo la cita. Las determinaciones de este olvido no me son conocidas, pero en la situación en que la señora se hallaba (encuentro con *una amiga de juventud, recién casada*) se hacen posibles multitud de constelaciones típicas, que pueden producir una represión encaminada a evitar la repetición de dicho encuentro. Lo interesante en este caso es un segundo rendimiento fallido que surgió como inconsciente garantía del primero. A la hora en que debía encontrarse con su amiga berlinesa se hallaba la señora de Basilea en una reunión, en la cual se llegó a hablar de la reciente boda de una cantante de ópera vienesa llamada *Kurtz*. La señora comenzó a criticar (¡!) dicha *boda,* y al querer citar el nombre de la cantante vio con sorpresa que sólo recordaba el apellido *Kurtz,* pero que le era imposible recordar el nombre, cosa que le desagradó y extrañó en extremo, dado que sabía le era muy conocido por haber oído cantar frecuentemente a la referida artista y haber hablado de ella, citándola por su *nombre* y *apellido,* pues es cosa corriente, cuando un apellido es monosilábico, agregar a él el nombre propio para nombrar a la persona a quien pertenece. La conversación tomó en seguida otro rumbo antes que nadie subsanase el olvido pronunciando el nombre de la cantante.

»Al anochecer del mismo día se hallaba la señora en otra reunión, compuesta, en parte, por las mismas personas que integraban la de por la tarde. La conversación recayó casualmente de nuevo sobre la boda de la artista vienesa. La señora citó entonces, sin ninguna dificultad, su nombre completo: *Selma Kurtz,* y en el acto exclamó: "¡Caramba! Ahora me acuerdo que he olvidado en absoluto que estaba citada esta tarde con mi amiga *Selma.*" Una mirada al reloj le demostró que su amiga debía de haber continuado ya su viaje.»

Quizá no estemos aún suficientemente preparados para hallar todas las importantísimas relaciones que puede encerrar este interesantísimo ejemplo. En el que a continuación transcribimos, menos complicado, no es un nombre, sino una palabra de un idioma extranjero, lo que cae en el olvido, por un motivo implícito en la situación del sujeto en el momento de no poder recordarla. Vemos, pues, que podemos considerar como un solo caso estos olvidos, aunque se refieran a objeto diferente: nombre sustantivo, nombre propio, palabra extranjera o serie de palabras.

En el siguiente ejemplo olvida un joven la palabra inglesa correspondiente a *oro (gold),* que es precisamente idéntica en ambos idiomas, alemán e inglés, y la olvida con el fin inconsciente de dar ocasión a una acción deseada.

b) Hans Sachs:

«Un joven que vivía en una pensión conoció en ella a una muchacha inglesa que fue muy de su agrado. Conversando con ella en inglés, idioma que domina bastante bien, la misma noche del día en que la había conocido quiso utilizar en el diálogo la palabra inglesa correspondiente a *oro (gold),* y a pesar de múltiples esfuerzos no le fue posible hallarla. En cambio, acudieron a su memoria, como palabras sustitutivas, la francesa *or,* la latina *aurum* y la griega *chrysos,* agolpándose en su pensamiento con tal fuerza que le costaba trabajo rechazarlas, a pesar de saber con toda seguridad que no tenían parentesco alguno con la palabra buscada. Por último, no halló otro camino para hacerse comprender que el de tocar un anillo que la joven inglesa llevaba en una de sus manos, y quedó todo avergonzado al oírle que la tan buscada traducción de la palabra *oro (gold* en alemán) era, en inglés, la idéntica palabra *gold.* El alto valor de tal contacto, acarreado por el olvido, no reposa tan sólo en la decorosa satisfacción del instinto de aprehensión o de contacto, satisfacción que puede conseguirse en muchas otras ocasiones ardientemente aprovechadas por los enamorados, sino mucho más en la circunstancia de hacer posible una aclaración de las intenciones del galanteo. El inconsciente de la dama adivinará, sobre todo si está predispuesta en favor de su interlocutor, el objeto erótico del olvido, oculto detrás de un inocente disfraz, y la forma en que la interesada acoja el contacto y dé por válida su motivación puede constituir un signo muy significativo, aunque sea inconsciente en ambos, de su acuerdo sobre el porvenir del recién iniciado *flirt*.»

2. Un caso de olvido de nombre y recuerdo erróneo:

Daré también un ejemplo tomado de J. Staerke, que constituye una interesante observación de un caso de olvido y recuerdo posterior de un nombre propio, caracterizado por ligarse en él el olvido del nombre a la alteración de varias palabras de una poesía como pasaba en el ejemplo de *La prometida de Corinto,* citada al principio de este capítulo. (Este ejemplo se halla incluido en la edición holandesa del presente libro, titulada *De invloed van ons onbewuste in ons dajelijksche leven.* Amsterdam, 1916. En alemán apareció en la revista *Internationale Zeitschrift ärzitliche Psychoanalyse,* IV, 1916).

«Un anciano jurisconsulto y filólogo, el señor Z., contaba en una reunión que durante sus años de estudio en Alemania había conocido a un estudiante extraordinariamente tonto y del que podía relatar algunas divertidas anécdotas. De su nombre no se acordaba en aquel momento, y aunque al principio creyó recordar que empezaba con W., retiró después tal suposición, juzgándola equivocada. Lo que sí podía afirmar era que tal estudiante se había hecho después comerciante en vinos *(Weinhändler).* A continuación contó una de las anécdotas a que antes había aludido, y al terminarla expresó de nuevo su extrañeza por no recordar el nombre del protagonista, añadiendo: "Era tan burro, que aún me maravilla haber conseguido meterle en la cabeza el latín a fuerza de explicarle y repasarle una y otra vez las lecciones." Momentos después recordó que el nombre que buscaba terminaba en... *man,* y al preguntarle yo que si se le ocurría en aquel instante otro nombre que tuviera igual terminación, me contestó: "Sí, *Erdmann.*" "¿Quién lleva ese nombre?", seguí interrogando. "También un estudiante de aquellos tiempos", repuso Z. Pero su hija, que estaba presente, observó que en la actualidad existía un profesor Erdmann, a quien conocían, y en el curso de la conversación se averiguó que dicho profesor había mutilado y abreviado un trabajo de Z., al publicarlo en una revista por él dirigida, mostrando además su disconformidad con parte de las doctrinas sustentadas por el autor, cosas ambas que habían desagradado bastante a Z. (Aparte de esto, supe después que años atrás había tenido éste la intención de desempeñar una cátedra de la misma disciplina que actualmente explicaba el profesor Erdmann, y que, por tanto, también a causa de esto podía herir en Z. el nombre *Erdmann* una cuerda sensible.)

»De repente recordó Z. el nombre del estudiante tonto: ¡*Lindeman!* El haber recordado primeramente que el nombre buscado terminaba en... *man* había hecho que su principio *Linde* (tilo) permaneciera reprimido aún por más tiempo. Siguiendo mi deseo de averiguar todo el mecanismo del olvido, pregunté a Z. qué era lo que se le ocurría ante la palabra *Linde* (tilo), contestándome en un principio que no se le ocurría nada. Apremiado por mi afirmación de que no podía dejar de ocurrírsele algo ante dicha palabra, miró hacia lo alto y, haciendo en el aire un gesto con la mano, dijo:

"Bueno, sí. Un tilo *(Linde)* es un bello árbol", sin que se le ocurriera nada más. La conversación calló aquí y cada uno prosiguió su lectura o la ocupación a que se hallaba dedicado, hasta que momentos después comenzó Z. a recitar distraídamente y como ensimismado los siguientes versos:

> Si con fuertes y flexibles huesos
> permanece en pie sobre la *tierra (Erde)*
> no llega tampoco
> ni siquiera a igualarse al *tilo (Linde)*
> o a la *vid.*

»Al oír estos versos lancé una exclamación de triunfo: ¡Ahí tenemos a *Erdmann* –dije–. Ese *hombre (Mann)* "que permanece en pie sobre la tierra" *(Erde)* y que, por tanto, es el "hombre de la tierra" *(Erdmann),* no puede llegar a compararse con el *tilo (Linde-Lindeman)* o con la *vid* (comerciante en vinos). O sea con otras palabras: aquel *Lindeman,* el estudiante estúpido, que después se hizo comerciante en vinos, era un burro pero *Erdmann* es un burro mucho mayor, que no puede compararse con *Lindeman.*

»Es muy general que lo inconsciente se permita en sí mismo tales expresiones de burla o de desprecio, y, por tanto, me pareció haber hallado ya la causa fundamental del olvido del nombre.

»Pregunté a Z. de qué poesía provenían las líneas por él citadas, y me dijo que creía eran de una de Goethe, que comenzaba:

> ¡Sea noble el hombre
> benéfico y bondadoso!

»y que después seguía:

> ... y si se eleva hacia los cielos
> se convierte en juguete de los vientos.

»Al día siguiente busqué esta poesía de Goethe y vi que el caso era todavía más interesante, aunque también más complicado de lo que al principio parecía.

»*a)* Las primeras líneas citadas decían así (compárese con la versión de Z.):

Si con fuertes y *vigorosos* huesos permanece en pie...

»Huesos *flexibles* era, en efecto, una rara combinación. Pero sobre este punto no queremos ahondar más.

»*b)* Los versos siguientes de esta estrofa son como sigue (compárese con la versión de Z.):

> sobre la tierra estable y *permanente,*
> no llega tampoco ni siquiera
> a igualarse a la *encina*
> o a la vid.

»¡Así, pues, en toda la poesía no aparece para nada ningún *tilo! (Linde)*. La sustitución de la encina *(Eiche)* por el *tilo (Linde)* no se ha verificado más que para hacer posible el juego de palabras.

»*c)* Esta poesía se llama *Los límites de la Humanidad* y contiene una comparación entre la omnipotencia de los dioses y el escaso poder de los hombres. La poesía cuyo principio es:

¡Sea noble el hombre
benéfico y bondadoso!

es otra poesía distinta, que se halla unas páginas más adelante. Se titula *Lo divino,* y contiene asimismo pensamientos sobre los dioses y los hombres. Por no haber continuado las investigaciones sobre estos puntos, no puedo sino suponer que en la génesis de este olvido desempeñaron también un papel diversos pensamientos sobre la vida y la muerte, lo temporal y lo eterno, la débil vida propia y la muerte futura.»

En alguno de estos ejemplos son necesarias todas las sutilezas de la técnica psicoanalítica para aclarar el olvido. Para aquellos que deseen conocer algo más sobre tal labor, indicaremos aquí una comunicación de E. Jones (Londres) publicada en la *Zentralbatt für Psychoanalyse* (año II, núm. 2, 1921) con el título «Análisis de un caso de olvido de un nombre».

Ferenczi ha observado que el olvido de nombres puede manifestarse también como síntoma histérico, y entonces muestra un mecanismo que se aparta mucho del de los rendimientos fallidos. En el siguiente ejemplo puede verse en qué consiste esta diferencia:

«Tengo actualmente en tratamiento, entre mis pacientes, a una señorita ya madura que no logra jamás recordar ni siquiera aquellos nombres propios más vulgares o que le son más conocidos, a pesar de poseer en general una buena memoria. En el análisis se demostró que lo que quería era hacer notar su ignorancia por medio de este síntoma. Esta demostrativa exhibición de su ignorancia era, en realidad, un reproche contra sus padres, que no le dejaron seguir una enseñanza superior. Su atormentadora manía de limpiar y fregarlo todo (psicosis del ama de casa) procede también, en parte, del mismo origen. Con ella quiere expresar aproximadamente: "Habéis hecho de mí una criada".»

Podría multiplicar en este momento los ejemplos de olvido de nombres y llevar mucho más adelante su discusión si no quisiera evitar que quedasen ya agotados en este primer tema todos los puntos de vista que han de surgir en otros subsiguientes. Mas lo que sí conviene hacer es resumir concretamente en algunas frases los resultados de los análisis expuestos hasta aquí.

El mecanismo del olvido de nombres, o más bien de su desaparición temporal de la memoria, consiste en la perturbación de la reproducción deseada del nombre por una serie de ideas ajenas a él e inconsciente por el momento. Entre el nombre perturbado y el complejo perturbador, o existe desde un principio una conexión, o se ha formado ésta siguiendo con frecuencia caminos aparentemente artificiosos y alambicados por medio de asociaciones superficiales (exteriores).

Entre los complejos perturbadores se distinguen por su mayor eficacia los pertenecientes a la autorreferencia (complejos familiares, personales y profesionales).

Un nombre que por su pluralidad de sentidos pertenece a varios círculos de pensamientos (complejos) es perturbado en su conexión con una de las series de ideas por su pertenencia a otro complejo más vigoroso.

Entre los motivos de esta perturbación resalta la intención de evitar que el recuerdo despierte una sensación penosa o desagradable.

En general, pueden distinguirse dos casos principales de olvido de nombres: cuando el nombre mismo hiere algo desagradable o cuando se halla en contacto con otro capaz de producir tal efecto, de manera que los nombres pueden ser perturbados en su reproducción, tanto a causa de sus propias cualidades como por sus próximas o lejanas relaciones de asociación.

Un vistazo a estos principios generales nos permite comprender que el olvido temporal de nombres sea el más frecuente de nuestros rendimientos fallidos.

Estamos, sin embargo, aún muy lejos de haber señalado todas las particularidades de este fenómeno. Quiero hacer constar todavía que el olvido de nombres es altamente contagioso. En un diálogo bastará que uno de los interlocutores exprese haber olvidado tal o cual nombre, para hacerlo desaparecer de la memoria del otro. Mas la persona en que el olvido ha sido inducido, encontrará el nombre con mayor facilidad que la que lo ha olvidado espontáneamente. Este olvido *colectivo,* que si se considera con precisión es, en realidad, un fenómeno de la psicología de las masas, no ha sido todavía objeto de la investigación analítica. En un caso único, pero sobremanera interesante, ha podido dar Th. Reik una excelente explicación de este curioso fenómeno[5].

«En una pequeña reunión en la que se hallaban dos estudiantes de Filosofía se hablaba de los numerosos problemas que el origen del cristianismo plantea a la historia de la civilización y a la ciencia de las religiones. Una de las señoritas que tomaban parte en la conversación recordó haber hallado en una novela inglesa que había leído recientemente un atractivo cuadro de las numerosas corrientes religiosas que agitaban aquella época. Añadió que en la novela se describía toda la vida de Cristo, desde su nacimiento hasta su muerte, pero que no podía recordar el título de la obra. (En cambio, el recuerdo visual de la cubierta del libro, y hasta la composición tipográfica del título, se presentaban en ella con una precisión más intensa de lo normal.) Tres de los señores presentes declararon conocer también la novela; mas, por una curiosa coincidencia, tampoco pudieron recordar su título.»

Sólo la señorita estudiante se sometió al análisis encaminado a hallar la explicación de tal olvido de nombre. El título del libro era *Ben Hur,* y su autor Lewis Wallace. Los recuerdos sustitutivos fueron: *Ecce homo-homo sum-Quo vadis?* La joven comprendía que había olvidado el nombre *Ben Hur* «porque contenía una expresión que ni ella ni ninguna otra muchacha usarían nunca, sobre todo en presencia de hombres jóvenes»[6]. Esta explicación se hizo más completa y profunda por medio de un interesante análisis. En el contexto antes revelado posee también la traducción de *homo* –hombre– una significación sospechosa.

Reik deduce que la joven estudiante consideraba que el pronunciar dicho título sospechoso ante hombres jóvenes constituía algo semejante a una confesión de deseos que condenaba como impropios de su personalidad y penosos para ella. En resumen: la joven consideraba inconscientemente el pronunciar el título *Ben Hur* como una proposición sexual, y su olvido correspondía, por tanto, a su defensa contra una tentación de dicha clase. Tenemos fundamentos para admitir que el olvido sufrido por los jóvenes se hallaba condicionado por un análogo proceso inconsciente. Su subconsciente dio al olvido de la muchacha su verdadera significación y lo interpretó de igual manera. El olvido del título *Ben Hur* en los hombres representó una consideración ante la defensa de la muchacha. Es como si ésta, con su repentina debilidad de memoria, les hubiera hecho una clara señal que ellos hubieran entendido muy bien inconscientemente.

Existe también un continuado olvido de nombres en el cual desaparecen de la memoria series enteras de ellos, y cuando para hallar un nombre olvidado se quiere hacer presa en otros con los que aquél se halla íntimamente enlazado, suelen también huir tales nombres buscados como puntos de apoyo. El olvido salta así de unos nombres a otros como para demostrar la existencia de un obstáculo nada fácil de dominar.

4. Recuerdos infantiles y encubridores

En un artículo publicado en 1899 en la *Revista de Psiquiatría y Neurología* pudimos demostrar el carácter tendencioso de nuestros recuerdos, carácter que se nos reveló en aquéllos pertenecientes a un insospechado campo. Partimos entonces del hecho singular de que en los más tempranos recuerdos infantiles de una persona parece haberse conservado, en muchos casos, lo más indiferente y secundario, mientras que frecuentemente, aunque no siempre, se halla que de la memoria del adulto han desaparecido sin dejar huella los recuerdos de otras impresiones importantes, intensas y llenas de afecto, pertenecientes a dicha época infantil. Sabiendo que la memoria realiza una selección entre las impresiones que a ella se ofrecen, podría suponerse que dicha selección se verifica en la infancia conforme a principios totalmente distintos de aquellos otros a los que obedece en la edad de la madurez intelectual. Pero una más penetrante investigación nos evidencia en seguida la inutilidad de tal hipótesis. Los recuerdos infantiles indiferentes deben su existencia a un proceso de desplazamiento y constituyen, en la reproducción, un sustitutivo de otras impresiones verdaderamente importantes, cuyo recuerdo puede extraerse de ellos por medio del análisis psíquico, pero cuya reproducción directa se halla estorbada por una resistencia. Dado que estos recuerdos infantiles indiferentes deben su conservación no al propio contenido, sino a una relación asociativa del mismo con otro contenido reprimido, creemos que está justificado el nombre de *recuerdos encubridores (Deckrinnerungen)* con que los designamos.

En el mencionado artículo no hicimos más que rozar, sin agotarlo, el estudio de las numerosas clases de relaciones y significaciones de los recuerdos encubridores. En el ejemplo que allí analizábamos minuciosamente hicimos resaltar en particular una peculiaridad de la relación *temporal* entre el recuerdo encubridor y el contenido que bajo él queda oculto. El contenido del recuerdo encubridor pertenecía en el caso analizado a los primeros años de la niñez, mientras que las experiencias mentales por él representadas en la memoria (y que permanecían casi inconscientes) correspondían a años muy posteriores de la vida del sujeto. Esta clase de desplazamiento fue denominada por mí *retroactiva* o *regresiva*. Quizá con mayor frecuencia se encuentra la relación inversa, siendo una impresión indiferente de la primera infancia la que se fija en la memoria en calidad de recuerdo encubridor, a causa de su asociación con una experiencia anterior, contra cuya reproducción directa se alza una resistencia. En este caso, los recuerdos encubridores son *progresivos o avanzados*. Lo más importante para la memoria se halla aquí cronológicamente *detrás* del recuerdo encubridor. Por último, puede presentarse también una tercera variedad: la de que el recuerdo encubridor esté asociado a la impresión por él ocultada, no solamente por su contenido, sino también por su contigüidad en el tiempo. Éstos serán recuerdos encubridores *simultáneos* o *contiguos*.

El determinar qué parte del contenido de nuestra memoria pertenece a la categoría de recuerdos encubridores y qué papel desempeñan éstos en los diversos procesos mentales neuróticos, son problemas de los que no traté en mi artículo ni habré de tratar ahora. Por el momento me limitaré a hacer resaltar la analogía entre el olvido de nombres con recuerdo erróneo y la formación de los recuerdos encubridores.

Al principio, las diferencias entre ambos fenómenos aparecen mucho más visibles que sus presuntas analogías. Trátase, en efecto, en uno de ellos de nombres aislados, y en el otro de impresiones completas de sucesos vividos en la realidad exterior o en el pensamiento. En un lado existe un fallo manifiesto de la función del recuerdo, y en el otro, un acto positivo de esta función, cuyos caracteres juzgamos singulares. El olvido de nombres no constituye más que una perturbación momentánea –pues el nombre que se acaba de olvidar ha sido reproducido cien veces con exactitud anteriormente y puede volver a serlo poco tiempo después–; en cambio, los recuerdos encubridores son algo que poseemos durante largo tiempo sin que sufran perturbación alguna, dado que los recuerdos infantiles indiferentes parecen poder acompañarnos, sin perderse, a través de un amplio período de nuestra vida. Así, pues, el problema se presenta a primera vista muy diferentemente orientado en ambos casos. En uno es el haber olvidado, y en el otro, el haber retenido lo que excita nuestra curiosidad científica. Mas en cuanto se profundiza un poco en la cuestión se observa que, a pesar de las diferencias que respecto a material psíquico y duración muestran ambos fenómenos, dominan en ellos las coincidencias. Tanto en uno como en otro se trata de un fallo del recuerdo; no se reproduce por la memoria lo que de un modo correcto debía reproducirse, sino algo distinto, un sustitutivo. En el olvido de nombres, la memoria no deja de suministrarnos un determinado rendimiento, que surge en forma de nombre sustitutivo. La formación del recuerdo encubridor se basa en el olvido de otras impresiones más importantes, y en ambos fenómenos experimentamos una sensación intelectual que nos indica la intervención de una perturbación, siendo este aviso lo que se presenta bajo una forma diferente, según se trate del fenómeno del olvido de nombres o del recuerdo encubridor. En el olvido de nombres, *sabemos* que los nombres sustitutivos son *falsos,* y en los recuerdos encubridores nos *maravillamos* de retenerlos todavía. Cuando el análisis psicológico nos demuestra después que la formación de sustitutivos se ha realizado en ambos casos de la misma manera, o sea por un desplazamiento a lo largo de una asociación superficial, creemos poder decir justificadamente que las diferencias que ambos fenómenos presentan en material, duración y centración son circunstancias que hacen más intensa nuestra esperanza de haber hallado algo importante y de un valor general. Esta ley general podría enunciarse diciendo que el fallo o la desviación de la función reproductora indica más frecuentemente de lo que se supone la intervención de un factor *prejuzgante,* de una *tendencia* que favorece a uno de los recuerdos mientras se esfuerza en laborar en contra del otro.

El tema de los recuerdos infantiles me parece tan interesante y de tal importancia, que quiero dedicarle aún algunas observaciones que van más allá de los puntos de vista examinados hasta ahora.

¿Hasta qué estadio de la niñez alcanzan los recuerdos? Me son conocidos algunos de los trabajos realizados sobre esta cuestión, entre ellos los de V. y C. Henri[1] y los de Potwin[2], en los cuales resulta que han aparecido grandes diferencias individuales en los sujetos sometidos a investigación, pues mientras que en algunos el primer recuerdo infantil corresponde a la edad de seis meses, otros no recuerdan nada de su vida anterior a los seis y a veces los ocho años cumplidos. Mas ¿de qué dependen esas diferencias en la conducta de los recuerdos infantiles y cuál es su significado? Para resolver esta cuestión no basta limitarse a reunir el material necesario a la investigación; hay, además, que hacer un estudio minucioso de este material, estudio en el cual tendrá que tomar parte la persona que directamente lo suministre.

Mi opinión es que miramos con demasiada indiferencia el hecho de la amnesia infantil, o sea la pérdida de los recuerdos correspondientes a los primeros años de nuestra vida, y que no nos cuidamos lo bastante de desentrañar el singular problema que dicha amnesia constituye. Olvidamos de cuán altos rendimientos intelectuales y cuán complicadas emociones es capaz un niño de cuatro años, y no nos asombramos como debiéramos de que la memoria de los años posteriores haya conservado generalmente tan poca cosa de estos procesos psíquicos, pues no tenemos en cuenta que existen vigorosas razones para admitir que estas mismas actividades infantiles olvidadas no han desaparecido sin dejar huella en el desarrollo de la persona, sino que han ejercido una influencia determinante sobre su futuro carácter. Y, sin embargo, se han olvidado, a pesar de su incomparable eficacia. Este hecho indica la existencia de condiciones especialísimas del recuerdo (referentes a la reproducción consciente) que se han sustraído hasta ahora a nuestro conocimiento. Es muy posible que este olvido de nuestra niñez nos pueda dar la clave para la comprensión de aquellas amnesias que, según nuestros nuevos conocimientos, se encuentran en la base de la formación de todos los síntomas neuróticos.

Entre los recuerdos infantiles que conservamos, existen unos que comprendemos con facilidad y otros que nos parecen extraños e ininteligibles. No es difícil corregir en ambas clases de recuerdos algunos errores. Si se someten a un examen analítico los recuerdos que de su infancia ha conservado una persona puede sentarse fácilmente la conclusión de que no existe ninguna garantía de la exactitud de los mismos. Algunas de las imágenes del recuerdo aparecerán seguramente falseadas, incompletas o desplazadas temporal y espacialmente. Ciertas afirmaciones de las personas sometidas a investigación, como la de que sus primeros recuerdos infantiles corresponden a la época en que ya habían cumplido los dos años, son inaceptables. En el examen analítico se hallan en seguida motivos que explican la desfiguración y el desplazamiento sufridos por los sucesos objeto del recuerdo, pero que demuestran también que estos errores de la memoria no pueden ser atribuidos a una sencilla infidelidad de la misma. Poderosas fuerzas correspondientes a una época posterior de la vida del sujeto han moldeado la capacidad de ser evocadas de nuestras experiencias infantiles, y estas fuerzas son probablemente las mismas que hacen que la comprensión de nuestros años de niñez sea tan difícil para nosotros.

La facultad de recordar de los adultos opera, como es sabido, con un material psíquico muy vario. Unos recuerdan por medio de imágenes visuales, teniendo, por tanto, sus recuerdos un carácter visual, y, en cambio, otros son casi incapaces de reproducir en su memoria el más simple esquema de sus recuerdos. Siguiendo las calificaciones propuestas por Charcot, se denomina a estos últimos sujetos «auditivos» y «motores», en contraposición a los primeros o «visuales». En los sueños desaparecen estas diferencias; todos nuestros sueños son predominantemente visuales. Algo análogo sucede en los recuerdos infantiles, los cuales poseen también carácter plástico y visual hasta en aquellas personas cuya memoria carece después de este carácter. La memoria visual conserva, pues, el tipo del recuerdo infantil. Mis más tempranos recuerdos infantiles son en mí los únicos de carácter visual y se me presentan, además, como escenas de una gran plasticidad, sólo comparable a la de aquellas que se presentan sobre un escenario. En estas escenas de niñez, demuéstrense luego como verdaderas o falseadas, aparece regularmente la imagen de la propia persona infantil con sus bien definidos contornos y sus vestidos. Esta circunstancia tiene que sorprendernos, pues los adultos «visuales» no ven ya la imagen de su persona en sus recuerdos de sucesos posteriores[3]. Además, es contrario a toda nuestra experiencia el aceptar que la atención del niño se fije en sí mismo, en lugar de dirigirse exclusivamente sobre las impresiones exteriores. Diferentes datos nos fuerzan, pues, a suponer que en los denominados primeros recuerdos infantiles no poseemos la verdadera huella mnémica, sino una ulterior elaboración de la misma, elaboración que ha sufrido las influencias de diversas fuerzas psíquicas posteriores. De este modo, los «recuerdos infantiles» del individuo van tomando la significación de «recuerdos encubridores» y adquieren una analogía digna de mención con los recuerdos de la infancia de los pueblos, depositados por éstos en sagas y mitos.

Aquel que haya sometido a numerosas personas a una exploración psíquica por el método psicoanalítico, habrá reunido en esta labor gran cantidad de ejemplos de recuerdos encubridores de todas clases. Mas la publicación de estos ejemplos queda extraordinariamente dificultada por la naturaleza antes expuesta de las relaciones de los recuerdos infantiles con la vida posterior del individuo. Para estimar una reminiscencia infantil como recuerdo encubridor habría que relatar muchas veces por entero la historia de la persona correspondiente. Sólo contadas veces es posible, como en el ejemplo que transcribimos a continuación, aislar de una totalidad, para publicarlo, un delimitado recuerdo infantil.

Un hombre de veinticuatro años conserva en su memoria la siguiente imagen de una escena correspondiente a sus cinco años. Se recuerda sentado en una sillita, en el jardín de una residencia veraniega y al lado de su tía, que se esfuerza en hacerle aprender las letras. El distinguir la *m* de la *n* constituía para él una gran dificultad, y pidió a su tía que le dijese cómo podía conocer cuándo se trataba de una y cuándo de la otra. La tía le hizo observar que la *m* tenía un trazo más que la *n,* un tercer palito. En este caso no se halló motivo alguno para dudar de la autenticidad del recuerdo infantil. Mas su significación no fue descubierta hasta después, cuando se demostró que podía adjudicársele la categoría de representación simbólica de otra curiosidad inquisitiva del niño. En efecto, así como primeramente deseaba saber la diferencia existente entre la *m* y la *n,* se esforzó después en averiguar la que había entre los niños y las niñas, y hubiera deseado que la misma persona que le hizo comprender lo primero, esto es, su tía, fuera también la que satisficiera su nueva curiosidad. Al fin acabó por descubrir que la diferencia era en ambos casos análoga, pues los niños poseían también todo un trozo más que las niñas, y en la época de este descubrimiento despertó en su memoria el recuerdo de la anterior curiosidad infantil correspondiente.

He aquí otro ejemplo perteneciente a posteriores años infantiles. Un hombre de algo más de cuarenta años, y cuya vida erótica había sido muy contrariada, era el mayor de nueve hermanos. En la época del nacimiento de la menor de sus hermanas tenía él ya quince años, y sin embargo, afirmaba después, con absoluta convicción, que nunca observó en su madre deformación alguna. Ante mi incredulidad, surgió en él el recuerdo de haber visto una vez, teniendo once o doce años, cómo su madre se *desceñía apresuradamente* el vestido ante un espejo. A esto añadió espontáneamente que su madre acababa de regresar de la calle y se había visto atacada por inesperados dolores. El *desceñimiento* (*Aufbinden*) del vestido es un recuerdo encubridor sustitutivo del *parto* (*Entbinden*). En otros varios casos volveremos a hallar tales «puentes de palabras».

Quisiera mostrar ahora, con un único ejemplo, cómo por medio del procedimiento analítico puede adquirir sentido un recuerdo infantil que anteriormente parecía no poseer ninguno. Cuando, habiendo cumplido ya cuarenta y tres años, comencé a dirigir mi interés hacia los restos de recuerdos de mi infancia, que aún conservaba, recordé una escena que desde largo tiempo atrás –yo creía que desde siempre– venía acudiendo a mi conciencia de cuando en cuando, escena que, según fuertes indicios, debía situarse cronológicamente antes de haber cumplido yo los tres años. En mi recuerdo me veía yo, rogando y llorando, ante un cajón cuya tapa mantenía abierta mi hermanastro, que era unos veinte años mayor que yo. Hallándonos así, entraba en el cuarto, aparentemente de regreso de la calle, mi madre, a la que yo hallaba bella y esbelta de un modo extraordinario.

Con estas palabras había yo resumido la escena que tan plásticamente veía en mi recuerdo, pero con la que no me era posible construir nada. Si mi hermanastro quería abrir o cerrar el cajón –en la primera traducción de la imagen era éste un armario–, por qué lloraba yo y qué relación tenía con todo ello la llegada de mi madre, eran cosas que se me representaban con gran oscuridad. Estuve, pues, tentado de contentarme con la explicación de que, sin duda, se trataba del recuerdo de una burla de mi hermanastro para hacerme rabiar, interrumpida por la llegada de mi madre. Esta errónea interpretación de una escena infantil conservada en nuestra memoria es algo muy frecuente. Se recuerda una situación, pero no se logra centrarla; no se sabe sobre qué elemento de la misma debe colocarse el acento psíquico. Un esfuerzo analítico me condujo a una inesperada solución interpretativa de la imagen evocada. Yo había notado la ausencia de mi madre y había entrado en sospechas de que estaba encerrada en aquel cajón o armario. Por tanto, exigí a mi hermanastro que lo abriese, y cuando me complació convenciéndome de que mamá no se hallaba dentro, comencé a gritar y llorar. Éste es el instante retenido por el recuerdo, instante al que siguió, calmando mi cuidado o mi ansiedad, la aparición de mi madre. Mas ¿cómo se le ocurrió al niño la idea de buscar dentro de un cajón a la madre ausente? Varios sueños que tuve por esta época aludían oscuramente a una niñera, sobre la cual conservaba algunas otras reminiscencias: por ejemplo, la de que me obligaba concienzudamente a entregarle las pequeñas monedas que yo recibía como regalo, detalle que también puede aspirar por sí mismo a adquirir el valor de un recuerdo encubridor sustitutivo de algo posterior. Ante estas indicaciones de mis sueños, decidí hacerme más sencillo el trabajo interpretativo interrogando a mi ya anciana madre sobre tal niñera, y, entre otras muchas cosas, averigüé que la astuta y poco honrada mujer había cometido, durante el tiempo que mi madre hubo de guardar cama a raíz de un parto, importantes sustracciones domésticas y había sido después entregada a la justicia por mi hermanastro. Estas noticias me llevaron a la comprensión de la escena infantil, como si de repente se hubiera hecho luz sobre ella. La repentina desaparición de la niñera no me había sido indiferente, y había preguntado su paradero, precisamente a mi hermanastro, porque, según todas las probabilidades, me había dado cuenta de que él había desempeñado un papel en tal desaparición. Mi hermanastro, indirectamente y entre burlas, como era su costumbre, me había contestado que la niñera «estaba encajonada». Yo comprendí infantilmente esta respuesta y dejé de preguntar, pues realmente ya no quedaba nada por averiguar. Mas cuando poco tiempo después noté un día la ausencia de mi madre, sospeché que el perverso hermano le había hecho correr igual suerte que a la niñera y le obligué a abrir el cajón. Ahora comprendo también por qué en la traducción de la visual escena infantil aparece acentuada la esbeltez de mi madre, la cual me debió de aparecer entonces como nueva y restaurada después de un peligro. Yo soy dos años y medio mayor que aquella de mis hermanas que nació entonces, y al cumplir yo tres años, cesó mi hermanastro de vivir con nosotros[4].

5. Equivocaciones orales

El material corriente de nuestra expresión oral en nuestra lengua materna parece hallarse protegido del olvido; pero, en cambio, sucumbe con extraordinaria frecuencia a otra perturbación que conocemos con el nombre de equivocaciones orales o *lapsus linguae.*

Estos «lapsus», observados en el hombre normal, dan la misma impresión que los primeros síntomas de aquellas «parafrasias» que se manifiestan bajo condiciones patológicas.

Por excepción, puedo aquí referirme a una obra anterior a mis trabajos sobre esta materia. En 1895 publicaron Meringer y C. Mayer un estudio sobre las *Equivocaciones en la expresión oral y en la lectura,* cuyos puntos de vista se apartan mucho de los míos. Uno de los autores de este estudio, el que en él lleva la palabra, es un filólogo, cuyo interés por las cuestiones lingüísticas le llevó a investigar las reglas que rigen tales equivocaciones, esperando poder deducir de estas reglas la existencia de «determinado mecanismo psíquico, en el cual estuvieran asociados y ligados de un modo especial los sonidos de una palabra o de una frase y también las palabras entre sí.» (Pág. 10).

Los autores de este estudio agrupan en principio los ejemplos de «equivocaciones orales» por ellos coleccionados, conforme a un punto de vista puramente descriptivo, clasificándolos en *intercambios* (por ej.: «la Milo de Venus», en lugar de «la Venus de Milo»); *anticipaciones* («... sentí un pech..., digo, un peso en el pecho»); *ecos o posposiciones* («Tráiganos tres tres..., por tres tés»); *contaminaciones* («Cierra el armave», por «Cierra el armario y tráeme la llave»), y *sustituciones* («El escultor perdió su pincel.... digo, su cincel»), categorías principales a las cuales añaden algunas otras menos importantes (o de menor significación para nuestros propósitos). En esta clasificación no se hace diferencia entre que la transposición, desfiguración, fusión, etc., afecte a sonidos aislados de la palabra o a sílabas o palabras enteras de la frase.

Para explicar las diversas clases de equivocaciones orales observadas, atribuye Meringer un diverso valor psíquico a los sonidos fonéticos. Cuando una inervación afecta a la primera sílaba de una palabra o a la primera palabra de una frase, el proceso estimulante se propaga a los sonidos posteriores o a las palabras siguientes, y en tanto en cuanto estas inervaciones sean sincrónicas pueden influirse mutuamente, motivando transformaciones unas en otras. La excitación o estímulo del sonido de mayor intensidad psíquica resuena anticipadamente o queda como un eco y perturba de este modo los procesos de inervación menos importantes. Se trata, por tanto, de determinar cuáles son los sonidos más importantes de una palabra. Meringer dice que «cuando se desea saber qué sonidos de una palabra poseen mayor intensidad, debe uno observarse a sí mismo en ocasión de estar buscando una palabra que ha olvidado: por ejemplo, un nombre».

«Aquella parte de él que primero acude a la conciencia es invariablemente la que poseía mayor intensidad antes del olvido.» (pág. 106) «Así, pues, los sonidos más importantes son el inicial de la sílaba radical o de la misma palabra y la vocal o las vocales acentuadas.» (Pág. 162).

No puedo por menos de contradecir estas apreciaciones. Pertenezca o no el sonido inicial del nombre a los más importantes elementos de la palabra, lo que no es cierto es que sea lo primero que acude a la conciencia en los casos de olvido, y, por tanto, la regla expuesta es inaceptable. Cuando se observa uno a sí mismo estando buscando un nombre olvidado, se advertirá, con relativa frecuencia, que se está convencido de que la palabra buscada comienza con una determinada letra. Esta convicción resulta luego igual número de veces infundada que verdadera, y hasta me atrevo a afirmar que la mayoría de las veces es falsa nuestra hipotética reproducción del sonido inicial. Así sucede en el ejemplo que expusimos de olvido del nombre *Signorelli*. En él se perdieron, en los nombres sustitutivos, el sonido inicial y las sílabas principales, y precisamente el par de sílabas menos importantes: *elli* es lo que, en el nombre sustitutivo *Botticelli,* volvió primero a la conciencia. El caso que va a continuación nos enseña lo poco que los nombres sustitutivos respetan el sonido inicial del nombre olvidado:

En una ocasión me fue imposible recordar el nombre de la pequeña nación cuya principal ciudad es *Monte Carlo.* Los nombres que en sustitución se presentaron fueron: *Piamonte, Albania, Montevideo, Cólico.*

En lugar de Albania apareció en seguida otro nombre: *Montenegro,* y me llamó la atención ver que la sílaba *Mont* (pronunciada *Mon)* apareciera en todos los nombres sustitutivos, excepto en el último. De este modo me fue más fácil hallar el olvidado nombre: *Mónaco* tomando como punto de partida el de su soberano: el príncipe Alberto. *Cólico* imita aproximadamente la sucesión de sílabas y el ritmo del nombre olvidado.

Si se acepta la conjetura de que un mecanismo similar al señalado en el olvido de nombres intervenga también en los fenómenos de equivocaciones orales, se llegará a un juicio más fundamentado sobre estos últimos. La perturbación del discurso que se manifiesta en forma de equivocación oral puede, en principio, ser causada por la influencia de otros componentes del mismo discurso; esto es, por un sonido anticipado, por un eco o por tener la frase o su contexto un segundo sentido diferente de aquel en que se desea emplear. A esta clase pertenecen los ejemplos de Meringer y Mayer antes transcritos. Pero, en segundo lugar, puede también producirse dicha perturbación, como en el caso *Signorelli,* por influencias *exteriores* a la palabra, frase o contexto, ejercidas por elementos que no se tiene intención de expresar y de cuyo estímulo sólo por la perturbación producida nos damos cuenta.

La simultaneidad del estímulo constituye la cualidad común a las dos clases de equivocación oral, y la situación interior o exterior del elemento perturbador respecto a la frase o contexto serán su cualidad diferenciadora. Esta diferencia no parece a primera vista tan importante como luego, cuando se la toma en consideración para relacionarla con determinadas conclusiones deducidas de la sintomatología de las equivocaciones orales. Es, sin embargo, evidente que sólo en el primer caso existe una posibilidad de deducir de los fenómenos de equivocación oral conclusiones favorables a la existencia de un mecanismo que ligue entre sí sonidos y palabras, haciendo posible una recíproca influencia sobre su articulación; esto es, conclusiones como las que el filólogo esperaba poder deducir del estudio de las equivocaciones orales. En el caso de perturbación ejercida por influencias exteriores a la misma frase o al contenido del discurso, se trataría, ante todo, de llegar al conocimiento de los elementos perturbadores, y entonces surgirá la cuestión de si también el mecanismo de esta perturbación podía o no sugerir las probables reglas de la formación del discurso.

No se puede afirmar que Meringer y Mayer no hayan visto la posibilidad de perturbaciones del discurso motivadas por «complicadas influencias psíquicas» o elementos exteriores a la palabra, la frase o el discurso. En efecto, tenían que observar que la teoría del diferente valor psíquico de los sonidos no alcanzaba estrictamente más que para explicar la perturbación de los sonidos, las anticipaciones y los ecos. En aquellos casos en que la perturbación de las palabras no puede ser reducida a la de los sonidos, como sucede en las sustituciones y contaminaciones, han buscado, en efecto, sin vacilar, la causa de las equivocaciones orales *fuera* del contexto del discurso y han demostrado este punto por medio de preciosos ejemplos.

Entre ellos citaré los que siguen:

«Ru. relataba en una ocasión ciertos hechos que interiormente calificaba de "cochinerías" *(Schweinereien);* pero no queriendo pronunciar esta palabra, dijo: "Entonces se descubrieron determinados hechos..." Mas al pronunciar la palabra *Vorschein,* que aparece en esta frase, se equivocó, y pronunció *Vorschwein*. Mayer y yo nos hallábamos presentes, y Ru. nos confesó que al principio había pensado decir: *Schweinereien*. La analogía de ambas palabras explica suficientemente el que la pensada se introdujese en la pronunciada, revelándose.» (Pág. 62).

«También en las sustituciones desempeñan, como en las contaminaciones, y acaso en un grado mucho más elevado, un importantísimo papel las imágenes verbales "flotantes". Aunque éstas se hallan fuera de la conciencia, están, sin embargo, lo bastante cercanas a ella para poder ser atraídas por una analogía del complejo al que la oración se refiere, y entonces producen una desviación en la serie de palabras del discurso o se cruzan con ella. Las imágenes verbales "flotantes" son con frecuencia, como antes hemos dicho, elementos retrasados de un proceso oral recientemente terminado (ecos).» (Pág. 73).

«La desviación puede producirse asimismo por analogía cuando una palabra semejante a aquella en que la equivocación se manifiesta yace en el umbral de la conciencia y muy cerca de ésta, *sin que el sujeto tenga intención de pronunciarla*. Esto es lo que sucede en las sustituciones. Confío en que estas reglas por mí expuestas habrán de ser confirmadas por todo aquel que las someta a una comprobación práctica; pero es necesario que al realizar tal examen, observando una equivocación oral cometida por una tercera persona, *se procure llegar a ver con claridad los pensamientos que ocupaban al sujeto*. He aquí un ejemplo muy instructivo. El señor L. dijo un día ante nosotros: "Esa mujer me *inspiraría (einjagen)* miedo", y en la palabra *einjagen* cambió la *j* en *l*, pronunciando *einlagen*. Tal equivocación motivó mi extrañeza, pues me parecía incomprensible aquella sustitución de letras, y me permití hacer notar a L. que había dicho *einlagen,* en vez de *einjagen,* a lo cual me respondió en el acto: "Sí, sí, eso ha sido, sin duda, porque estaba pensando: no estoy en *situación (Lage)".»* (Pág. 97).

Otro ejemplo. En una ocasión pregunté a R. v. Schid por el estado de su caballo, que se hallaba enfermo. R. me respondió: «Sí, esto *"drurará" (drauert)* quizá todavía un mes.» La *r* sobrante de «drurará» me pareció incomprensible, dado que la *r* de «durará» *(dauert)* no podía haber actuado en tal forma, y llamé la atención de v. Schid sobre su lapsus, respondiéndome aquél que al oír mi pregunta había pensado: «Es una *triste (traurig)* historia.» Así, pues, R. había tenido en su pensamiento dos respuestas a mi pregunta, y las había mezclado al pronunciar una de ellas.

Es innegable que la toma en consideración de las imágenes verbales «flotantes» que se hallan próximas al umbral de la conciencia y no están destinadas a ser pronunciadas, y la recomendación de procurar enterarse de todo lo que el sujeto ha pensado constituyen algo muy próximo a las cualidades de nuestros «análisis». También nosotros partimos por el mismo camino en busca del material inconsciente; pero, en cambio, recorremos desde las ocurrencias espontáneas del interrogado hasta el descubrimiento del elemento perturbador un camino más largo a través de una compleja serie de asociaciones.

Los ejemplos de Meringer demuestran otra cosa muy interesante también. Según la opinión del propio autor, es una analogía cualquiera de una palabra de la frase que se tiene intención de expresar con otra palabra que no se propone uno pronunciar, lo que permite emerger a esta última por la constitución de una deformación, una formación mixta o una formación transaccional (contaminación):

lagen-dauert-Vorschein
jagen-traurig-...schwein

En mi obra *La interpretación de los sueños*[1] he expuesto el papel que desempeña el *proceso de condensación (Verdichtungsarbeit)* en la formación del llamado contenido manifiesto del sueño a expensas de las ideas latentes del mismo. Una semejanza cualquiera de los objetos o de las representaciones verbales entre dos elementos del material inconsciente es tomada como causa creadora de un tercer elemento que es una formación compuesta o transaccional. Este elemento representa a ambos componentes en el contenido del sueño, y a consecuencia de tal origen se halla frecuentemente recargado de determinantes individuales contradictorias. La formación de sustituciones y contaminaciones en la equivocación oral es, pues, un principio de aquel proceso de condensación que encontramos tomando parte activísima en la construcción del sueño.

En un pequeño artículo de vulgarización, publicado en la *Neue Freie Presse,* el 23 de agosto de 1900, y titulado «Cómo puede uno equivocarse», inició Meringer una interpretación práctica en extremo de ciertos casos de intercambio de palabras, especialmente de aquellos en los cuales se sustituye una palabra por otra de opuesto sentido: «Recordamos aún cómo declaró *abierta* una sesión el presidente de la Cámara de Diputados austriaca: "Señores diputados –dijo–. Habiéndose verificado el recuento de los diputados presentes, se *levanta* la sesión." La general hilaridad le hizo darse cuenta de su error y enmendarlo en el acto. La explicación de este caso es que el presidente *deseaba* ver llegado el momento de levantar la sesión, de la que esperaba poco bueno y –cosa que sucede con frecuencia– la idea accesoria se abrió camino, por lo menos parcialmente, y el resultado fue la sustitución de "se abre" por "se levanta", esto es, lo contrario de lo que tenía la intención de decir. Numerosas observaciones me han demostrado que esta sustitución de una palabra por otra de sentido opuesto es algo muy corriente. Tales palabras de sentido contrario se hallan ya asociadas en nuestra conciencia del idioma. Yacen inmediatamente vecinas unas de otras y se evocan con facilidad erróneamente.»

No en todos los casos de intercambio de palabras de sentido contrario resulta tan fácil como en el ejemplo anterior hacer admisible la explicación de que el error cometido esté motivado por una contradicción surgida en el fuero interno del orador contra la frase expresada. El análisis del ejemplo *aliquis* nos descubre un mecanismo análogo. En dicho ejemplo, la interior contradicción se exteriorizó por el olvido de una palabra en lugar de su sustitución por la de sentido contrario. Mas para compensar esta diferencia, haremos constar que la palabra *aliquis* no es capaz de producir un contraste como el existente entre «abrir» y «cerrar» o «levantar» una sesión, y además que «abrir», como parte usual del discurso, no puede hallarse sujeto al olvido.

Habiendo visto en los últimos ejemplos citados de Meringer y Mayer que la perturbación del discurso puede surgir tanto por una influencia de los sonidos anticipados o retrasados, o de las palabras de la misma frase destinadas a ser expresadas, como por el efecto de palabras exteriores a la frase que se intenta pronunciar, y *cuyo estímulo no se hubiera sospechado sin la emergencia de la perturbación,* tócanos ahora averiguar cómo se pueden separar definidamente, una de otra, ambas clases de equivocaciones orales, y cómo puede distinguirse un ejemplo de una de ellas de un caso de la otra. En este punto de la discusión hay que recordar las afirmaciones de Wundt, el cual, en su reciente obra sobre las leyes que rigen el desarrollo del lenguaje (*Voelkeerspsychologie,* tomo I, parte primera, págs. 371 y ss., 1900), trata también de los fenómenos de la equivocación oral. Opina Wundt que en estos fenómenos y otros análogos no faltan jamás determinadas influencias psíquicas. «A ellas pertenece, ante todo, como una determinante positiva, la corriente no inhibida de las *asociaciones de sonidos y de palabras,* estimuladas por los sonidos pronunciados. Al lado de esta corriente aparece, como factor negativo, la desaparición o el relajamiento de las influencias de la voluntad que debían inhibir dicha corriente, y de la atención, que también actúa aquí como una función de la voluntad. El que dicho juego de la asociación se manifeste en que un sonido se anticipe o reproduzca los anteriormente pronunciados, en que un sonido familiar se intercale entre otros o, por último, en que palabras totalmente distintas a las que se hallan en relación asociativa con los sonidos pronunciados actúen sobre éstos, todo ello no indica más que diferencias en la dirección y a lo sumo en el campo de acción de las asociaciones que se establecen, pero no en la naturaleza general de las mismas. También en algunos casos puede ser dudoso el decidir qué forma se ha de atribuir a una determinada perturbación, o si no sería más justo referirla, *conforme al principio de la complicación de las causas,* a la concurrencia de varios motivos.» (Págs. 380 y 381).

Considero absolutamente justificadas y en extremo instructivas estas observaciones de Wundt. Quizá se pudiera acentuar con mayor firmeza el hecho de que el factor positivo favorecedor de las equivocaciones orales –la corriente no inhibida de las asociaciones– y el negativo –el relajamiento de la atención inhibitoria– ejercen regularmente una acción sincrónica, de manera que ambos factores resultan no ser sino diferentes determinantes del mismo proceso. Con el relajamiento o, más precisamente, por el relajamiento de la atención inhibitoria entra en actividad la corriente no inhibida de las asociaciones.

Entre los ejemplos de equivocaciones orales reunidos por mí mismo, apenas encuentro uno en el que la perturbación del discurso pueda atribuirse sola y únicamente a lo que Wundt llama «efecto de contacto de los sonidos». Casi siempre descubro, además, una influencia perturbadora procedente de algo *exterior* a aquello que se tiene intención de expresar, y este elemento perturbador es, o un pensamiento inconsciente aislado, que se manifiesta por medio de la equivocación y no puede muchas veces ser atraído a la conciencia más que por medio de un penetrante análisis, o un motivo psíquico general, que se dirige contra todo el discurso.

Ejemplos:

a) Viendo el gesto de desagrado que ponía mi hija al morder una manzana agria, quise, bromeando, decirle la siguiente aleluya:

> El mono pone cara ridícula
> al comer, de manzana, una partícula.

Pero comencé diciendo: *El man...* Esto parece ser una contaminación de «mono» y «manzana» *(formación transaccional),* y puede interpretarse también como una anticipación de la palabra «manzana», preparada ya para ser pronunciada. Sin embargo, la verdadera interpretación es la siguiente: antes de equivocarme, había recitado ya una vez la aleluya, sin incurrir en error alguno, y cuando me equivoqué fue al verme obligado a repetirla, por estar mi hija distraída y no haberme oído la primera vez. Esta repetición, unida a mi impaciencia por desembarazarme de la frase, debe ser incluida en la motivación del error, el cual se presenta como resultante de un proceso de condensación.

b) Mi hija dijo un día: «Estoy escribiendo a la señora de *Schre*singer.» El apellido verdadero era *Schle*singer. Esta equivocación se debió, probablemente, a una tendencia a facilitar la articulación, pues después de varias *r* es difícil pronunciar la *l.* «*Ich schreibe der Frau* Schlesinger.» Debo añadir, además, que esta equivocación de mi hija tuvo efecto pocos minutos después de la mía entre «mono» y «manzana» y que las equivocaciones orales son en alto grado contagiosas, a semejanza del olvido de nombres, en el cual han observado Meringer y Mayer este carácter. No conozco la razón de tal contagiosidad psíquica.

c) Una paciente, al comienzo de la sesión de tratamiento y al querer decir que las molestias que experimentaba le hacían «doblarse como una *navaja de bolsillo*» *(Taschenmesser),* cambió las consonantes de esta palabra, y dijo: *Tassenmescher,* equivocación explicable por la dificultad de articulación de tal palabra. Habiéndole llamado la atención sobre su error, replicó prontamente: «Sí, eso me ha sucedido porque antes ha dicho usted también *Ernscht,* en vez de *Ernst.*» En efecto, al recibirla había yo dicho: «Hoy ya va la cosa en *serio (Ernst)*» –pues era aquélla la última sesión del tratamiento–, y, bromeando, había aprovechado el doble sentido de la palabra *Ernst (serio* y *Ernesto)* para decir *Ernscht* (apelativo familiar de *Ernesto),* en vez de *Ernst (serio).* En el transcurso de la sesión siguió equivocándose la paciente repetidas veces, haciéndome por fin observar que no se limitaba a imitarme, sino que tenía, además, una razón particular en su inconsciente para continuar considerando la palabra *Ernst,* no como el adjetivo serio, sino como nombre propio *(Ernesto)*[2].

d) La misma paciente, queriendo decir en otra ocasión: «Estoy tan constipada, que no puedo *aspirar (atmen)* por la *nariz (Nase)*», dijo: «Estoy tan constipada que no puedo *naspirar (natmen)* por la *ariz (Ase)*», y en el acto se dio cuenta de la causa de su equivocación explicándola en la siguiente forma: «Todos los días tomo el tranvía en la calle *Hasenauer.* Esta mañana, mientras lo estaba esperando, se me ocurrió pensar que si yo fuese francesa diría *Asenauer,* pues los franceses no pronuncian la *h* aspirándola, como lo hacemos nosotros.» Después de esto habló de varios franceses que había conocido, y al cabo de amplios rodeos y divagaciones recordó que teniendo catorce años había representado en una piececilla titulada *El Valaco y la Picarda* el papel de esta última, habiendo tenido que hablar entonces el alemán como una francesa. La casualidad de haberse alojado por aquellos días en la casa de viajeros en que ella habitaba un huésped procedente de París había despertado en ella toda esta serie de recuerdos. El intercambio de sonidos *(Nase atmen = Ase natmen)* es, pues, consecuencia de una perturbación producida por un pensamiento inconsciente, perteneciente a un contenido ajeno en absoluto al de la frase expresada.

e) Análogo mecanismo se observa en la equivocación de otra paciente, cuya facultad de recordar desapareció de pronto a la mitad de la reproducción de un recuerdo infantil, que volvía a emerger en la memoria después de haber permanecido olvidado durante mucho tiempo. Lo que su memoria se negaba a comunicar era en qué parte de su cuerpo le había tocado la indiscreta y desvergonzada mano de cierto sujeto. Inmediatamente después de haber sufrido este olvido visitó la paciente a una amiga suya y habló con ella de sus respectivas residencias veraniegas. Preguntada por el lugar en que se hallaba situada la casita que poseía en M., dijo que en las *nalgas* de la montaña (Ber*glende)* en vez de en la *vertiente* de la misma (Ber*glehne).*

f) Otra paciente, a la que después de la sesión de tratamiento pregunté por un tío suyo, me respondió: «No lo sé. Ahora no le veo más que *in fraganti.*» Al siguiente día, en cuanto entró, me dijo: «Estoy avergonzada de mi tonta respuesta de ayer. Ha debido usted pensar que soy una de esas personas ignorantes que usan siempre equivocadamente las locuciones extranjeras. Lo que quise decir es que ahora ya no veía a mi tío más que *en passant.*» Por el momento no sabíamos de dónde podía haber tomado la paciente las palabras extranjeras equivocadamente empleadas; mas en la misma sesión, continuando el tema de la anterior, apareció una reminiscencia en la que desempeñaba el papel principal el hecho de haber sido sorprendida *in fraganti.* Así, pues, la equivocación del día anterior había *anticipado* este recuerdo, entonces todavía inconsciente.

g) Estando sometiendo a un análisis a otra paciente, le expresé mi sospecha de que en la época de su vida de que entonces tratábamos se hallaba ella avergonzada de su familia y hubiese hecho a su padre un reproche sobre algo que hasta aquel momento nos era aún desconocido. La paciente no recordaba nada de ello y además dijo que mi suposición le parecía improbable. Mas luego continuó la conversación, haciendo varias observaciones sobre su familia, y al decir: «Lo que hay que concederles es que no son personas vulgares. Todos ellos tienen *inteligencia (Geist)*», se equivocó y dijo: «Todos ellos tienen avaricia *(Geiz).*» Éste era el reproche que por represión había ella expulsado de su memoria. Es un fenómeno muy frecuente el de que en la equivocación se abra paso precisamente aquella idea que se quiere retener (compárese con el caso Meringer: *Vorschein = Vorschwein).* La diferencia entre ambos está tan sólo en que en el caso de Meringer el sujeto quiere inhibir una cosa de la que posee perfecta conciencia, mientras que mi paciente no sabía lo que inhibía, ni siquiera si inhibía alguna cosa.

h) El siguiente ejemplo de equivocación se refiere también, como el de Meringer, a un caso de inhibición intencionada. Durante una excursión por los Dolomitas encontré a dos señoras que vestían trajes de turismo. Fui acompañándolas un trozo de camino y conversamos de los placeres y molestias de las excursiones a pie. Una de las señoras concedió que este deporte tenía su lado incómodo. «Es cierto –dijo– que no resulta nada agradable sentir sobre el cuerpo, después de haber estado andando el día entero, la blusa y la camisa empapadas en sudor.» En medio de esta frase tuvo una pequeña vacilación que venció en el acto. Luego continuó, y quiso decir: «Pero cuando se llega a *casa (nach Hause)* y puede uno cambiarse de ropa...»; mas en vez de la palabra *Hause* (casa), se equivocó y pronunció la palabra *Hose* (pantalones).

Opino que no hace falta examen ninguno para explicar esta equivocación. La señora había tenido claramente el propósito de hacer una más completa enumeración de las prendas interiores, diciendo: «Blusa, camisa y pantalones», y por razones de conveniencia social había retenido el último nombre. Pero en la frase de contenido independiente que a continuación pronunció se abrió paso, contra su voluntad, la palabra inhibida *(Hose),* surgiendo en forma de desfiguración de la palabra *Hause* (casa).

i) «Si quiere usted comprar algún tapiz, vaya a casa de Kauffmann (apellido alemán que significa además *comerciante),* en la calle de Mateo», me dijo un día una señora. Yo repetí: «A casa de *Mateo...,* digo, de *Kauffmann.*» Esta equivocación de repetir un nombre en lugar de otro parecía ser simplemente motivada por una distracción mía. En efecto, las palabras de la señora me habían distraído, pues habían dirigido la atención hacia cosas más importantes que los tapices de que me hablaba. En la calle de Mateo se halla la casa donde mi mujer vivía de soltera. La entrada de esta casa daba a otra calle, y en aquel momento me di cuenta de que había olvidado el nombre de esta última, siéndome preciso dar un rodeo mental para llegar a recordarlo. El nombre *Mateo,* que fijó mi atención, era, pues, un nombre sustitutivo del olvidado nombre de la calle, siendo más apto para ella que el nombre *Kauffmann,* por ser exclusivamente un nombre propio, cosa que no sucede a este último, y llevar la calle olvidada también un nombre propio: *Radetzky.*

j) El caso siguiente podría incluirse, asimismo, entre los «errores», de los que trataré más adelante, pero lo expongo ahora por aparecer en él con especial claridad la relación de sonidos que motiva la equivocación.

Una paciente me relató un sueño que había tenido y que era el siguiente: un niño había decidido matarse, dejándose morder por una serpiente y, en efecto, llevaba a cabo su propósito. La paciente lo vio en su sueño retorcerse convulsionado bajo los efectos del veneno, etc. Hice que buscase el enlace que su sueño pudiera tener con sus impresiones de la vigilia, y en el acto recordó que la tarde anterior había asistido a una conferencia de vulgarización sobre el modo de prestar los primeros auxilios a las personas mordidas por reptiles venenosos. En ella oyó que cuando han sido mordidos al mismo tiempo un adulto y un niño se debe atender primero a este último. Recordaba también las prescripciones aconsejadas para el tratamiento de estos casos por el conferenciante, el cual había insistido sobre la importancia de saber, ante todo, por qué clase de serpiente había sido atacado el herido. Al llegar aquí interrumpí a mi paciente, y le pregunté: «¿Y no dijo el conferenciante que en nuestro país hay muy pocas serpientes venenosas ni tampoco cuáles de las que de esta clase hay son las más temibles?» «Sí –respondió–; habló de la *serpiente de cascabel (Klapperschlange)*.» Mi risa le hizo darse cuenta de que había dicho algo equivocado, pero no rectificó el nombre de la serpiente, sustituyéndolo por otro, sino que se limitó a retirarlo, diciendo: «Es verdad, la serpiente de cascabel no existe en nuestro país, y de lo que el conferenciante habló fue de las víboras. No sé cómo he podido referirme a ese reptil.» Yo supuse que la aparición de la serpiente de cascabel en la respuesta de mi paciente había obedecido a la intervención de los pensamientos que se hallaban ocultos detrás de su sueño. El suicidio por mordedura de una serpiente no puede apenas ser otra cosa que una alusión a la bella Cleopatra *(Kleopatra)*. La amplia analogía de los sonidos de ambas palabras, la común posesión de las letras *Kl... p... r...* en igual orden de sucesión y la acentuación en ambas de la letra *a,* deben tenerse muy en cuenta. La favorable relación existente entre los nombres *serpiente de cascabel (Klapperschlange)* y *Cleopatra (Kleopatra)* motivó en la paciente una momentánea inhibición del juicio, a consecuencia de la cual, y a pesar de saber tan bien como yo que la serpiente de cascabel no pertenecía a la fauna de nuestro país, no halló nada extraña su afirmación de que el conferenciante había expuesto a un público vienés el tratamiento de las mordeduras de dicho reptil. No queremos, en cambio, reprocharle que admitiese con igual ligereza su existencia en Egipto, pues estamos acostumbrados a confundir en un solo montón todo lo exótico, y yo mismo tuve que pararme a meditar un momento, antes de sentar la afirmación de que la serpiente de cascabel pertenece únicamente a la fauna del Nuevo Mundo.

En la continuación del análisis fueron apareciendo diversas confirmaciones de mi hipótesis. La paciente había fijado por vez primera su atención, la tarde anterior al sueño relatado, en el grupo escultórico de Strasser, que representaba a Antonio y Cleopatra, situado en las proximidades de su casa. Esto había sido, pues, el segundo motivo del sueño (el primero fue la conferencia sobre las mordeduras de las serpientes). En la continuación del mismo se vio meciendo a un niño en sus brazos, escena a la cual asoció después la figura de la *Margarita* goethiana. Posteriores ideas espontáneas que surgieron en el análisis fueron reminiscencias referentes a *Arria y Mesalina.* La aparición de tantos nombres de obras teatrales en los pensamientos del sueño hace sospechar que en la sujeto existió en años anteriores una viva afición, secretamente mantenida, a la profesión de actriz. El principio del sueño: «Un niño había decidido suicidarse dejándose morder por una serpiente» puede traducirse en estas palabras: «La sujeto se había propuesto en su infancia llegar a ser una actriz famosa.» Del nombre *Mesalina* parte, por fin, el camino mental que conduce al contenido esencial de este sueño. Determinados sucesos recientes habían despertado en mi paciente la preocupación de que su único hermano llegase a contraer un matrimonio desigual, una *mésalliance,* con una mujer de raza distinta, una *no aria.*

k) He aquí un ejemplo por completo inocente, o que lo creemos así, por no haber sido aclarados totalmente sus motivos. En él se transparenta con gran claridad el mecanismo interior.

Un alemán que viajaba por Italia tuvo necesidad de comprar una correa para sujetar su baúl, que se le había estropeado. En el diccionario encontró la palabra italiana *coreggia,* como correspondiente a la alemana *Riemen (correa).* «No me será difícil recordar esta palabra –se dijo–. Bastará con que piense en el nombre del pintor *Correggio.*» Después de esto se dirigió a una tienda y pidió una *ribera.*

Se ve, pues, que el sujeto no había conseguido sustituir en su memoria la palabra alemana por la italiana equivalente, pero que su esfuerzo no había sido totalmente vano. Sabía que tenía que apoyarse en el nombre de un pintor, y obrando de este modo tropezó no con aquel cuyo sonido semejaba a la palabra italiana, sino con otro de sonido aproximado a la palabra alemana *Riemen (correa).* Este ejemplo podría colocarse entre los olvidos de nombres lo mismo que aquí, entre las equivocaciones.

Cuando me dedicaba a coleccionar casos de equivocaciones orales para la primera edición de este libro era yo solo a efectuar esta tarea, y para reunir material suficiente sometía al análisis todos los casos que me era dado observar, aun aquellos de escasa importancia. Mas de entonces acá se han dedicado varias otras personas a la divertida labor de coleccionar y analizar equivocaciones, permitiéndome hacer una selección de casos y ejemplos extrayendo los más significativos del rico material acumulado.

a) Un joven dijo a su hermana: «He roto toda relación con D... Ahora ya ni siquiera la saludo.» La hermana quiso responderle: «Haces bien. Es una *familia poco recomendable (Sippschaft)*»; pero cambió la letra inicial de la palabra *Sippschaft*, y dijo *Lippschaft*. En esta equivocación acumuló dos cosas: que su hermano comenzó tiempo atrás un galanteo con una muchacha de dicha familia, y que de esta muchacha se dice que poco tiempo antes se había comprometido gravemente entregándose a un amor *(Liebschaft)* prohibido.

b) Un joven abordó a una muchacha en la calle con las palabras: «Si usted me lo permite, señorita, desearía *acompañarla (begleiten)*»; pero en vez de este verbo *begleiten (acompañar),* formó un nuevo *(begleitdigen),* compuesto del primero y *beleidigen (ofender)*. Se ve claramente que pensaba en el placer de *acompañarla,* pero que temía *ofenderla* con la proposición. El que estos dos sentimientos encontrados llegasen a ser expresados en una palabra –en la equivocación– indica que las verdaderas intenciones del joven no eran precisamente las más puras, ya que a él mismo le parecían poder ofender a la señorita. Pero su inconsciente le jugó una mala pasada, delatando sus verdaderos propósitos, con lo cual obtuvo, como es natural, la respuesta obligada en estos casos: «¡Qué se ha figurado usted de mí! ¡Cómo puede *ofenderme* de ese modo!» (Comunicado por O. Rank.)

c) Varios de los ejemplos que van a continuación están tomados por mí de un artículo de W. Stekel, titulado «Confesiones inconscientes», publicado en el *Berliner Tageblatt* de 4 de enero de 1904.

«El caso que sigue me reveló una parte, para mí poco grata, de mis pensamientos inconscientes. Antes de exponerlo quiero hacer constar que en mi profesión de médico no pienso nunca, como es justo, en las ganancias que mis pacientes puedan proporcionarme, sino tan sólo en su propio interés; sin embargo, una vez me sucedió lo siguiente: Me hallaba en casa de un enfermo, convaleciente ya de una grave dolencia. Durante el período de máxima gravedad, ambos, médico y enfermo, habíamos pasado días y noches muy penosos. Iniciada la convalecencia, me sentía muy contento de verle en vías de franca curación y le hablé de los placeres de una estancia en Abazia, que había de reponerle por completo, "si, como yo esperaba, *no* le era posible abandonar pronto el lecho". Seguramente este *no* había surgido de un motivo egoísta de mi inconsciente: el de poder continuar visitando un cliente adinerado, deseo completamente extraño a mi conciencia y que si hubiera apuntado en ella hubiera yo rechazado con indignación.»

d) Otro ejemplo de W. Stekel: «Mi mujer tomó una institutriz francesa para por las tardes. Después de ponerse de acuerdo con nosotros sobre las condiciones, reclamó sus certificados, que nos había entregado, y justificó su petición diciendo: *Je cherche encore pour les après-midis, pardon, pour les avant-midis.* Claramente se veía la intención de buscar otra casa en la que quizá fuese admitida en mejores condiciones; intención que llevó a cabo.»

e) A petición de su marido, tuve un día que reprender enérgicamente a una señora, hallándose aquél escuchando detrás de una puerta para observar el efecto producido por la reprimenda. Ésta causó, realmente, una gran impresión en la señora. Al despedirme de ella lo hice con las palabras: «Beso a usted la mano, caballero», con lo cual si la interesada hubiera sido persona experimentada en estas cuestiones, hubiese podido descubrir que mi despedida se dirigía en realidad a aquel por encargo del cual la había yo sermoneado.

f) El doctor Stekel nos refiere de sí mismo que, teniendo una vez en tratamiento a dos pacientes, procedentes de Trieste, confundía siempre entre sí sus respectivos nombres, y al saludarlos decía: «Buenos días, señor Peloni», al que se llamaba Askoli, y «Buenos días, señor Askoli», a Peloni. Al principio se inclinó a no atribuir ninguna profunda motivación a este cambio y a explicarlo sencillamente por las varias coincidencias existentes entre ambos sujetos, pero más tarde le fue fácil convencerse de que tan continuada equivocación obedecía al vanidoso deseo de hacer saber de aquel modo a sus dos clientes italianos que no era ninguno de ellos el único habitante de Trieste que había hecho el viaje hasta Viena para acudir a su consulta.

g) El mismo doctor Stekel cuenta que en una tormentosa junta general, queriendo decir: *«Pasamos (wir schreiten)* ahora al punto cuarto de la orden del día» dijo: *«Peleamos (wir streiten)»,* etc.

h) Un profesor, en un discurso de toma de posesión de una cátedra, dijo: «No estoy *inclinado* (Ich bin nicht *geneigt)* a hacer el elogio de mi estimado predecesor», queriendo decir: «No soy el *llamado* (Ich bin nicht *geeignet).*»

i) El doctor Stekel dijo a una señora a la que suponía atacada de la enfermedad de Basedow: «Le lleva usted el *bocio (Kropf)* a su hermana», queriendo decir: «Le lleva usted la *cabeza (Kopf).*»

j) A veces la equivocación descubre algo característico del que la sufre. Una casada joven, que ordenaba y mandaba en su casa como jefe supremo, me relataba un día que su marido había ido a consultar al médico sobre el régimen alimenticio más conveniente para su salud, opinando el doctor que no necesitaba seguir ningún régimen especial. «Así, pues –continuó la mujer–, puede comer y beber lo que *yo* quiera.»

Los dos ejemplos siguientes, publicados por Th. Reik en la *Internationale Zeitschrift für Psychoanalyse,* III, 1915, proceden de situaciones en las que se producen con gran facilidad las equivocaciones, pues en ellas se inhibe mucho más de lo que se expresa.

k) Un caballero hablaba con una joven señora, cuyo marido había fallecido poco tiempo antes. Después de darle el pésame, añadió: «Encontrará usted un consuelo dedicándose *(widmen)* ahora por completo a sus hijos.» Pero, abrigando un pensamiento reprimido referente a otro distinto consuelo existente para su interlocutora, esto es, que, siendo una joven y bella *viuda (Witwe),* no tardaría en gozar de nuevas alegrías sexuales, confundió los sonidos de las palabras *widmen* (dedicar) y *Witwe* (viuda) y dijo *widwen* en su frase de consuelo.

l) El mismo señor, conversando una noche durante una reunión con la misma joven viuda sobre los grandes preparativos que a la sazón se hacían en Berlín para la celebración de las fiestas de Pascua, preguntó a su interlocutora: «¿Ha visto usted hoy el escaparate de Wertheim? Está muy bien *descotado.*» No habiendo podido expresar en voz alta su admiración ante el *descote* de la bella señora, su pensamiento retenido se había abierto paso aprovechando la semejanza de las palabras *descotado* y *decorado* y transformando la decoración del escaparate de una tienda en un descote. La palabra *escaparate* fue también empleada en la frase con un inconsciente doble sentido.

Igual motivo se descubre en una observación hecha por Hans Sachs, que él mismo explica y analiza minuciosamente.

m) Una señora me hablaba de un conocido de ambos, y dijo que la última vez que le había visto había observado que iba, como siempre, elegantísimamente vestido y llevaba unos preciosísimos *zapatos (Halbschuhe)* negros. Yo le pregunté que dónde le había encontrado, y ella respondió: «Llamó a la puerta de mi casa y le vi por las rendijas de la mirilla, pero ni le abrí ni di señales de vida, pues no quería que se enterase de mi regreso a la ciudad.» Al oír esto pensé que me ocultaba, probablemente, que no le había abierto porque no estaba sola en casa, y además porque su *toilette* no era en aquellos momentos la más apropiada para recibir visitas. Con estos pensamientos, le pregunté algo irónicamente: «¿De manera que a través de la mirilla le fue a usted posible admirar las *zapatillas (Hausschuhe),* digo, los *zapatos (Halbschuhe)* de nuestro amigo?». En la palabra *zapatillas (Hausschuhe)* había surgido el inhibido pensamiento de que la señora se hallaba en *traje de casa (Hauskleid).* Por otro lado, la partícula *Halb* (medio) de *Halbschuhe* (zapatos) poseía una tendencia a desaparecer, por constituir el elemento principal la frase que, de no haber sido reprimida, hubiera expresado mi pensamiento, o sea: «No me dice usted más que *media* verdad, pues me oculta que en aquel momento se hallaba usted a *medio* vestir.» Mi equivocación fue también facilitada por el hecho de haber estado hablando inmediatamente antes de la vida matrimonial del amigo de referencia y de su «felicidad doméstica», lo cual contribuyó a determinar el desplazamiento sobre su persona. Por último, debo confesar que quizá interviniera también mi envidia en el hecho de hacer andar en zapatillas por la calle al elegante caballero, pues yo había comprado hacía poco unos zapatos negros, que no podían, bajo ningún concepto, ser calificados de «preciosísimos».

Tiempos de guerra como los actuales hacen surgir una gran cantidad de equivocaciones fácilmente explicables y comprensibles.

α) «¿En qué arma sirve su hijo?», preguntaron a una señora. «En los *asesinos* del 42», respondió. *(Morsern* = morteros, *Mördern* = asesinos.)

β) El teniente Henrik Haiman escribe desde el campo de batalla[3]: «Estando leyendo un libro de apasionante interés tuve que abandonar la lectura para sustituir por un momento al encargado del teléfono de campaña. Al efectuar la prueba de la línea telefónica de una batería contesté diciendo: "Línea corriente. Silencio" en lugar de las palabras reglamentarias: "Línea corriente. Final." Mi equivocación se explica por el enfado que me produjo el verme arrancado de la lectura.»

γ) Un sargento recomendó a sus hombres que dieran con precisión sus señas a sus casas respectivas para que no se extraviaran los *paquetes (Gepäckstücke)* que de ellas les mandaran; pero pensando en deseadas vituallas mezcló con la palabra *paquetes (Gepäckstücke)* la palabra *tocino (Speck),* mezcla que produjo *Gespeckstücke,* que fue la palabra que pronunció en su recomendación a los soldados.

δ) El ejemplo que a continuación va, ejemplo de extraordinaria belleza y muy importante por su triste significado, me ha sido comunicado por el doctor L. Czeszer, que observó el caso en su estancia, durante la guerra, en la neutral Suiza y lo ha analizado sin dejar vacío alguno. Doy aquí su comunicación casi completa sin más modificación que algunos cortes que no afectan a nada esencial:

«Me voy a permitir comunicarle un caso de "equivocación oral" sufrida por el profesor M. N. en la ciudad de O., durante una de las conferencias que compusieron su curso de verano sobre la psicología de los sentimientos. Debo anticiparle que estas conferencias se celebraban en un aula de la Universidad, ante un público compuesto en su mayoría de estudiantes de la Suiza francesa, partidarios decididos de la Entente y en el que abundaban también los prisioneros de guerra franceses internados en Suiza. En la ciudad de O. se emplea ahora siempre, como en Francia, la palabra *boche* para designar a los alemanes. Claro es que en los actos públicos, conferencias, etc., los altos empleados, los profesores y demás personas responsables se esfuerzan en evitar, por razón de la neutralidad de su país, el pronunciar la ominosa palabra.

»El profesor N. trataba a la sazón de la significación práctica de los afectos, y en una de sus conferencias pensaba citar un ejemplo de intencionada explotación de un afecto, encaminada a convertir en un placer la ejecución de un trabajo muscular interesante por sí mismo y hacerlo con ello más intenso. A este efecto, relató en francés, naturalmente, una historia, reproducida de un periódico pangermanista por los de la localidad y en la que se relataba cómo un maestro de escuela alemán, que hacía trabajar a sus alumnos en un jardín, les invitó, para hacer más intenso su trabajo, a representarse que en cada terrón que machacasen en su labor deshacían el cráneo de un francés. Naturalmente, el profesor N., cada vez que en su relato tropezaba con la palabra "alemán", decía con toda corrección *allemand* y no *boche*. Pero al llegar al final de la historia reprodujo las palabras del maestro en la siguiente forma: *"Imaginez vous qu'en chaque* moche *vous écrasez le crâne d'un français!"* Así, pues, en vez de *motte* dijo *moche*.

»¿No se ve aquí perfectamente cómo el correcto hombre de ciencia toma desde el principio de su narración todas las precauciones para resistir el impulso de la costumbre o quizá de una tentación y no dejar escapar desde la altura de una cátedra universitaria una palabra de uso expresamente prohibido por decreto de la Confederación? Mas en el preciso momento en que la ha pronunciado por última vez con toda felicidad y corrección las palabras *instituteur allemand* y avanza con un interior suspiro de alivio hacia el ya inmediato final de su historia, el vocablo temido y tan trabajosamente evitado se engancha en su similicadente *motte* y la desgracia sucede irreparablemente. El temor de cometer una falta de tacto político y quizá un reprimido capricho o deseo de usar, a pesar de todo, la palabra habitual y esperada por su auditorio, así como el enfado del republicano y democrático profesor ante toda coacción ejercida contra la libre expresión de sus opiniones, se interpusieron ante su intención principal de relatar correctamente el ejemplo. El orador conoce esta tendencia interferencial y no se puede admitir que no haya pensado en ella momentos antes de sufrir su equivocación.

»Ésta no fue advertida por el profesor N. o, por lo menos, no fue corregida por él, cosa que en la mayoría de los casos se suele hacer automáticamente. En cambio, el auditorio, compuesto en su mayor parte de franceses, acogió con verdadera satisfacción el lapsus, el cual hizo el efecto de un chiste intencionado. Por mi parte, seguí este suceso, inocente en apariencia, con apasionado interés, pues aunque por razones fácilmente comprensibles tenía que renunciar a hacer al profesor N. las preguntas que el método psicoanalítico prescribe para aclarar la equivocación, ésta constituía para mí una prueba palpable de la verdad de la teoría freudiana de la determinación de los actos fallidos (*Fehlhandlungen*) y de las profundas analogías y conexiones entre la equivocación y el chiste.»

ε) Bajo las perturbadoras impresiones de la época de guerra, surgió también el siguiente caso de equivocación, que nos comunica un oficial austriaco al regresar de su cautiverio de Italia:

«Durante algunos de los meses que estuve prisionero en Italia nos hallábamos alojados doscientos oficiales en una estrecha *villa*. En este tiempo murió de la gripe uno de nuestros compañeros. La impresión que este suceso nos produjo fue, como es natural, muy profunda, por las condiciones en que estábamos, dado que la falta de asistencia médica y el desamparo en que se nos tenía hacían más que probable el desarrollo de la epidemia. El cadáver de nuestro compañero había sido colocado, en espera de recibir sepultura, en los sótanos de la casa. Por la noche, dando un paseo alrededor de nuestra *villa* con un amigo mío, coincidimos ambos en el deseo de ver el cadáver. Siendo yo el que primero entró en el sótano, me hallé ante un espectáculo que me sobrecogió, pues no esperaba encontrar el ataúd tan inmediato a la entrada, ni ver de repente, tan cercano a mí, el rostro del difunto, cuya inmovilidad parecía alterada por los cambiantes reflejos que las llamas de los cirios arrojaban sobre él al ser movidas por el aire. Todavía bajo la impresión de aquel cuadro, continuamos nuestro paseo. Al llegar a un sitio desde el cual se ofrecía a nuestros ojos el parque entero nadando en la luz de la luna, la pradera surcada por los blancos rayos y al fondo un ligero manto de niebla, comuniqué a mi compañero mi impresión de ver danzar una batería de elfos bajo la línea de pinos que cerraba el horizonte.

»A la tarde siguiente enterramos a nuestro camarada. El camino desde nuestra prisión hasta el cementerio de una localidad vecina fue para nosotros amargo y humillante. Una multitud de muchachos, mujeres y ancianos del pueblo aprovechó la ocasión para desahogar ruidosamente sus sentimientos de curiosidad y de odio hacia sus enemigos prisioneros. La sensación de no poder permanecer libre de insultos ni aun en nuestra inerme situación y el asco ante aquella grosería me dominaron hasta la noche, llenándome de amargura. A la misma hora de la noche anterior, y acompañado por el mismo camarada, comencé a pasear por el enarenado camino que daba vuelta a nuestro alojamiento. Al pasar frente a la puerta del sótano donde estuvo depositado el cadáver acudió a mi memoria el recuerdo de la impresión que a su vista hubo de sobrecogerme. Cuando llegamos al lugar desde el cual se descubría el parque entero, nuevamente iluminado por la luna, me detuve y dije a mi acompañante: "Podíamos sentarnos aquí en la *tumba (Grab)* –digo, en la *hierba (Gras)*– y *enterrar (sinken)* –por *entonar (singen)*– una serenata." Al sufrir la segunda equivocación se fijó mi atención en lo ocurrido, pues la primera la había rectificado sin haberme dado cuenta de su significación. Mas entonces medité sobre ambas y las uní del siguiente modo: "enterrar en la tumba". Rápidamente se me presentaron las siguientes imágenes: los elfos bailando y flotando en el resplandor lunar, el compañero amortajado, la impresión que me causó su vista y determinadas escenas del entierro. Al mismo tiempo recordé la sensación de repugnancia sentida durante el perturbado duelo, así como ciertas conversaciones sobre la epidemia y los temores expresados por varios oficiales. Más tarde recordé también que aquel día era el aniversario de la muerte de mi padre, cosa que me extrañó, dada mi pésima memoria sobre las fechas.

»Sucesivas meditaciones me hicieron darme cuenta de las coincidencias que presentaban las condiciones exteriores de ambas noches: igual luz de luna, igual hora, igual lugar y la misma persona a mi lado. Recordé el disgusto que había experimentado al conocer el peligro de un desarrollo de la epidemia gripal y, al mismo tiempo también, mi decisión interior de no dejarme dominar por el temor. Entonces me di cuenta del significado de la equivocación. Podríamos *enterrar* (nos) en la *tumba,* y llegué al convencimiento de que la primera rectificación del error tumba-hierba, verificada por mí sin darme cuenta de su sentido, había tenido como consecuencia el segundo error de *enterrar* por *entonar,* encaminado a asegurar al complejo reprimido una efectividad final.

»Añadiré que en aquella época padecía yo de sueños aterradores, en los cuales vi repetidas veces a una muy próxima pariente mía enferma en su lecho, y una vez, muerta. Inmediatamente antes de ser hecho prisionero había recibido la noticia de que en la región en que dicha persona se hallaba había estallado con gran fuerza la epidemia gripal, y le había expresado mis temores. Desde entonces cesé de saber de ella. Meses después recibí la noticia de que dos semanas antes del suceso anteriormente descrito había sido víctima de la epidemia.»

ξ) El siguiente ejemplo de equivocación oral arroja vivísima luz sobre uno de los dolorosos conflictos que se presentan a los médicos. Un individuo, presuntamente atacado de una mortal dolencia, cuyo diagnóstico no se había fijado todavía con absoluta seguridad, acudió a Viena para tratar de resolver allí su problema y pidió a un antiguo amigo suyo, médico muy conocido, que se encargase de asistirle, cosa que éste aceptó, no sin alguna resistencia. El enfermo debía ingresar en una casa de salud, y el médico propuso a este fin el Sanatorio Hera. «Pero ese sanatorio no es más que para una especialidad (para partos)», repuso el enfermo. «Nada de eso –replicó vivamente el médico–; en el Sanatorio Hera puede *matarse (umbringen),* digo *alojarse (unterbringen)* a cualquier paciente.» Al darse cuenta de lo que había dicho, luchó el médico violentamente contra la significación de su lapsus. «Supongo –dijo– que no creerás que tengo impulsos hostiles contra ti.» Pero un cuarto de hora después confesó a la enfermera que había tomado a su cargo el cuidado del paciente y que le acompañaba hasta la puerta del establecimiento. «No he encontrado nada, y no creo aún que tenga esa enfermedad. Pero si la tuviera yo le daría una buena dosis de morfina y todo habría terminado.» Resulta que su amigo le había puesto la condición de que acortara sus sufrimientos con un medicamento cualquiera en cuanto se viera que su enfermedad era irremediable. Así, pues, el médico había realmente aceptado la misión de matar *(umbringen)* a su amigo.

η) No quisiera prescindir del siguiente caso, altamente instructivo, a pesar de haber sucedido hace ya unos veinte años.

Hablando una señora en una reunión de un tema que, por el apasionamiento de sus palabras, se advertía que despertaba en ella intensas emociones secretas, dijo lo siguiente: «Sí, una mujer necesita ser bella para gustar a los hombres. El hombre tiene menos dificultad para gustar a las mujeres. Basta con que tenga sus *cinco* miembros bien derechos.» Este ejemplo nos permite penetrar en el íntimo mecanismo de un lapsus oral, producido por *condensación* o *contaminación.* Podemos admitir que nos hallamos ante la fusión de dos frases de análogo sentido:

–Basta con que tenga sus cuatro miembros bien derechos.

–Basta con que tenga sus cinco sentidos bien cabales.

O también que el elemento *derechos (gerade)* fuera común a dos intenciones de expresión que hubieran sido las siguientes:

–Basta con que tenga sus miembros bien *derechos (gerade)*.

–Por lo demás, podrá dejar que todos los cinco sean *pares (gerade)*[4].

Puede, por tanto, admitirse que *ambas* formas de expresión, la de los cinco sentidos y la de «dejar que todos los cinco sean pares», han cooperado a introducir primero un número y después el misterioso cinco en lugar del sencillo cuatro en la frase de «los miembros bien derechos». Esta fusión no se hubiera verificado seguramente si la frase resultante de la equivocación no hubiera tenido un sentido propio: el de una cínica verdad que no podía ser descaradamente reconocida por una señora. Por último, no queremos dejar de hacer observar que las palabras de la sujeto, según su sentido literal, podían ser igualmente un excelente chiste que una divertida equivocación. Esto depende tan sólo de que fueran o no pronunciadas intencionadamente. La conducta de la sujeto hacía imposible en este caso la intención y, por tanto, el chiste.

La afinidad entre una equivocación oral y un chiste puede llegar a ser tan grande que la persona misma que la sufre se ría de ella como si de un chiste se tratase. Éste es el caso que se presenta en el siguiente ejemplo, comunicado por O. Rank *(Internationale Zeitschrift für Psychoanalyse,* I, 1913):

9) Un joven recién casado, cuya mujer, deseosa de no perder su aspecto juvenil, se resistía a concederle con demasiada frecuencia el comercio sexual, me contó la siguiente historia, que había divertido extraordinariamente al matrimonio: Después de una noche en la que él había quebrantado de nuevo la abstinencia deseada por su mujer, se puso por la

mañana a afeitarse en la alcoba común y, como ya lo había hecho otras veces por razones de comodidad, usó para empolvarse la cara una borla de polvos que su mujer tenía encima de la mesa de noche. La esposa, muy cuidadosa de su cutis, le había dicho varias veces que no usara dicha borla, y, enfadada por la nueva desobediencia, exclamó desde el lecho, en que aún se hallaba reposando: «¡Ya estás otra vez *echándome* polvos con *tu* borla!» La risa de su marido le hizo darse cuenta de su equivocación. Había querido decir: «¡Ya estás otra vez *echándote polvos* con *mi* borla!», y sus carcajadas acompañaron a las del marido. («Empolvar o echar polvos» es una expresión conocida por todo vienés como equivalente a «realizar el coito», y la borla es sin duda, en este caso, un símbolo fálico.)

El parentesco entre el chiste y la equivocación oral se manifiesta también en el hecho de que la equivocación no es a veces más que una contracción.

τ) Añadiré otro caso, cuya interpretación requiere escasa ciencia:

Un profesor de Anatomía se ocupaba en cátedra de la explicación de la cavidad nasal, que, como es sabido, es uno de los temas más difíciles de la Esplacnología. Habiendo preguntado a su auditorio si había comprendido sus explicaciones, recibió una general respuesta afirmativa, a la que el profesor, del cual se sabía que tenía un alto concepto de sí mismo, repuso: «No me es fácil creer que me hayan entendido todos, pues las personas que conocen estas cuestiones, referentes a la cavidad nasal, pueden, aun en una ciudad de más de un millón de habitantes, como Viena, contarse con un *dedo,* perdón, *con los dedos de una mano.*»

κ) El mismo catedrático dijo otra vez: «Por lo que respecta a los órganos genitales femeninos, no se ha podido, a pesar de muchas *tentaciones (Versuchungen)* perdón, *tentativas (Versuche)...*».

λ) Al doctor Alf. Robitsek, de Viena, debo el relato de dos casos de equivocación oral, observados y publicados por un antiguo escritor francés, y que transcribiré aquí sin traducirlos:

Brantôme (1527-1614).–Vie des dames galantes. *Discours second: «Si ay-je cognue une très belle et honneste dame de par le monde qui devisant avec un honneste gentilhomme de la cour des affaires de la guerre durant ces civiles, elle luy dit: "J'ay ouy dire que le roi à faict rompre tous les c... de ce pays là." Elle vouloit dire les* ponts. *Pensez que venant de coucher d'avec son mary, ou songeant à son amant, elle avoit encor ce nom frais en la bouche, et le gentilhomme s'en eschauffa en amours d'elle pour ce mot.»*

«Une autre dame que j'ai cognue, entretenant une autre grand dame plus qu'elle, et luy louant et exaltant ses beautez, elle luy dit après: "Non, madame, ce que je vous en dis, ce n'est pas pour vous adulterer; *voulant dire* adulater, *comme elle le rhabilla ainsi: pensez qu'elle songeoit à* adulterer".»

En el método psicoterápico que empleo para la solución y remoción de los síntomas neuróticos se encuentra uno con frecuencia ante la labor de descubrir, extrayéndolo de discursos y ocurrencias, en apariencia casuales, de los pacientes, un contenido psíquico que, aunque se esfuerza en ocultarse, no puede dejar de traicionarse a sí mismo, revelándose involuntariamente de muchas maneras diferentes. En estos casos, las equivocaciones suelen prestar los más valiosos servicios, cosa que podríamos demostrar por medio de convincentes y singulares ejemplos. En determinadas ocasiones, los pacientes confunden a los miembros de su familia y, queriendo referirse a una tía suya, dicen «mi madre», o designan a su marido como su «hermano». De este modo me descubren que «identifican» a estas personas una con otra; esto es, que las han colocado en una única categoría sentimental. He aquí otro caso: un joven de veinte años se presentó a mí en mi consulta con las palabras: «Soy el padre de N. N., a quien usted ha asistido. Perdón; quería decir el *hermano*. Él es cuatro años mayor que yo.» Esta equivocación me dio a entender que el joven había querido decir que tanto él como su hermano estaban enfermos por la culpa de su padre y que acudía a mí, como su hermano, con el deseo de curarse; pero que en realidad era el padre el que más necesitaba ser sometido a un tratamiento. Otras veces es suficiente una disposición poco usual de las palabras o una expresión forzada para descubrir la participación de un pensamiento reprimido en el discurso del paciente, diferentemente motivado.

Tanto en aquellas perturbaciones del discurso que presentan una burda trama como en aquellas otras más sutiles, pero que pueden también sumarse a las «equivocaciones orales», encuentro que no es la influencia del contacto de los sonidos, sino la de los pensamientos exteriores a la oración que se tiene propósito de pronunciar, lo que determina el origen de la equivocación oral y basta para explicar las faltas orales cometidas. Las leyes por las que actúan los sonidos entre sí, transformándose unos a otros, me parecen ciertas; pero no, en cambio, lo suficientemente eficaces para perturbar por sí solas la correcta emisión del discurso. En los casos que he estudiado e investigado más detenidamente no representan estas leyes más que un mecanismo preexistente, del cual se sirve un motivo psíquico más remoto que no forma parte de la esfera de influencia de tales relaciones de sonidos. *En un gran número de sustituciones, apa-*

recidas en equivocaciones orales, no se siguen para nada tales leyes fonéticas. En este punto me hallo de completo acuerdo con Wundt, que afirma igualmente que las condicionantes de la equivocación oral son muy complejas y van más allá de los efectos de contacto de los sonidos.

Dando por seguras estas «remotas influencias psíquicas», según la expresión de Wundt, no veo tampoco inconveniente alguno en admitir que en el discurso emitido rápidamente, y con la atención desviada de él hasta cierto punto, pueden quedar limitadas las causas de la equivocación a las leyes expuestas por Meringer y Mayer. Pero lo más probable es que muchos de los ejemplos coleccionados por estos autores posean más complicada solución.

En otros casos de equivocaciones orales puede aceptarse que la similicadencia con palabras obscenas o la alusión a un sentido de este género constituyen por sí solas el elemento perturbador. El intencionado retorcimiento o desfiguración de palabras y frases, a que tan aficionados son determinados individuos ordinarios, no responde sino al deseo de aludir a lo prohibido con un motivo por completo inocente, y este juego es tan frecuente que no sería nada extraño que apareciera también no intencionadamente contra la voluntad del sujeto.

Espero que mis lectores apreciarán la diferencia de valor existente entre las interpretaciones de Meringer y Mayer, no demostradas con nada, y los ejemplos coleccionados por mí mismo y explicados por medio del análisis. Precisamente es una observación del mismo Meringer, muy digna de tenerse en cuenta, lo que mantiene viva mi esperanza de demostrar que también los casos aparentemente simples de equivocación pueden ser explicados por la existencia de una perturbación causada por una idea semirreprimida *exterior* al contexto que se tiene intención de expresar. Dice Meringer que es curioso el hecho de que a nadie le guste reconocer que ha cometido una equivocación oral. Existen muchos individuos, inteligentes y sinceros, que se sienten ofendidos cuando se les dice que han cometido un lapsus. Por mi parte, no me arriesgaría a afirmar esto con la generalidad que lo hace Meringer al emplear la palabra «nadie». Sin embargo, la huella de emoción que se manifiesta en el sujeto al serle demostrado su lapsus, emoción que es de la naturaleza de la vergüenza, tiene su significación y puede colocarse al lado del enfado que experimentamos al no recordar un nombre olvidado, o de nuestra admiración ante la tenacidad de un recuerdo aparentemente indiferente, e indica siempre la participación de un motivo en la formación de la perturbación.

La desfiguración de los nombres propios equivale siempre a un insulto cuando se hace intencionadamente, y podría tener igual significado en toda aquella serie de casos en que aparece como lapsus involuntario. Aquella persona que, según la comunicación de Mayer, dijo una vez *Freuder* en vez de *Freud,* por tener intención de pronunciar poco después el nombre *Breuer* (pág. 38), y habló otra vez del método de *Freuer-Breud,* queriendo decir el de *Breuer-Freud* (pág. 28), era un colega de facultad y, ciertamente, no un entusiasta de dicho método. Más adelante, al ocuparme de las equivocaciones gráficas, comunicaré un caso de desfiguración de un nombre que no puede explicarse de otra manera[5].

En estos casos interviene como elemento perturbador una crítica que no debe tenerse en cuenta, por no corresponder en el momento a la intención del orador.

Inversamente, la sustitución de un nombre por otro, la adopción de un nombre que no es el propio o la identificación llevada a cabo por equivocación de nombres tiene que significar una apreciación o reconocimiento, que momentáneamente y por determinadas razones debe permanecer en segundo término. S. Ferenczi relata una experiencia de este género que procede de sus años escolares.

«En mis primeros años de colegio tuve que recitar una vez, ante mis condiscípulos, una poesía. Habiéndola preparado y estudiado a conciencia, me quedé muy sorprendido al ver que apenas había comenzado a recitarla estallaba en la clase una general carcajada. El profesor me explicó más tarde este singular recibimiento. Había dicho yo el título de la poesía –"Desde la lejanía"– con toda corrección; mas después, en vez del nombre de su autor había pronunciado el mío propio. El poeta se llamaba Alejandro (Sandor) Petoefi, y el llevar yo el mismo nombre de pila favoreció sin duda el intercambio; mas la verdadera causa de éste fue, seguramente, mi secreto deseo de identificarme en aquellos momentos con el héroe-poeta. Conscientemente también, sentía yo entonces por Petoefi un amor y un respeto rayanos en la adoración. Como es natural, todo mi complejo de ambición se ocultaba detrás de esta función fallida.»

Una parecida identificación por medio de un cambio de nombres me fue comunicada por un joven médico que tímida y reverentemente se presentó al famoso *Wirchow* con las palabras: «Soy el doctor *Wirchow*.» El renombrado profesor se volvió lleno de asombro hacia él y le preguntó: «¡Ah!, ¿se llama usted también *Wirchow*?». No sé cómo justificaría el ambicioso joven su equivocación, ni si imaginaría la cortés excusa de decir que se sentía tan pequeño ante el grande hombre, que hasta su propio nombre había olvidado, o tendría el valor de confesar que esperaba llegar a ser un día tan grande como *Wirchow* y que, por tanto, el

señor consejero áulico debía tratarle con toda consideración. Desde luego, uno de estos dos pensamientos, o quizá
ambos a la vez, tuvieron que causar el embarazo del joven
al hacer su presentación.

Por razones altamente personales debo dejar indeciso si
una parecida interpretación puede ser o no aplicable al siguiente caso: en el Congreso Internacional de Amsterdam,
en 1907, fue mi teoría de la histeria objeto de una viva discusión. Uno de mis más enérgicos contradictores cometió,
al pronunciar su impugnación de mis teorías, repetidas
equivocaciones orales, consistentes en ponerse en mi lugar
y hablar en mi nombre. Decía, por ejemplo: «Breuer y *yo*
hemos demostrado, como todos saben...», cuando lo que se
proponía decir era «Breuer y *Freud* han...», etc. El nombre
de este adversario de mis teorías no presenta la más pequeña semejanza ni similicadencia con el mío. Tanto este
ejemplo como muchos otros de intercambio de nombres,
aparecidos en equivocaciones orales, nos indican que la
equivocación puede prescindir por completo de aquellas
facilidades que le ofrece la similicadencia y realizarse apo-
yada tan sólo por ocultas relaciones de contenido.

En otros casos más significativos es una autocrítica, una
contradicción que en nuestro fuero interno se eleva contra
nuestras propias manifestaciones la que causa la equivocación, llegando hasta forzarnos a sustituir lo que nos propo-
nemos expresar por algo contrario a ello. Entonces se observa con asombro cómo la forma de emitir una afirmación
subraya el propósito de la misma y cómo el lapsus revela la
interior insinceridad. La equivocación se convierte en un
medio mímico de expresión y, con frecuencia, en la expresión misma de lo que no quería uno decir. Con ella nos trai-
cionamos a nosotros mismos. Así, un individuo que en sus

relaciones con la mujer no gustaba del llamado «comercio normal», exclamó, hablando de una muchacha a la que se reprochaba su *coquetería:* «Conmigo se le quitaría pronto esa costumbre de *coetear.*» Aquí no cabe duda de que sólo a la influencia de la palabra *coito* es a lo que se puede atribuir la modificación introducida en la palabra *coquetear,* que es la que el individuo tenía intención de pronunciar. Lo mismo sucede en este otro caso: «Un tío nuestro –nos relató un matrimonio– estaba hace algunos meses muy ofendido con nosotros porque no le visitábamos nunca. Por fin, el ofrecerle nuestra nueva casa nos dio motivo para ir a verlo después de mucho tiempo. En apariencia se alegró mucho de vernos, pero al despedirnos nos dijo con gran afabilidad: «Espero que en adelante os veré más *raramente* que hasta ahora.»

Los casuales caprichos del material oral hacen surgir, a veces, equivocaciones que tienen, en unos casos, todo el abrumador efecto de una indiscreta revelación, y en otros, el completamente cómico de un chiste.

Así sucede en el ejemplo siguiente, comunicado y observado por el doctor Reitler:

«Una señora quiso alabar el sombrero de otra y le preguntó en tono admirativo: "¿Y ha sido usted misma quien ha adornado ese sombrero?". Mas al pronunciar la palabra adornado *(aufgeputzt),* cambió la *u* de la última sílaba en *a,* formando un verbo que por su analogía con la palabra *Patzerei* (facha) revelaba la crítica ejercida en el interior de la señora sobre el sombrero de su amiga. Claro es que la azarante y clara equivocación no podía ya ser rectificada, por muchas alabanzas que a continuación se pronunciasen.»

Menos comprometedora, pero también inequívoca, es la crítica expresada en el lapsus siguiente:

Una señora visita a una conocida suya, y la inagotable y poco interesante charla de esta última le causó pronto fatiga e impaciencia por marcharse. Por fin, consiguió interrumpirla y despedirse; pero al llegar a la antesala, su amiga, que la acompañaba, la detuvo con un nuevo torrente de palabras y, estando ya dispuesta a salir, tuvo que permanecer en pie ante la puerta, escuchándola. Por fin, la interrumpió diciendo: «¿Recibe usted en la *antesala?*» *(Vorzimmer),* y se dio en seguida cuenta de su equivocación al ver la cara de asombro de su interlocutora. Lo que había querido decir, cansada por la larga permanencia en pie en la antesala y para intentar cortar la charla de su amiga, era: «¿Recibe usted por las *mañanas?*» *(Vormittag),* pero la equivocación reveló su impaciencia.

El siguiente es un caso de autorreferencia presenciado por el doctor Max Graef.

«En una junta general de la Sociedad de Periodistas Concordia pronunció un joven socio, que sufría de constantes apuros económicos, un violento discurso de oposición, y en su arrebato interpeló a los *miembros de la Comisión de Gobierno interior* de la Sociedad *(Ausschussmitglieder)* con el nombre de miembros de *adelantos (Vorschussmitglieder).* En efecto, los miembros de la Comisión de Gobierno interior tenían a su cargo el conceder o no los préstamos solicitados por los socios, y el joven orador acababa de hacer una petición en tal sentido.»

En el ejemplo *Vorschwein* hemos visto que la equivocación se produce con facilidad cuando el sujeto procura reprimir alguna palabra insultante, constituyendo el error una especie de desahogo.

«Un fotógrafo que se había propuesto rehuir todo apelativo zoológico en su trato con sus torpes ayudantes quiso decir un día a un aprendiz que había derramado por el suelo la mitad del líquido contenido en una cubeta al querer trasvasarlo a otro recipiente: "Pero, hombre, ¿por qué no ha sacado *(abschöpfen)* antes un poco de líquido con cualquier cosa?". Pero cambió la *f* por una *s,* resultando la palabra *schöpsen,* que recuerda la palabra *schöps* (carnero = bobo), apelativo que el fotógrafo evitó pronunciar, pero que surgió en el lapsus. Otra vez, viendo a una ayudante poner imprudentemente en peligro una docena de valiosas placas, comenzó a dirigirle una larga y airada reprimenda, en la que quiso decir: "¿Es que está usted *mala de la cabeza? (hirnverbrannt)."* Mas al pronunciar esta palabra cambió la *i* primera en una *o,* resultando *hornverbrannt (mala de los cuernos)».*

El ejemplo que va a continuación constituye un serio caso de confesión involuntaria, llevada a cabo por medio de un *lapsus linguae.* Algunos detalles de interés que en él aparecen justifican que se transcriba aquí íntegra la comunicación que de él publicó A. A. Brill en la *Zentralblatt für Psychoanalyse,* II, 1[6].

«Paseaba yo una noche con el doctor Frink, hablando de cuestiones referentes a la Sociedad psicoanalítica de Nueva York, cuando encontramos a un colega, el doctor R., al cual no había visto yo hacía años y de cuya vida privada no conocía nada. Ambos nos alegramos de volver a vernos, y a propuesta mía entramos en un café, en el que permanecimos dos horas conversando animadamente. El doctor R. parecía conocer mis asuntos particulares mejor que yo los suyos, pues tras los saludos de costumbre me preguntó por la salud de mi hijo, declarándome que de tiempo en tiempo tenía noticias mías por conducto de un amigo de ambos y que se interesaba mucho por mi actividad profesional, habiendo leído mis publicaciones en las revistas de Medicina. A mi vez le pregunté si se había casado, contestando él negativamente y añadiendo: "Para qué habría de casarse un hombre como yo."

»Al abandonar el café se dirigió a mí de repente y me dijo: "Quisiera saber lo que haría usted en el caso siguiente: conozco a una enfermera que ha sido declarada cómplice en un proceso de divorcio. La esposa ofendida entabló éste contra su marido, acusándole de adulterio con la susodicha enfermera, y el divorcio se falló a favor de *él...*"[7]. Al llegar aquí le interrumpí, diciendo: "Querrá usted decir a favor de *ella,* de la esposa." R. rectificó en seguida: "Claro es; se falló a favor de ella"; y siguió su relato, contando que el escándalo producido había impresionado de tal modo a la enfermera, que había comenzado a darse a la bebida y contraído un grave desarreglo nervioso. Al final de su relato me pidió consejo sobre el tratamiento a que debía someterla.

»Al rectificar su equivocación le rogué me la explicara; pero, como sucede habitualmente en estos casos, recibí la asombrada respuesta de que el error había sido por completo casual, que no había motivo para suponer que se ocultase algo detrás de él y que, en fin de cuentas, todo el mundo tenía derecho a equivocarse. A esto repliqué que todas las equivocaciones orales tienen siempre un fundamento, y que si no me hubiera dicho poco antes que era soltero hubiese estado tentado de considerarle como el protagonista del suceso relatado porque siendo así quedaría explicada su equivocación por su deseo de no haber sido él, sino su mujer, quien hubiera perdido el pleito, con lo cual hubiese él quedado libre de tenerle que pasar alimentos y con el derecho de volver a casarse en Nueva York. El doctor rechazó, obstinadamente, mi sospecha, fortificándola al mismo tiempo por una exagerada reacción emocional y señales inequívocas de gran excitación, seguidas de ruidosas risotadas. A mi invitación a decir la verdad en interés de la ciencia contestó diciendo: "Si no quiere usted que le mienta, debe seguir creyendo en mi soltería y, por tanto, en que su interpretación psicoanalítica es falsa en absoluto." Luego añadió que el trato con un hombre como yo, que se fijaba en tales pequeñeces, era en extremo peligroso, y recordando de repente que tenía que acudir a una cita, se despidió de nosotros.

»Sin embargo, tanto el doctor Frink como yo estábamos convencidos de la exactitud de mi interpretación del lapsus, y por mi parte decidí comenzar a informarme para obtener una prueba favorable o adversa. Días después visité a un vecino mío, antiguo amigo del doctor R., el cual confirmó mi hipótesis en todos sus puntos. El pleito se había sentenciado unas semanas antes, y la enfermera había sido declarada cómplice del adulterio. El doctor R. está ahora firmemente convencido de la exactitud de los mecanismos freudianos.»

En el siguiente caso, comunicado por O. Rank, aparece también como indudable el hecho de traicionar la equivocación los sufrimientos íntimos del sujeto que la sufre:

«Un individuo, carente en absoluto de sentimientos patrióticos y que deseaba educar a sus hijos en esta misma ausencia de ideales, en su opinión superfluos, reprochaba a aquéllos el haber tomado parte en una manifestación patriótica y achacaba su conducta en este caso al ejemplo de un tío de los muchachos: "Precisamente es a vuestro tío al que no debéis imitar –les dijo–. Es un *idiota.*" La cara de asombro de sus hijos, no acostumbrados a oír a su padre tratar al tío de aquel modo, le hizo darse cuenta de su equivocación, y disculparse rectificando: "Como supondréis, no quería decir *idiota* sino *patriota.*"»

Como una involuntaria confesión en la que el sujeto se traiciona a sí propio es interpretada por aquella persona misma a la que se dirige la frase en la que aparece el error, la equivocación siguiente, comunicada por J. Staercke (*l. c.*), el cual añade a su relato una observación acertada, pero que va más allá de los límites en que debe mantenerse la interpretación.

«Una dentista había convenido con su hermana que la reconocería un día para ver si existía o no *contacto* entre dos de sus muelas, esto es, si las paredes laterales de dichas muelas estaban o no suficientemente juntas para no permitir que quedasen entre ellas partículas de comida. Pasado algún tiempo, la hermana se quejaba de que le hiciera esperar tanto para llevar a cabo el reconocimiento prometido, y dijo, bromeando: "Ahora está curando con todo interés a una colega suya. En cambio, yo, su hermana, tengo que esperar días y días." Por fin, cumplió la dentista su promesa, y al reconocer a su hermana halló, en efecto, una caries en una de las muelas y dijo: "No creí que hubiera caries; sólo pensaba que no tendrías *contante...,* digo *contacto* entre las dos muelas." "¿Lo ves? –exclamó, riendo, la hermana–. ¿Ves cómo es por avaricia por lo que me has hecho esperar mucho más tiempo que a las pacientes que te pagan?"

»No debo –añade Staercke– agregar mis propias observaciones a las de la hermana de la dentista, ni sacar de ellas conclusión alguna; pero al serme conocido este *lapsus* no pude por menos de pensar que las dos amables e inteligentes mujeres permanecen aún solteras y, además, tratan poco con jóvenes del sexo contrario, y me pregunté a mí mismo si no tendrían más *contacto* con éstos teniendo más *contante.*»

Igual valor de confesión involuntaria tiene la siguiente equivocación comunicada por Th. Reik *(l. c.):*

«Una muchacha iba a ponerse en relaciones con un individuo por motivo de conveniencia familiar. Para aproximar a ambos jóvenes, sus respectivos padres organizaron una reunión a la que asistieron los futuros novios. La joven supo dominarse lo bastante para no dejar ver su desvío a su pretendiente, que se mostró muy galante con ella. Mas después, cuando su madre le preguntó cómo le había parecido, queriendo contestar cortésmente: "Muy amable *(liebenswürdig)",* dijo: "Muy desagradable *(liebenswidrig)".*».

También constituye una confesión no menos importante el siguiente *lapsus,* calificado por O. Rank de «chistosa equivocación» *(Internat. Zeitschrift für Psychoanalyse):*

«Una mujer casada, que gusta de oír contar anécdotas y de la que se dice no rechaza pretensiones amorosas extramatrimoniales cuando éstas se apoyan en presentes de alguna consideración, escuchaba cómo un joven que le hacía la corte relataba no sin intención la siguiente conocida historia: "Dos amigos estaban asociados en un negocio, y uno de ellos hacía el amor a la mujer del otro, la cual no se mostraba muy inclinada a concederle sus favores. Por fin le participó que accedería a sus pretensiones a cambio de un regalo de mil duros. En una ocasión en que el marido iba a partir de viaje, su socio le pidió prestados mil duros, prometiendo entregárselos a su mujer al día siguiente. Naturalmente, esta cantidad quedó en seguida, como supuesto pago de sus favores, en manos de la mujer, la cual, al regresar su marido, pasó por la angustia de creerse descubierta y tuvo que entregar los mil duros y soportar encima silenciosamente su despecho por haber sido burlada." Al llegar el joven, en el relato de esta historia, al punto en que el seductor dice a su socio: "Yo le *devolveré* mañana el dinero a tu mujer", su interlocutora le interrumpió con las significativas palabras siguientes: "Diga usted, ¿no me ha *devuelto* usted ya eso otra vez?... ¡Ay, perdón!, quería decir *contado.*" Sólo haciendo directamente la proposición hubiera podido indicar mejor la señora su aquiescencia a entregarse bajo las mismas condiciones.»

Un bello caso de confesión involuntaria, con inocentes resultados, es el que V. Tausk publica en la *Internationale Zeitschrift für Psychoanalyse,* IV, 1916, bajo el siguiente título: «La fe de los padres».

«Como mi novia era cristiana –cuenta el señor A.– y no quería adoptar la fe judía, tuve yo que pasar del judaísmo al cristianismo para poderme casar con ella. Este cambio de confesión lo realicé no sin resistencia interior; pero el fin que con él me proponía conseguir parecía justificarlo, tanto más cuanto que contra él no podía alegar más que mi exterior pertenencia al culto hebreo, pues carecía de arraigadas convicciones religiosas. Sin embargo, siempre he confesado después pertenecer al judaísmo, y pocos de mis conocidos saben que estoy bautizado.

»De mi matrimonio me han nacido dos hijos, que han sido bautizados cristianamente. Cuando llegaron a edad de comprender las cosas, les revelé su ascendencia judía, con el fin de que las opiniones antisemitas que pudieran actuar sobre ellos en el colegio no influyeran, injustificadamente, en su posición ante mí.

»Hace algunos años pasaba yo el verano con mis hijos, que por entonces iban al colegio de primera enseñanza, en casa de la familia de un profesor de dicho colegio. Hallándonos un día merendando con nuestros huéspedes, que en general eran personas amables, la señora de la casa, ignorante de la ascendencia semita de sus inquilinos veraniegos, lanzó algunas duras palabras contra los judíos. Yo debía haber declarado la verdad para dar a mis hijos un ejemplo del "valor de las propias convicciones", pero temía las inagotables explicaciones que habían de seguir a mi declaración. Además, me cohibía el temor de tener que abandonar quizá el buen hospedaje que habíamos hallado y abreviar así las cortas vacaciones de que podíamos gozar mis hijos y yo en el caso de que nuestros huéspedes, al averiguar nuestro origen judío, cambiaran de conducta para con nosotros.

»Por tanto, callé y, suponiendo que mis hijos, si asistían por más tiempo a la conversación acabarían por revelar franca y decididamente la verdad, quise alejarlos, enviándolos al jardín.

»Con esta intención me dirigí a ellos y les dije: "Id al jardín, *judíos (Juden)"*, y, advirtiendo en seguida mi equivocación, rectifiqué: *"muchachos (Jungen)"*. Así, pues, mi equivocación fue la puerta por donde halló salida la verdad y la expresión del reprimido "valor de las propias convicciones". Los que me oyeron no sacaron consecuencia ninguna de mi equivocación, pues no le dieron importancia alguna; pero yo, por mi parte, saqué de ella la enseñanza de que "la fe de los padres" no se deja negar sin castigarnos cuando somos hijos y padres a un mismo tiempo.»

De consecuencias más graves es la siguiente equivocación, que no publicaría si el mismo juez que tomó la declaración en que se produjo no me la hubiera indicado como propia para ser incluida en mi colección:

«Un reservista acusado de robo se refería en su declaración a su servicio militar *(Dienststellung)*, y al pronunciar esta palabra se equivocó y dijo: *Diebstellung (Dieb = Diebstahl* = ladrón, robo).»

En los trabajos de psicoanálisis, las equivocaciones del paciente sirven muchas veces para aclarar los casos y confirmar aquellas hipótesis expuestas por el médico en el mismo momento en que el paciente las niega con obstinación. Con uno de mis clientes se trataba un día de interpretar un sueño que había tenido y en el que había aparecido el nombre *Jauner*. El cliente conocía, en efecto, a una persona de este nombre, pero no podíamos descubrir por qué tal persona había sido incluida en el contenido del sueño. Por último, expuse la hipótesis de que ello había sucedido tan sólo por la similicadencia del nombre *Jauner* con el injurioso calificativo *Gauner* = rufián. El paciente rechazó rápida y enérgicamente mi suposición; pero al hacerlo sufrió una equivocación que confirmó mi sospecha, por consistir en el mismo cambio de la letra *g* por una *j*. En efecto, al llamarle yo la atención sobre el lapsus cometido reconoció como cierta mi interpretación de su sueño.

Cuando en una discusión seria sufre uno de los interlocutores uno de estos errores que convierten la intención de la frase en la completamente contraria queda en posición desventajosa frente a su adversario, el cual raras veces deja de utilizar en provecho suyo tal ventaja.

Esto muestra claramente que, en general, todo el mundo da a las equivocaciones orales y demás clases de actos fallidos la misma interpretación que se les da en este libro, aunque luego los individuos aislados se nieguen a reconocerlo en teoría y no estén propicios a prescindir, cuando se trata de la propia persona, de la comodidad que supone la indiferente tolerancia con la que se miran tales funciones fallidas. La hilaridad y la burla que estos errores no dejan nunca de provocar cuando aparecen en momentos graves o decisivos son un testimonio contrario a la convención generalmente aceptada de que no son sino meros *lapsus linguae,* sin significación ni importancia psicológica alguna. Nada menos que el canciller alemán príncipe de Bülow tuvo que recordar en una ocasión esta teoría de la falta de significación de las equivocaciones orales para salvar su situación, cuando pronunciando un discurso en defensa de su emperador (noviembre de 1907), sufrió un error que le hizo decir lo contrario de lo que se proponía.

«Por lo que respecta al presente, a la nueva época del emperador Guillermo II –dijo–, he de repetir lo que ya dije hace un año: que es *inicuo e injusto hablar de la existencia de una camarilla de consejeros responsables en torno a nuestro emperador...* –(Vivas exclamaciones: "¡Irresponsables!")– de consejeros *irresponsables* en torno de nuestro emperador. Perdonen sus señorías el *lapsus linguae* (Hilaridad.)»

En este caso, la frase del príncipe de Bülow perdió importancia ante su auditorio por la acumulación de negaciones entre las que se hallaba la equivocación. Además, la simpatía hacia el orador y la consideración de la difícil situación en que se hallaba hicieron que su error no se aprovechase para combatirle. Peores consecuencias tuvo el error de otro diputado, que un año después, y en la misma Cámara, queriendo invitar a sus oyentes a enviar un mensaje *sin consideraciones (rückhaltlos)* al emperador, descubrió con una desgraciada equivocación sentimientos distintos que ocultaba en su pecho leal.

«Lattmann: Examinemos esta cuestión del mensaje desde el punto de vista reglamentario. Según las leyes, el Reichstag tiene el derecho de dirigir mensajes al emperador, y creemos que el pensamiento y el deseo general y armónico del pueblo alemán están en dirigir al emperador en esta ocasión un *manifiesto armónico,* y si podemos hacerlo sin herir los sentimientos monárquicos también debemos hacerlo *doblando el espinazo (rückgratlos, invertebradamente).* (Hilaridad tempestuosa, que dura varios minutos.) Señores, he querido decir *sin consideraciones (rückhaltlos) y no doblando el espinazo (rückgratlos)* –hilaridad–, y una manifestación así, sin reserva alguna, del pueblo, ha de ser aceptada en estos graves momentos por nuestro emperador.»

El periódico *Vorwaerts,* en su número del 12 de noviembre de 1908, no dejaba de señalar el significado de esta equivocación: «Doblando el espinazo ante el trono imperial»:

«Nunca se ha demostrado tan claramente en un Parlamento, y por la involuntaria confesión de un diputado, la actitud de éste y de la mayoría de los miembros de la Cámara, como lo consiguió el antisemita Lattmann en el segundo día de su interpelación cuando, con festivo *pathos,* dejó escapar la confesión de que él y sus amigos querían decir al emperador su opinión "doblando el espinazo".

»Una tempestuosa hilaridad general ahogó las siguientes palabras del infeliz que todavía consideró necesario disculparse, tartamudeando que lo que había querido decir era "sin consideraciones".»

Otro bello ejemplo de equivocación, encaminada no tanto a traicionar los sentimientos del personaje como a orientar al auditorio colocado fuera de la escena, se encuentra en el drama de Schiller *Wallenstein, Los Piccolomini* (acto I, escena V), y nos muestra que el poeta que utilizó este medio conocía la significación y el mecanismo de la equivocación oral. En la escena precedente, Max Piccolomini, lleno de entusiasmo, se ha declarado decidido partidario del duque, anhelando la llegada de la bendita paz, cuyos encantos le fueron descubiertos en su viaje acompañando al campamento a la hija de Wallenstein. A continuación comienza la escena V:

QUESTENBERG.–¡Ay de nosotros! ¿A esto hemos llegado? ¿Vamos, amigo mío, a dejarle marchar en ese error sin llamarle de nuevo y abrirle los ojos en el acto?

OCTAVIO.–*(Saliendo de profunda meditación.)* Ahora acaba él de abrírmelos a mí y veo más de lo que quisiera ver.

QUESTENBERG.–¿Qué es ello, amigo mío?

OCTAVIO.–¡Maldito sea el tal viaje!

QUESTENBERG.–¿Por qué? ¿Qué sucede?

OCTAVIO.–Venid. Tengo que perseguir inmediatamente la desdichada pista. Tengo que observarla con mis propios ojos. Venid. *(Quiere hacerle salir.)*

QUESTENBERG.–¿Por qué? ¿Dónde?

OCTAVIO.–*(Apresurado.)* Hacia «ella».

QUESTENBERG.–Hacia...

OCTAVIO.–*(Corrigiéndose.)* Hacia el duque. Vamos.

Esta pequeña equivocación –hacia *ella* en vez de hacia *él*– tiene por objeto revelarnos que el padre ha adivinado el motivo de la decisión de su hijo de ponerse al lado de Wallenstein, mientras que Questenberg, el cortesano, no comprendiendo nada, le dice «que le está hablando en adivinanza».

Otto Rank ha descubierto en Shakespeare otro ejemplo de empleo poético de la equivocación. Transcribo aquí la comunicación de Rank, publicada en la *Zentralblatt für Psychoanalyse,* I, 3:

«Otro ejemplo de equivocación oral, delicadamente motivado, utilizado con gran maestría técnica por un poeta, y similar al señalado por Freud en el *Wallenstein,* de Schiller, nos enseña que los poetas conocen muy bien la significación y el mecanismo de esta función fallida y suponen que también lo conoce o comprenderá el público. Este ejemplo lo hallamos en *El mercader de Venecia* (acto III, escena II), de Shakespeare. Porcia, obligada por la voluntad de su padre a tomar por marido a aquel de sus pretendientes que acierte a escoger una de las tres cajas que le son presentadas, ha tenido hasta el momento la fortuna de que ninguno de aquellos amadores que no le eran gratos acertase en su elección. Por fin encuentra en Bassano al hombre a quien entregaría gustosa su amor, y entonces teme que salga también vencido en la prueba. Quisiera decirle que aun sucediendo así puede estar seguro de que ella le seguirá amando, pero su juramento se lo impide. En ese conflicto interior le hace decir el poeta a su afortunado pretendiente:

»"Quisiera reteneros aquí un mes o dos aún antes que aventurarais la elección de que dependo. Podría indicaros cómo escoger con acierto; pero si así lo hiciera, sería perjura, y no lo seré jamás. Por otra parte, podéis no obtenerme y, si esto sucede, me haríais arrepentir, lo cual sería un pecado, de no haber faltado a mi juramento. ¡Mal hayan vuestros ojos! Se han hecho dueños de mi ser *y lo han dividido en dos partes, de las cuales, la una es vuestra y la otra vuestra, digo mía, mas siendo mía es vuestra, y así, toda soy vuestra."*».

Así, pues, aquello que Porcia quería tan sólo indicar ligeramente a Bassano, por ser algo que en realidad debía callarle en absoluto; esto es, que ya antes de la prueba le amaba y era *toda* suya, deja el poeta, con admirable sensibilidad psicológica, que aparezca claramente en la equivocación, y por medio de este artificio consigue calmar tanto la insoportable incertidumbre del amante como la similar tensión del público sobre el resultado de la elección.

Dado el interés que merece tal confirmación por parte de los grandes poetas de nuestra concepción de las equivocaciones orales, creo justificado agregar aún a los anteriores un tercer ejemplo de esta clase, comunicado por E. Jones («Un ejemplo de uso literario de la equivocación oral», en la *Zentralblatt für Psychoanalyse* I, 10):

«Otto Rank llama la atención, en un artículo recientemente publicado sobre un bello ejemplo, en el cual Shakespeare hace cometer a una de sus figuras femeninas, a Porcia, una equivocación oral, por medio de la cual quedan revelados sus secretos pensamientos. Por mi parte quiero también señalar un ejemplo análogo existente en *El egoísta,* la obra maestra del gran novelista inglés George Meredith. El argumento de esta novela es el siguiente: un aristócrata, muy admirado en su círculo mundano, sir Willaughby Patterne, se desposa con una tal miss Constancia Durham, la cual, habiendo descubierto en su prometido un desenfrenado egoísmo, que él oculta con habilidad a los ojos de la gente, se escapa, para huir de un matrimonio que le repugna, con un capitán, Oxford. Años después, Patterne y otra mujer, miss Clara Middleton, se dan mutua palabra de casamiento. La mayor parte del libro está destinado a describir minuciosamente el conflicto que surge en el alma de Clara Middleton al descubrir, como antes lo descubrió Constancia Durham, el egoísmo de su prometido. Determinadas circunstancias externas y su propia concepción del honor continúan manteniendo a Clara ligada a su promesa de matrimonio, mientras que cada vez va sintiendo mayor desprecio hacia sir Willaughby. Estos sentimientos los confía en parte al secretario y primo de aquél, Vernon Whitford, con el cual se casa al final de la novela. Pero éste, por su lealtad hacia Patterne y varios motivos, guarda en un principio una actitud de reserva.

»En un monólogo en el que Clara da rienda suelta a su dolor dice lo que sigue: "¡Si un hombre noble viera la situación en que me hallo y no desdeñara prestarme su ayuda! ¡Oh, ser libertada de esta prisión donde gimo entre espinas! Por mí sola no puedo abrirme camino. Soy demasiado cobarde. Sólo una señal que con un dedo se me hiciera creo que me transformaría. Desgarrada y sangrante podría huir entre el desprecio y el griterío de la gente a refugiarme en los brazos de un camarada... Constancia halló un soldado. Quizá rezó y fue escuchada su plegaria. Hizo mal. ¡Pero cómo la amo por haber osado! El nombre de él era Harry Oxford... Ella no dudó, rompió sus cadenas y marchó franca y decididamente. Osada muchacha, ¿qué pensarás de mí? Pero yo no tengo ningún Harry *Whitford;* yo estoy sola...".

»La rápida percepción de que había sustituido por otro el nombre de Oxford la anonadó como un mazazo, haciendo cubrirse su rostro de llameante púrpura.»

El hecho de que los nombres de los dos sujetos terminasen en «ford» facilita la confusión de la protagonista, y para muchos constituiría una justificación suficiente del error, pero el novelista indica claramente la verdadera causa profunda.

En otra parte del libro aparece de nuevo la misma equivocación, seguida de aquella vacilación y aquel repentino cambio de tema con los que nos familiarizan el psicoanálisis y la obra de Jung sobre las asociaciones, y que no aparecen más que cuando ha sido herido un complejo semiconsciente, Patterne dice en tono de superioridad, refiriéndose a Whitford: «¡Falsa alarma! El bueno de Vernon es incapaz de hacer nada extraordinario.» Clara responde: «Pero si, míster *Oxford...*, digo míster *Whitford...* Mirad vuestros cisnes cómo acuden atravesando el lago. ¡Qué bellos están cuando se hallan irritados!». Pero vamos a lo que iba a preguntaros: «Aquellos hombres que son testigos de una visible admiración que a otros se profesa, ¿no se desanimarán ante ello?». Sir Willaughby se irguió rígidamente. Una repentina luz había iluminado su pensamiento.

Todavía en otro lugar revela Clara con un nuevo lapsus su interior deseo de una íntima unión con Vernon Whitford. Dando un recado a un muchacho le dice: «Di esta noche a míster Vernon..., a míster Whitford...»[8].

La concepción de las equivocaciones orales que se sostiene en este libro ha sido verificada y comprobada hasta en sus más pequeños detalles. Repetidas veces he conseguido demostrar que los más insignificantes y naturales casos de errores verbales tienen su sentido y pueden ser interpretados de igual modo que los casos más extraordinarios. Una paciente que contra toda mi voluntad, pero con firme decisión, emprendía una corta excursión a Budapest justificaba ante mí su desobediencia alegando que no pasaría en dicha ciudad nada más que tres *días,* pero se equivocó y, en vez de tres *días,* dijo tres *semanas.* Con esto reveló que por su gusto, y a pesar mío, pasaría mejor tres semanas que tres días con aquellas personas de Budapest cuya sociedad juzgaba yo perjudicial para ella.

Una noche, queriendo excusarme de no haber ido a buscar a mi mujer a la salida de un teatro, dije: «He estado en el teatro a las diez y diez minutos.» «¿Querrás decir a las diez *menos* diez?», me repusieron, rectificándome. Naturalmente, era esto lo que había querido decir, pues lo que había realmente dicho no constituía excusa ninguna. Había quedado con mi mujer en irla a buscar a la salida del teatro, y en el programa se decía que la función acabaría antes de las diez. Cuando llegué, el vestíbulo estaba ya a oscuras y el teatro vacío. Indudablemente, la representación había terminado antes de mi llegada, y mi mujer no me había esperado. Saqué el reloj y vi que eran las diez menos cinco minutos, pero me propuse presentar la cuestión en mi casa aún más favorablemente para mí diciendo que eran las diez menos diez. Por desgracia, mi equivocación echó a perder mi propósito y reveló mi insinceridad haciéndome, además, confesar un retraso más grave del verdadero.

Partiendo de este punto llegamos a aquellas perturbaciones del discurso que no pueden considerarse ya como equivocaciones orales, porque no afectan sólo a una palabra aislada, sino al ritmo y a la total exteriorización de la oración, como, por ejemplo, las repeticiones y el tartamudeo causados por la confusión o el embarazo. Pero tanto en unos casos como en otros, lo que en las perturbaciones del discurso se revela es el conflicto interior. No creo, en verdad, que haya nadie que se equivoque durante una audiencia con el rey, en una seria y sincera declaración de amor o en una defensa del propio honor ante los jurados; esto es, en aquellos casos en que, según nuestra justa expresión corriente, *pone uno toda su alma*. Hasta al criticar el estilo de un escritor acostumbramos seguir aquel principio explicativo del que no podemos prescindir en la investigación de las equivocaciones aisladas.

Un estilo límpido e inequívoco nos demuestra que el autor está de acuerdo consigo mismo, y en cambio, una forma de expresión forzada o retorcida nos indica la existencia de una idea no desarrollada totalmente y nos hace percibir la ahogada voz de la autocrítica del autor[9].

Desde la aparición de la primera edición de este libro han comenzado varios amigos y colegas míos extranjeros a dedicar su atención a las equivocaciones cometidas en la lengua de sus respectivos países. Como era de esperar, han hallado que las leyes de las funciones fallidas, son independientes del material oral y han adoptado igual método interpretativo que el empleado por nosotros en las equivocaciones cometidas en lengua alemana. Siendo incontables los ejemplos, no transcribiré aquí más que uno:

El doctor A. A. Brill (Nueva York) comunica la siguiente observación propia: *A friend described to me a nervous patient and wished to know whether I could benefit him. I remarked I believe that in time I could remove all his symptoms by psycho-analysis because it is* a durable *case, wishing to say* curable («A contribution to The Psychopathology of Everyday Life», en *Psychotherapy,* III, I, 1909)[10].

Quiero, por último, añadir aquí, para aquellos lectores que no se asustan ante un esfuerzo de atención y para aquellos otros familiarizados ya con el psicoanálisis, un ejemplo que demuestra a qué profundidades psíquicas puede llegarse en la persecución de los motivos de una equivocación oral.

L. Jekels (*Internationale Zeitschrift für Psychoanalyse*, I, 1913):

El día 11 de diciembre, hablando con una dama polaca, me dirigió ésta en su idioma y con cierto tonillo de desafío la pregunta siguiente: *¿Por qué he dicho yo hoy que tenía doce dedos?*

A mi ruego reprodujo la escena en la que surgió su ocurrencia. Aquel día se había propuesto salir a hacer una visita con su hija, la cual padecía de *dementia praecox* en estado de remisión, y la había mandado a cambiarse de blusa a una habitación contigua. Al volver la hija ya vestida, encontró a su madre limpiándose las uñas, y entre ambas se desarrolló el siguiente diálogo:

LA HIJA.–Mira, yo ya estoy arreglada, y tú, no.

LA MADRE.–Es verdad; pero también tú no tenías más que hacer que ponerte *una* blusa, y yo, en cambio, tengo que arreglarme *doce* uñas.

LA HIJA.–¿Cómo?

LA MADRE.–(*Impaciente.*) Naturalmente. *¿No ves que tengo doce dedos?*

Preguntada por un colega mío que asistía a su relato sobre lo que se le ocurría fijando su atención en el número doce, respondió pronta y resueltamente: *Doce no es para mí ninguna fecha (de importancia).*

Pasando a la palabra *dedos,* nos comunicó después de una ligera vacilación la asociación siguiente: «En la familia de mi marido tenían todos seis dedos en cada pie. Cuando nacieron mis hijos, lo primero que hicimos fue ver si también tenían seis dedos.»

Por causas exteriores al análisis no pudo éste ser continuado aquella noche; pero a la mañana siguiente, día 12 de diciembre, recibí la visita de la señora, que me dijo visiblemente excitada: «Mire usted lo que me ha sucedido. Desde hace veinte años no he dejado nunca de felicitar a un anciano tío de mi marido en el día de su cumpleaños, que es hoy precisamente. Siempre acostumbro escribirle una carta el día anterior, pero esta vez se me ha olvidado y he tenido que ponerle un telegrama.»

Al oír esto recordé e hice recordar a la señora la seguridad con que la noche anterior había contestado a la pregunta de mi colega sobre el número doce, pregunta muy apropiada para haberle recordado el cumpleaños de su tío, y a la que ella había respondido que el día 12 no significaba para ella ninguna fecha importante.

Entonces declaró la señora que el tío de su marido era hombre de fortuna, y que ella había contado siempre con que le heredaría; pero que ahora pensaba en ello más que nunca, pues su situación económica era un tanto apurada.

Así, pues, cuando una conocida suya la había profetizado días antes, echándole las cartas, que iba a recibir mucho dinero, había pensado en el acto en el tío; es decir, en su fallecimiento. Le había pasado inmediatamente por el cerebro la idea de que dicho pariente era el único de quien podía ella, heredándole sus hijos, recibir dinero. También recordó de repente en aquella ocasión que ya la mujer del tío había prometido legar algo en su testamento a sus hijos, pero que luego había muerto sin testar, y quizá hubiese dejado encargo a su marido de hacerlo a su muerte.

Se ve claramente que el deseo de la muerte del tío debía de surgir en ella con gran intensidad, pues la señora que le echaba las cartas le dijo después: «Es usted capaz de incitar a la gente al asesinato.»

En los cuatro o cinco días que transcurrieron entre la profecía y el cumpleaños del tío, la señora buscó de continuo en los periódicos de la localidad en que éste vivía su papeleta de defunción.

No es, por tanto, ninguna maravilla que con tan intenso deseo de su muerte quedasen el hecho y la fecha del próximo cumpleaños tan vigorosamente reprimidos que llegara no sólo a poderse producir el olvido de una intención cumplida sin falta tantos años seguidos, sino que tampoco fuese ésta recordada por la pregunta de mi colega.

En el lapsus «doce dedos», se abrió camino el reprimido «doce», contribuyendo también al fallo de la función.

Digo *contribuyendo* porque la asociación que surgió en el análisis ante la palabra «dedos» nos hace sospechar la existencia de otras motivaciones, explicándonos al mismo tiempo por qué razón el «doce» llegó a falsear la inocente frase de los diez dedos.

La asociación era: «En la familia de mi marido tenían todos seis dedos en cada pie.»

Seis dedos en cada pie constituyen una anormalidad.

Seis dedos significan *un* niño anormal, y doce dedos, *dos* niños anormales.

Efectivamente, ésta era la realidad, pues tal señora se había casado muy joven con un hombre reconocidamente excéntrico y anormal, que al poco tiempo acabó por suicidarse, dejándole como única herencia dos hijas, declaradas anormales por varios médicos, que habían señalado en ellas graves taras hereditarias.

La mayor de las hijas había vuelto a su casa hacía poco tiempo, después de un grave ataque, y la menor, que se hallaba en la pubertad, enfermó también meses después de una grave neurosis.

El hecho de que la anormalidad de las hijas se agregue aquí al deseo de la muerte del tío y se condense con este elemento, reprimido con fuerza distinta y de mayor valencia psíquica, nos obliga a aceptar, como segunda determinación de la equivocación, el *deseo de la muerte de las dos hijas anormales*.

La significación prevaleciente del doce como deseo de muerte se aclara por el hecho de hallarse muy íntimamente asociada al concepto de muerte en la representación del sujeto, pues el marido se había suicidado en un día 13 de diciembre; esto es, un día, después del cumpleaños del tío, cuya mujer dijo en esta ocasión a la joven viuda: «Ayer nos felicitó aún tan cariñosa y amablemente..., ¡y hoy!».

Quiero añadir además que la señora tenía, en realidad, razones más que suficientes para desear la muerte de sus hijas, las cuales no le proporcionaban ninguna alegría, sino sólo preocupaciones, imponiéndole penosas limitaciones a su propia vida, y habiéndole obligado a renunciar, por cariño a ellas, a toda posible felicidad sentimental y amorosa.

También aquel día se había esforzado en evitar toda ocasión de irritar a la hija con la que iba a la visita, y es fácil hacerse una idea del gasto de paciencia y abnegación que esto supone tratándose de una enferma de *dementia praecox,* y cuántos sentimientos e impulsos de cólera es necesario dominar.

Conforme a todo lo anterior, el sentido de la equivocación sería el siguiente:

El tío debe morir; estas hijas anormales deben morir (en general, toda esta familia anormal), y yo debo heredar su dinero.

La equivocación posee, a mi juicio, varios signos de una estructura inhabitual, que son:

1.º La existencia de dos determinantes condensadas en un elemento.

2.º La existencia de las dos determinantes se refleja en la duplicación de la equivocación (doce uñas, doce dedos).

3.º Es singular el que una de las significaciones del «doce», los doce dedos representativos de la anormalidad de las hijas, constituya una representación indirecta. La anormalidad psíquica está aquí representada por la física; la superior, por la inferior.

6. Equivocaciones en la lectura y en la escritura

El hecho de que a las equivocaciones en la lectura y en la escritura puedan aplicarse las mismas consideraciones y observaciones que a los lapsus orales no resulta nada sorprendente, conociendo el íntimo parentesco que existe entre todas estas funciones. Así, pues, me limitaré a exponer algunos ejemplos cuidadosamente analizados, sin intentar incluir aquí la totalidad de los fenómenos.

A. Equivocaciones en la lectura

a) Hojeando en el café un ejemplar del *Leipziger Illustrierten,* que mantenía un tanto oblicuamente ante mis ojos, leí al pie de una ilustración que ocupaba toda una página las siguientes palabras: «Una boda *en la Odisea.*» Asombrado por aquel extraño título, rectifiqué la posición del periódico, y leí de nuevo, corrigiéndome: «Una boda *en el Ostsee (mar Báltico).*» ¿Cómo había podido cometer tan absurdo error? Mis pensamientos se dirigieron en seguida hacia un libro de Ruth, titulado *Investigaciones experimentales sobre las imágenes musicales,* etc., que recientemente había leído con gran detenimiento, por tratar de cuestiones muy cercanas a los problemas psicológicos objeto de mi actividad. El autor anunciaba en este libro la próxima publicación de otro, que habría de titularse *Análisis y leyes fundamentales de los fenómenos oníricos,* y habiendo yo publicado poco tiempo antes una *Interpretación de los sueños,* no es extraño que esperara con gran interés la aparición de tal obra. En el libro de Ruth sobre las imágenes musicales hallé, al recorrer el índice, el anuncio de una detallada demostración inductiva de que los antiguos mitos y tradiciones helénicos poseen sus principales raíces en las imágenes musicales, en los fenómenos oníricos y en los delirios. Al ver esto abrí inmediatamente el libro por la página correspondiente, para ver si el autor conocía la hipótesis que interpreta la escena de la *aparición de Ulises ante Nausicaa,* basándola en el vulgar sueño de desnudez. Uno de mis amigos me había llamado la atención sobre el bello pasaje de la obra de G. Keller *Enrique el Verde,* en el que este episodio de la *Odisea* se interpreta como una objetivación de los sueños del navegante, al que los elementos hacen vagar por mares lejanos a su patria. A esta interpretación había añadido yo la referencia al sueño exhibicionista de la propia desnudez. Nada de esto descubrí en el libro de Ruth. Resulta, pues, que lo que en este caso me preocupaba era un pensamiento de prioridad.

b) Veamos cómo pude cometer un día el error de leer en un periódico: «*En tonel (Im Fass),* por Europa», en vez de «*A pie (Zu Fuss),* por Europa.» La solución de este error me llevó mucho tiempo y estuvo llena de dificultades. Las primeras asociaciones que se presentaron fueron que *En to-*

nel... tenía que referirse al tonel de Diógenes, y luego, que en una *Historia del Arte* había leído hacía poco tiempo algo sobre el arte en la época de Alejandro. De aquí no había más que un paso hasta el recuerdo de la conocida frase de este rey: «Si no fuera Alejandro, quisiera ser Diógenes.» Recordé, asimismo, muy vagamente, algo relativo a cierto *Hermann Zeitung,* que había hecho un viaje encerrado en un cajón. Aquí cesaron de presentarse nuevas asociaciones, y no fue tampoco posible hallar la página de la *Historia del Arte* en la que había leído la observación a que antes me he referido. Meses después, me volví a ocupar de este problema de interpretación que había abandonado antes de llegar a resolverlo, y esta vez se presentó acompañado ya de su solución. Recordé haber leído en un periódico *(Zeitung)* un artículo sobre los múltiples y a veces extravagantes medios de *transporte (Beförderung)*[1] utilizados en aquellos días por las gentes para trasladarse a París, donde se celebraba la Exposición Universal, artículo en el que, según creo, se comentaba humorísticamente el propósito de cierto individuo de hacer el camino hasta París metido dentro de un tonel que otro sujeto haría rodar. Como es natural, estos excéntricos no se proponían con estas locuras más que llamar la atención sobre sus personas. *Hermann Zeitung* era, en realidad, el nombre del individuo que había dado el primer ejemplo de tales desacostumbrados medios *de transporte (Beförderung)*. Después recordé que en una ocasión había asistido a un paciente cuyo morboso miedo a los periódicos reveló ser una reacción contra la *ambición* patológica de ver su nombre impreso en ellos como el de un personaje de renombre. Alejandro Magno fue seguramente uno de los hombres más ambiciosos que han existido. Se lamentaba de que no le fuera dado encontrar un Homero que cantase sus hazañas. Mas ¿cómo no se me había ocurrido antes *pensar* en otro *Alejandro* muy próximo a mí, en mi propio hermano menor, así llamado? Al llegar a este punto hallé, en el acto, tanto el pensamiento que refiriéndose a este Alejandro había sufrido una represión por su naturaleza desagradable como las circunstancias que ahora le habían permitido acudir a mi memoria. Mi hermano estaba muy versado en las cuestiones de tarifas y *transportes,* y en una determinada época estuvo a punto de obtener el título de profesor de una Escuela Superior de Comercio. También yo estaba propuesto desde hacía varios años para una *promoción (Beförderung)* al título de profesor de la Universidad. Nuestra madre manifestó por entonces su extrañeza de que su hijo menor alcanzara antes que el mayor el título por ambos deseado. Ésta era la situación en la época en la que me fue imposible hallar la solución de mi error en la lectura. Después tropezó también mi hermano con graves inconvenientes. Sus probabilidades de alcanzar el título de profesor quedaron por debajo de las mías, y entonces, como si esta disminución de las probabilidades de mi hermano de obtener el deseado título hubiera apartado un obstáculo, fue cuando de repente se me apareció con toda claridad el sentido de mi equivocación en la lectura. Lo sucedido era que me había conducido como si leyera en el periódico el nombramiento de mi hermano y me dije a mí mismo: «Es curioso que por tales tonterías (las ocupaciones profesionales de mi hermano) pueda salirse en un periódico (esto es, pueda uno ser nombrado profesor).» En el acto, me fue posible hallar sin dificultad ninguna, en la *Historia del Arte,* el párrafo sobre el arte helénico en tiempo de Alejandro, viendo con asombro que en mis pasadas investigaciones había leído varias veces la página de referencia y en todas ellas había saltado, como poseído por una alucinación negativa, la tan buscada frase. Por otra parte, ésta no contenía nada que hubiese podido iluminarme ni tampoco nada que por desagradable hubiera tenido que ser olvidado. A mi juicio, el síntoma de no encontrar en el libro la frase buscada no apareció más que para inducirme a error, haciéndome buscar la continuación de la asociación de ideas precisamente allí donde se hallaba colocado un obstáculo en el camino de mi investigación; esto es, en cualquier idea sobre Alejandro Magno, con lo cual había de quedar desviado mi pensamiento de mi hermano del mismo nombre. Esto se produjo, en efecto, pues yo dirigí toda mi actividad a encontrar en la *Historia del Arte* la perdida página.

El doble sentido de la palabra *Beförderung* (transporte-promoción) constituye en este caso el puente asociativo entre los dos complejos: uno, de escasa importancia, excitado por la noticia leída en el periódico, y otro, más interesante, pero desagradable, que se manifestó como perturbación, de lo que se trataba de leer. Este ejemplo nos muestra que no son siempre fáciles de esclarecer fenómenos de la especie de esta equivocación. En ocasiones, llega a ser preciso aplazar para una época más favorable la solución del problema. Pero cuanto más difícil se presenta la labor de interpretación, con más seguridad se puede esperar que la idea perturbadora, una vez descubierta, sea juzgada por nuestro pensamiento consciente como extraña y contradictoria.

c) Un día recibí una carta en la que se me comunicaba una mala noticia. Inmediatamente llamé a mi mujer para transmitírsela, informándola de que la pobre señora de Guillermo M. había sido desahuciada por los médicos. En las palabras con que expresé mi sentimiento debió de haber, sin embargo, algo que, sonando a falso, hizo concebir a mi mujer alguna sospecha, pues me pidió la carta para verla, haciéndome observar que estaba segura de que en ella no constaba la noticia en la misma forma en que yo se la había comunicado, porque, en primer lugar, nadie acostumbra aquí designar a la mujer sólo por el apellido del marido y, además, la persona que nos escribía conocía perfectamente el nombre de pila de la citada señora. Yo defendí tenazmente mi afirmación, alegando como argumento la redacción usual de las tarjetas de visita, en las cuales la mujer suele designarse a sí misma por el apellido del marido. Por último, tuve que mostrar la carta y, efectivamente, leímos en ella, no sólo «*el* pobre G. M.», sino «*el pobre doctor* G. M.», cosa que se me había escapado antes por completo. Mi equivocación en la lectura había significado un esfuerzo espasmódico, por decirlo así, encaminado a transportar del marido a la mujer la triste noticia. El título incluido entre el adjetivo y el apellido no se adaptaba a mi pretensión de que la noticia se refiriese a la mujer y, por tanto, fue omitido en la lectura. El motivo de esta falsificación no fue, sin embargo, el de que la mujer me fuese menos simpática que el marido, sino la preocupación que la desgracia de éste despertó en mí con respecto a una persona allegada que padecía igual enfermedad.

d) Más irritante y ridícula es otra equivocación en la lectura, a la que sucumbo con gran frecuencia cuando, en épocas de vacaciones, me hallo en alguna ciudad extranjera y paseo por sus calles. En estas ocasiones leo la palabra «Antigüedades» en todas las muestras de las tiendas en las que consta algún término parecido, equivocación en la que surge al exterior el deseo de hallazgos interesantes que siempre abriga el coleccionista.

e) Bleuler relata en su importante obra titulada *Afectividad, sugestibilidad, paranoia* (1906, pág. 121) el siguiente caso: «Estando leyendo, tuve una vez la sensación intelectual de ver escrito mi nombre dos líneas más abajo. Para mi sorpresa no hallé, al buscarlo, más que la palabra *corpúsculos de la sangre (Blutkörperchen)*. De los muchos millares de casos analizados por mí de equivocaciones en la lectura, surgidas en palabras situadas tanto en el campo visual periférico como en el central, era éste el más interesante. Siempre que antes había imaginado ver mi nombre, la palabra que motivaba la equivocación había sido mucho más semejante a él y, en la mayoría de los casos, tenían que existir en los lugares inmediatos todas las letras que lo componen para que yo llegara a cometer el error. Sin embargo, en este caso, no fue difícil hallar los fundamentos de la ilusión sufrida, pues lo que estaba leyendo era precisamente el final de una crítica en la que se calificaban de equivocados determinados trabajos científicos, entre los cuales sospechaba yo pudieran incluirse los míos.»

f) El doctor Marcell Eibenschuetz comunica el siguiente caso de equivocación en la lectura, cometida en una investigación filológica *(Zentralblatt für Psychoanalyse,* I, 5-6):

«Trabajo actualmente en la traducción del *Libro de los mártires,* conjunto de leyendas escritas en alemán arcaico. Mi traducción está destinada a aparecer en la serie de "Textos alemanes de la Edad Media" que publica la Academia de Ciencias prusiana. Las referencias sobre este ciclo de leyendas, inédito aún, son muy escasas; el único escrito conocido sobre él es un estudio de J. Haupt titulado *Sobre el "Libro de los mártires", obra de la Edad Media alemana.* Haupt no utilizó para su trabajo un manuscrito antiguo, sino una copia moderna (del siglo XIX) del códice principal C (Klosterneuburg), copia que se conserva en la Biblioteca Real. Al final de esta copia existe la siguiente inscripción:

ANNO DOMINI *MDCCCL* IN VIGILIA EXALTATIONIS SANCTE CRUCIS CEPTUS EST ISTE LIBER ET IN VIGILIA PASCE ANNI SUBSEQUENTIS FINITUS CUM ADIUTORIO OMNIPOTENTIS PER ME HARTMANUM DE KRASNA TUNC TEMPORIS ECCLESIE NIWERNBURGENSIS CUSTODEM.

»Haupt incluye en su estudio esta inscripción, creyéndola de mano del mismo autor del manuscrito C, y, sin embargo, no modifica su afirmación de que éste fue escrito en el año 1350, lo cual supone haber leído equivocadamente la fecha de 1850 que consta con toda claridad en números romanos, e incurre en este error, a pesar de haber tenido que copiar la inscripción entera, en la cual aparece la citada fecha de *MDCCCL*.

»El trabajo de Haupt ha constituido para mí un manantial de confusiones. Al principio, hallándome por completo como novicio en la ciencia filológica, bajo la influencia de la autoridad de Haupt, cometí durante mucho tiempo igual error que él y leí en la citada inscripción 1350 en vez de 1850, mas luego vi que en el manuscrito principal C, por mí utilizado, no existía la menor huella de tal inscripción, y descubrí, además, que en todo el siglo XIV no había habido en Klosterneuburg ningún monje llamado Hartmann. Cuando por fin cayó el velo que oscurecía mi vista, adiviné todo lo sucedido, y subsiguientes investigaciones confirmaron mi hipótesis en todos sus puntos. La tan repetida inscripción no existe más que en la copia utilizada por Haupt y proviene de mano del copista, el padre Hartmann Zeibig, natural de Krasna (Moravia), fraile agustino y canónigo de

Klosterneuburg, el cual copió en 1850, siendo tesorero de la Orden, el manuscrito principal C y se citó a sí mismo, según costumbre antigua, al final de la copia. El estilo medieval y la arcaica ortografía de la inscripción, unidos *al deseo de Haupt* de dar el mayor número posible de datos sobre la obra objeto de su estudio, y, por tanto, *de precisar la fecha del manuscrito C,* contribuyeron a hacerle leer siempre 1350 en vez de 1850. (Motivo del acto fallido)».

g) Entre las *Ocurrencias chistosas y satíricas,* de Lichtenberg, se encuentra una que seguramente ha sido tomada de la realidad y encierra en sí casi toda la teoría de las equivocaciones en la lectura. Es la que sigue: «Había leído tanto a Homero, que siempre que aparecía ante su vista la palabra *angenommen* (admitido) leía *Agamemnon* (Agamenón).»

En una numerosísima cantidad de ejemplos es la predisposición del lector la que transforma el texto a sus ojos, haciéndole leer algo relativo a los pensamientos que en aquel momento le ocupan. El texto mismo no necesita coadyuvar a la equivocación más que presentando alguna semejanza en la imagen de las palabras, semejanza que pueda servir de base al lector para verificar la transformación que su tendencia momentánea le sugiere. El que la lectura sea rápida y, sobre todo, el que el sujeto padezca algún defecto, no corregido, de la visión, son factores que coadyuvan a la aparición de tales ilusiones, pero que no constituyen en ningún modo condiciones necesarias.

h) La pasada época de guerra, haciendo surgir en toda persona intensas y duraderas preocupaciones, favoreció la comisión de equivocaciones en la lectura más que la de ningún otro rendimiento fallido. Durante dichos años pude hacer una gran cantidad de observaciones, de las que, por desgracia, sólo he anotado algunas. Un día cogí un periódico y hallé en él impresa en grandes letras la frase siguiente: «La paz de Goerg» *(Der Friede von Goerz)*. Mas en seguida vi que me había equivocado y que lo que realmente constaba allí era «El enemigo ante Goerz» *(Die Feinde vor Goerz)*. No es extraño que quien tenía dos hijos combatiendo en dicho punto cometiese tal error. Otra persona halló en un determinado contexto una referencia a «antiguos bonos de pan» *(alte Brotkarte),* bonos que, al fijar su atención en la lectura, tuvo que cambiar por «brocados antiguos» *(alte Brocate)*. Vale la pena de hacer constar que el individuo que sufrió este error era frecuentemente invitado a comer por una familia amiga y solía corresponder a tal amabilidad y hacerse grato a la señora de la casa cediéndole los bonos de pan que podía procurarse. Un ingeniero, preocupado porque su equipo de faena no había podido nunca resistir sin destrozarse en poco tiempo la humedad que reinaba en el túnel en cuya construcción trabajaba, leyó un día, quedándose asombrado, un anuncio de «objetos de piel malísima» *(Schundleder* –textualmente: piel indecente–*)*. Pero los comerciantes rara vez son tan sinceros. Lo que el anuncio recomendaba eran objetos de «piel de foca» *(Seehundleder)*.

i) La profesión o situación actual del lector determinan también el resultado de sus equivocaciones. Un filólogo que, a causa de sus últimos y excelentes trabajos, se hallaba en controversia con sus colegas, leyó en una ocasión «estrategia del idioma» *(Sprachstrategie),* en vez de «estrategia del ajedrez» *(Schachstrategie)*. Un sujeto que paseaba por las calles de una ciudad extranjera, al llegar la hora en que el médico que le curaba de una enfermedad intestinal le había prescrito la diaria y regular realización de un acto necesario, leyó en una gran muestra colocada en el primer piso de un alto almacén la palabra *Closets;* mas a su satisfacción de haber hallado lo que le permitía no infringir su plan curativo, se mezcló cierta extrañeza por la inhabitual instalación de aquellas necesarias habitaciones. Al mirar de nuevo la muestra, desapareció su satisfacción, pues lo que realmente había escrito en ella era *Corsets.*

j) Existe un segundo grupo de casos en el que la participación del texto en el error que se comete en su lectura es más considerable. En tales casos, el contenido del texto es algo que provoca una resistencia en el lector o constituye una exigencia o noticia dolorosa para él, y la equivocación altera dicho texto y lo convierte en algo expresivo de la defensa del sujeto contra lo que le desagrada o en una realización de sus deseos. Hemos de admitir, por tanto, que en esta clase de equivocaciones se percibe y se juzga el texto antes de corregirlo, aunque la conciencia no se percate en absoluto de esta primera lectura.

Un ejemplo de este género es el señalado con la letra *e* en páginas anteriores, y otro el que a continuación transcribimos, observado por el doctor Eitingon durante su permanencia en el hospital de sangre de Ygló (*Internationale Zeitschrift für Psychoanalyse,* II, 1915):

«El teniente X., que se encuentra en nuestro hospital enfermo de una neurosis traumática de guerra, me leía una tarde la estrofa final de una poesía del malogrado Walter Heymann, caído en la lucha. Al llegar a los últimos versos, X., visiblemente emocionado, los leyó en la siguiente forma:

»—Mas ¿dónde está escrito, me pregunto, que sea yo el que entre todos, permanezca en vida y sea otro el que en mi lugar caiga? Todo aquel que de vosotros muere, muere seguramente por mí. ¿Y he de ser yo el que quede con vida? *¿Por qué no?*

147

»Mi extrañeza llamó la atención del lector que, un poco confuso, rectificó:

»—¿Y he de ser yo el que quede con vida? *¿Por qué yo?*».

Este caso me permitió penetrar analíticamente en la naturaleza del material psíquico de las «neurosis traumáticas de guerra» y avanzar en la investigación de sus causas un poco más allá de las explosiones de las granadas, a las que tanta importancia se ha concedido en este punto.

En el caso expuesto se presentaban también a la menor excitación los graves temblores que caracterizan a estas neurosis, así como la angustia y la propensión al llanto, a los ataques de furor, con manifestaciones motoras convulsivas de tipo infantil, y a los vómitos.

El origen psíquico de estos síntomas, sobre todo del último, hubiera debido ser percibido por todo el mundo, pues la aparición del médico mayor que visitaba de cuando en cuando a los convalecientes o la frase de un conocido que al encontrar a uno de ellos en la calle le dijese: «Tiene usted muy buen aspecto. Seguramente está usted ya curado», bastaban para provocar en el acto un vómito.

«Cuando..., volver al frente..., ¿por qué yo?»

k) El doctor Hans Sachs ha reunido y comunicado algunos otros casos de equivocaciones en la lectura motivadas por las circunstancias especiales de la época de guerra (*Internationale Zeitschrift für Psychoanalyse,* IV, 1916-17):

I. «Un conocido mío me había dicho repetidas veces que cuando fuera llamado a incorporarse a filas no haría uso del derecho que su título facultativo le concedía de prestar sus servicios en el interior y, por tanto, iría al frente de batalla. Poco tiempo antes de llegarle su turno me comunicó un día, con seca concisión, que había presentado su título para hacer valer sus derechos, y que, en consecuencia, había sido destinado a una actividad industrial. Al día siguiente nos encontramos en una oficina. Yo me hallaba escribiendo ante un pupitre, y mi amigo se situó detrás de mí y estuvo mirando un momento lo que yo escribía. Luego dijo: "La palabra ésa de ahí arriba es *Druckbogen* (pliego), ¿no? Antes había leído *Drückeberger* (cobarde)".»

II. «Yendo sentado en un tranvía iba pensando en que algunos de mis amigos de juventud que siempre habían sido tenidos por delicados y débiles se hallaban ahora en estado de resistir penosas marchas, a las que yo seguramente sucumbiría. En medio de estos poco agradables pensamientos leí a la ligera y de pasada en la muestra de una tienda las palabras "Constituciones de hierro", escritas en grandes letras negras. Un segundo después caí en que estas palabras no eran apropiadas para constar en el rótulo de ningún comercio, y volviéndome, conseguí echar aún una rápida ojeada sobre el letrero. Lo que realmente se leía en él era: "Construcciones de hierro".»

III. «En los periódicos vi un día un despacho de la agencia Reuter con la noticia, desmentida más tarde, de que Hughes había sido elegido presidente de la República de los Estados Unidos. Al pie de esta noticia venía una corta biografía del supuesto elegido, y en ella leí que Hughes había cursado sus estudios en la Universidad de *Bonn,* extrañando no haber encontrado este dato en ninguno de los artículos periodísticos que, con motivo de la elección presidencial en Norteamérica, venían publicándose hacía ya algunas semanas. Una nueva lectura me demostró que la Universidad citada era la de *Brown.* Este rotundo caso, en el cual hubo de ser necesaria una fuerte violencia para la producción del error, se explica por la ligereza con la que se suelen leer los periódicos; pero, sobre todo, por el hecho de que la simpatía del nuevo presidente hacia las potencias centrales me parecía deseable como fundamento de futuras buenas relaciones y no sólo por motivos políticos, sino también de índole personal.»

B. Equivocaciones en la escritura

a) En una hoja de papel que contenía principalmente notas diarias de interés profesional, encontré con sorpresa la fecha equivocada, «Jueves, 20 octubre», escrita en vez de la verdadera, que correspondía al mismo día del mes de septiembre. No es difícil explicar esta anticipación como expresión de un deseo. En efecto, días antes había regresado con nuevas fuerzas de mi viaje de vacaciones y me sentía dispuesto a reanudar mi actividad médica, pero el número de pacientes era aún pequeño. A mi llegada había hallado una carta, en la que un enfermo anunciaba su visita para el día 20 de octubre. Al escribir la fecha del mismo día del mes de septiembre debí de pensar: «Ya podía estar aquí X. ¡Qué lástima tener que perder un mes entero!», y con esta idea anticipé la fecha. Como el pensamiento perturbador no podía calificarse en este caso de desagradable, hallé sin dificultad la explicación de mi error en cuanto me di cuenta de él. Al otoño siguiente cometí de nuevo un error análogo y similarmente motivado. E. Jones ha estudiado estos casos de equivocación en la escritura de las fechas, hallándolos, en su mayoría, dependientes de un motivo.

b) Habiendo recibido las pruebas de mi contribución a la Memoria anual sobre Neurología y Psiquiatría, me dediqué con especial cuidado a revisar los nombres de los autores extranjeros citados en mi trabajo, nombres que por pertenecer a personas de diversas nacionalidades presentan siempre alguna dificultad para los cajistas. En efecto, hallé varias erratas de esta clase, que tuve que corregir; pero lo curioso fue que el cajista había rectificado, en cambio, en las pruebas un nombre que yo había escrito erróneamente en las cuartillas. En mi artículo alababa yo el trabajo del tocólogo *Burckhardt* sobre la influencia del nacimiento en el origen de la parálisis infantil, y al escribir dicho nombre, me había equivocado y había escrito *Buckrhardt,* error que el cajista corrigió, componiendo el nombre correctamente. Mi equivocación no provenía de que yo abrigase contra el tocólogo una enemistad que me hubiera hecho desfigurar su nombre al escribirlo; pero era el caso que su mismo apellido lo llevaba también un escritor vienés que me había irritado con una crítica poco comprensiva de mi *Interpretación de los sueños,* y de este modo, lo sucedido fue como si al escribir el apellido *Burckhardt,* con el que quería designar al tocólogo, hubiera pensado algo desagradable del otro escritor de igual apellido, cometiendo entonces el error que desfiguró aquél, acto que, como ya indicamos antes, significa desprecio hacia la persona correspondiente[2].

c) Esta afirmación aparece confirmada y fortificada por una autoobservación, en la que A. J. Storfer expone con franqueza digna de encomio los motivos que le hicieron recordar inexactamente primero y escribir luego, desfigurándolo, el nombre de un supuesto émulo científico (*Internationale Zeitschrift für Psychoanalyse,* II, 1914): «Una obstinada desfiguración de un nombre:

»En diciembre de 1910 vi en el escaparate de una librería de Zúrich el entonces reciente libro del doctor Eduard *Hitschmann* sobre la teoría freudiana de las neurosis. Por aquellos días trabajaba yo precisamente en una conferencia, que debía pronunciar en una sociedad científica, sobre la Psicología de Freud. En la ya escrita introducción a mi conferencia hablaba yo del desarrollo histórico de la Psicología freudiana, observando que por tener ésta su punto de partida en investigaciones de carácter práctico se hacía muy difícil exponer en un breve resumen sus líneas fundamentales, no habiendo hasta el momento nadie que hubiese emprendido tal tarea. Al ver aquel libro, de autor hasta entonces desconocido para mí, no pensé al principio comprarlo, y cuando días después decidí lo contrario, el libro no estaba ya en el escaparate. Al dar en la tienda el título de la obra recién publicada, nombré como autor al doctor Eduard *Hartmann*. El librero me corrigió, diciendo: "Querrá usted decir *Hitschmann*", y me trajo el libro deseado.

»El motivo inconsciente del rendimiento fallido era fácil de descubrir. Yo contaba ya, en cierto modo, con hacerme un mérito de haber resumido antes que nadie las líneas fundamentales de la teoría psicoanalítica, y por tanto, había visto con enfado y envidia la aparición del libro de Hitschmann, que disminuía mis merecimientos. La deformación del nombre de su autor constituía, pues, conforme a las teorías sustentadas en la *Psicopatología de la vida cotidiana,* un acto de hostilidad inconsciente. Con esta explicación me di entonces por satisfecho.

»Semanas después anoté por escrito las circunstancias del rendimiento fallido relatado, y al hacerlo se me ocurrió pensar en cuál sería la razón de haber transformado el nombre de Eduard *Hitschmann,* precisamente, en Eduard *Hartmann.* ¿Habría sido tan sólo la semejanza entre ambos nombres la que me había hecho escoger como sustitutivo el del renombrado filósofo? Mi primera asociación fue el recuerdo de que el profesor Hugo Meltzl, apasionado admirador de

Schopenhauer, había dicho un día lo siguiente: "Eduard von Hartmann es Schopenhauer desfigurado, Schopenhauer vuelto hacia la izquierda." Así, pues, la tendencia afectiva que había determinado la imagen sustitutiva del nombre olvidado, era ésta: "El tal Hitschmann y su exposición compendiada de las teorías de Freud no deben de ser nada que valga la pena. Hitschmann debe de ser, con respecto a Freud, lo que Hartmann con respecto a Schopenhauer."

»Al cabo de seis meses cayó ante mi vista la hoja en que había anotado este caso de olvido determinado y acompañado de recuerdo sustitutivo, y al leerla observé que nuevamente había desfigurado en mi relato el nombre de *Hitschmann,* escribiendo *Hintschmann.*»

d) He aquí otro caso de equivocación en la escritura, aparentemente grave, y que pudiera ser también incluido entre los casos de «actos de término erróneo» *(Vergreifen):*

«En una ocasión me proponía sacar de la Caja Postal de Ahorros la cantidad de 300 coronas, que deseaba enviar a un pariente mío, residente fuera de Viena, para hacerle posible emprender una cura de aguas prescrita por su médico. Al ocuparme de este asunto, vi que mi cuenta corriente ascendía a 4.380 coronas, y decidí dejarla reducida a 4.000, cantidad redonda que debía permanecer intacta en calidad de reserva para futuras contingencias. Después de extender el cheque en forma regular y haber cortado en la libreta los cupones correspondientes a la cantidad deseada, me di cuenta de que había solicitado extraer de la Caja de Ahorros, no 380 coronas, como quería, sino exactamente 438, y quedé asustado de la poca seguridad con que ejecutaba mis propios actos. En seguida reconocí lo injustificado de mi miedo, pues mi error no me hubiera hecho más pobre de lo que era antes de él. Pero hube de reflexionar un rato con objeto de descubrir la influencia que había modificado mi primera intención, sin advertir antes de ello a mi conciencia. Al principio me dirigí por caminos equivocados. Sustraje 380 coronas de 438, y me quedé sin saber qué hacer de la diferencia obtenida. Mas al fin caí en la verdadera conexión: ¡438 era el *diez por ciento* de 4.380, total de mi cuenta corriente! ¡Y el *diez por ciento* es el descuento que hacen los *libreros!* Recordé que días antes había buscado en mi biblioteca, y reunido aparte, una cantidad de obras de Medicina que habían perdido ya su interés para mí, con objeto de ofrecérselas al librero, precisamente por 300 coronas. El librero encontró demasiado elevado el precio, y quedó en darme algunos días después su definitiva respuesta. En caso de aceptar el precio pedido, me habría reembolsado la suma que yo tenía que enviar a mi enfermo pariente. No cabía, pues, duda de que en el fondo lamentaba tener que disponer de aquella suma a favor de otro. La emoción que experimenté al darme cuenta de mi error queda mejor explicada ahora, interpretándola como un temor de arruinarme con tales gastos. Pero ambas cosas, el disgusto de tener que enviar la cantidad y el miedo a arruinarme con él ligado, eran completamente extrañas a mi conciencia. No sentí la menor huella de disgusto al prometer enviar dicha suma, y hubiera encontrado risible la motivación del mismo. Nunca me hubiera creído capaz de abrigar tales sentimientos si mi costumbre de someter a los pacientes al análisis psíquico no me hubiera familiarizado hasta cierto punto con los elementos reprimidos de la vida anímica, y si además, no hubiera tenido días antes un sueño que reclamaba igual interpretación»[3].

e) El caso que va a continuación, y cuya autenticidad puedo garantizar, está tomado de una comunicación de W. Stekel:

«En la redacción de un difundido semanario ocurrió recientemente un increíble caso de equivocación en la escritura y en la lectura. La dirección de dicho semanario había sido tachada de "vendida", y se trataba de contestar en un artículo rechazando con indignación el insultante calificativo. Así se hizo, en efecto, y con gran calor y ampuloso apasionamiento. El redactor jefe y el autor del artículo leyeron éste repetidas veces, tanto en las cuartillas como en las pruebas, y ambos quedaron satisfechos. De repente llegó a su presencia el corrector, haciéndoles notar una pequeña errata que se les había escapado a todos. En el artículo se leía con toda claridad lo siguiente: "Nuestros lectores testimoniarán que nosotros hemos defendido siempre *interesadamente* el bien general." Como es lógico, lo que allí se había querido decir era *desinteresadamente.* Pero los verdaderos pensamientos se abrieron camino a través del patético discurso».

f) Una lectora del *Pester Lloyd,* la señora Kata Levy, de Budapest, observó un caso similar de sinceridad involuntaria en una afirmación de un telegrama de Viena publicado por dicho periódico el 11 de octubre de 1918.

Decía así: «A causa de la absoluta confianza que durante toda la guerra ha reinado entre nosotros y nuestros aliados alemanes, debe suponerse como cosa indudable que ambas potencias obrarán conjuntamente en todas las ocasiones y, por tanto, es ocioso añadir que también en esta fase de la guerra laboran de *imperfecto* acuerdo los Cuerpos diplomáticos de ambos países.»

Pocas semanas después se pudo hablar con más libertad de dicha «absoluta confianza», sin tener que recurrir a las equivocaciones en la escritura o en la composición.

g) Un americano que había venido a Europa, dejando en su país a su mujer, después de algunos disgustos conyugales, creyó llegada, en un determinado momento, la ocasión de reconciliarse con ella y la invitó a atravesar el océano y venir a su lado. «Estaría muy bien –le escribió– que pudieras hacer la travesía en el *Mauritania*, como yo la hice.» Al releer la carta, rompió el pliego en que iba la frase anterior y lo escribió de nuevo, no queriendo que su mujer viera la corrección que le había sido necesario efectuar en el nombre del barco: La primera vez había escrito *Lusitania*.

Este *lapsus calami* no necesita explicación y puede interpretarse en el acto. Pero cabe añadir lo siguiente: la mujer del americano había ido a Europa por primera vez a raíz de la muerte de su única hermana, y si no me equivoco, el *Mauritania* es el buque gemelo del *Lusitania*, perdido durante la guerra.

h) Un médico reconoció a un niño y puso una receta en cuya composición entraba *alcohol*. Mientras redactaba su prescripción, la madre del niño hubo de fatigarle con preguntas ociosas. El médico se propuso interiormente no molestarse por tal inoportunidad, consiguiéndolo, en efecto, pero se equivocó al escribir, y puso en lugar de *alcohol, acholl* (aproximadamente, «nada de hiel»).

a.' A causa de la semejanza en el contenido, añadiré aquí un caso observado por E. Jones en su colega A. A. Brill. Este último, que es abstemio, bebió un día un poco de vino, obligado por las obstinadas instancias de un amigo. A la mañana siguiente, un violento dolor de cabeza le dio motivo para lamentar el haber cedido. En aquellos instantes tuvo que escribir el nombre de una paciente llamada *Ethel*, y en lugar de esto escribió *Ethyl* (Etil-alcohol). A ello coadyuvó el hecho de que la aludida paciente acostumbraba beber más de lo que le hubiera convenido.

b.' Un caso repetido de equivocación en la escritura de una receta.

Dado que una equivocación de un médico al escribir una receta posee una importancia que sobrepasa el general valor práctico de los funcionamientos fallidos, transcribiré aquí con todo detalle el único análisis publicado hasta el día de tal error en la escritura (*Internationale Zeitschrift f. Psychoanalyse*, I, 1913):

Doctor Eduard Hitschmann.

Un colega me contó un día que en el transcurso de varios años le había sucedido repetidas veces equivocarse al prescribir un determinado medicamento a pacientes femeninas de edad ya madura. En dos casos recetó una dosis diez veces mayor de la que se proponía, y después, al darse repentina cuenta de su error, tuvo que regresar (lleno de temor de haber perjudicado a las pacientes y de atraer sobre sí mismo graves complicaciones) al lugar donde había dejado las recetas, para pedir que se las devolvieran. Este raro acto sintomático (*Symptomhandlung*), merece ser detenidamente observado, exponiendo por separado y con todo detalle las diversas ocasiones en que se manifestó.

Primer caso. El referido médico recetó a una mujer, situada ya en el umbral de la ancianidad, supositorios de belladona diez veces más fuertes de lo que se proponía. Después abandonó la clínica, y cerca de una hora más tarde, cuando estaba ya en su casa almorzando y leyendo el periódico, se dio de repente cuenta de su error. Sobrecogido, corrió a la clínica para preguntar las señas de la paciente, y luego a casa de ésta, situada en un barrio apartado. Por fin encontró a la mujer, que aún no había hecho uso de la receta, y logró que se la devolviera, regresando a su casa tranquilo y satisfecho. Como disculpa ante sí mismo alegó, no sin razón, que mientras estaba escribiendo la receta, el jefe de la ambulancia, persona muy habladora, estuvo detrás de él mirando lo que escribía, por encima de su hombro, y molestándole.

Segundo caso. El mismo médico tuvo un día que dejar su consulta, arrancándose del lado de una bella y coqueta paciente, para ir a visitar a una solterona vieja, a cuya casa se dirigió en automóvil, pues le urgía terminar pronto su visita para reunirse luego secretamente, a una hora determinada, con una muchacha joven, a la que amaba. También en esta visita a la anciana paciente recetó belladona contra igual padecimiento que el del caso anterior, y también cometió el error de prescribir una composición diez veces más fuerte. La enferma le habló durante la visita de algunas cosas interesantes sin relación con su enfermedad, pero el médico dejó advertir su impaciencia, aunque negándola con corteses palabras, y se retiró con tiempo más que sobrado para acudir a su amorosa cita. Cerca de doce horas después, hacia las siete de la mañana, se dio cuenta, al despertar, del error cometido, y lleno de sobresalto envió un recado a casa de la paciente, con la esperanza de que no hubieran aún enviado la receta al farmacéutico y se la devolvieran para revisarla. En efecto, recibió la receta, pero ésta había sido ya servida. Con cierta resignación estoica y el optimismo que da la experiencia, fue entonces a la farmacia, donde el encargado le tranquilizó, diciendo que, naturalmente (¿quizá también por un descuido?), había aminorado mucho la dosis prescrita en la receta al servir el medicamento.

Tercer caso. El mismo médico quiso recetar a una anciana tía suya, hermana de su madre, una mezcla de *Tinct. belladonnae* y *Tinct. Opii,* en dosis inofensiva. La criada llevó en seguida la receta a la botica. Poco tiempo después recordó el médico que había escrito «extractum» en vez de «tinctura» y a los pocos momentos le telefoneó el farmacéutico interpelándole sobre este error. El médico se disculpó con la mentida excusa de que no había acabado de escribir la receta, y, habiéndola dejado sobre la mesa, la había cogido la criada sin estar terminada.

Las singulares coincidencias que presentan estos tres casos de error en la escritura de una receta consisten en que, hasta hoy, no le ha sucedido esto al referido médico más que con un *único* medicamento, tratándose de pacientes femeninas de edad avanzada y siendo siempre demasiado *fuerte* la dosis prescrita. Un corto análisis reveló que el carácter de las relaciones familiares entre el médico y su madre tenía que ser de una importancia decisiva en este caso. Uno de sus recuerdos durante el análisis fue el de haber prescrito –probablemente *antes* de estos actos sintomáticos– a su también anciana madre la misma receta, y, por cierto, en una dosis de 0,03, a pesar de que la usual de 0,02 era la que él acostumbraba prescribir, pensando con tal aumento curarla más radicalmente. El enérgico medicamento produjo en la enferma, cuyo estado era delicado, una fuerte reacción, acompañada de manifestaciones congestivas y desagradable sequedad de garganta. La enferma se quejó de ello, aludiendo, medio en serio, medio en broma, al peligro de los remedios prescritos por su hijo. Ya en otras ocasiones había rechazado la madre, hija también de un médico, los medicamentos recetados por su hijo, haciendo semihumorísticas observaciones sobre una posibilidad de envenenamiento.

De lo que por el análisis se pudo deducir sobre las relaciones familiares entre el médico y su madre, resulta que el amor filial del primero era puramente instintivo y que la es-

Psicopatología de la vida cotidiana

timación espiritual en que tenía a su madre y su respeto hacia ella no eran ciertamente exagerados. El tener que habitar en la misma casa que su madre y su hermano, un año menor que él, constituía para el médico una coacción de su libertad erótica, y nuestra experiencia psicoanalítica nos ha demostrado la influencia de este sentimiento de coacción en la vida humana del individuo.

El médico aceptó el análisis, regularmente satisfecho de la explicación que daba a sus errores, y añadió sonriendo que la palabra «belladona» (bella mujer) podía tener también un inconsciente significado erótico. También él había usado en alguna ocasión anterior dicho medicamento.

No creo nada aventurado afirmar que tales graves rendimientos fallidos siguen idénticos caminos que los otros, más inofensivos, antes analizados.

i) El siguiente *lapsus calami,* comunicado por S. Ferenczi, puede incluirse entre los más inocentes e interpretarse simplemente como un rendimiento fallido producido por condensación motivada por impaciencia (compárese con la equivocación oral «el man...», cap. 5), mientras un análisis más profundo no demuestre la existencia de un elemento perturbador más vigoroso:

«Queriendo escribir: Aquí viene bien la *anécdota (Anekdote)...,* escribí esta última palabra en la siguiente forma: *Anektode.* En efecto, la anécdota a que yo me refería era la de un gitano *condenado a muerte (zu Tode verurteilt),* que solicitó como última gracia el escoger por sí mismo el árbol del que habían de ahorcarle y, como es natural, no encontró, a pesar de buscarlo con afán, ninguno que le pareciera bien.»

j) Otras veces, contrastando con el inofensivo caso anterior, puede una insignificante errata revelar un peligroso sentido que se quiere mantener secreto. Así, en el siguiente ejemplo, que se nos comunica anónimamente:

«Al final de una carta, escribí las palabras: "Salude usted cordialmente a su esposa y a *su hijo (ihren Sohn)*." En el momento de cerrar el sobre noté haber cometido el error de escribir la palabra "ihren" con minúscula, con lo cual el sentido de la frase era el siguiente: "Salude usted a su esposa y a su *hijo (de ella)*." Claro es que corregí la errata antes de enviar la carta. Al regresar de mi última visita a esta familia, la señora que me acompañaba me hizo notar que el hijo se parecía muchísimo a un íntimo amigo de la casa, el cual debía de ser, sin duda, su verdadero padre.»

k) Una señora escribía a su hermana dándole la enhorabuena por su instalación en una nueva casa más cómoda y espaciosa que la que antes ocupaba. Una amiga que se hallaba presente observó que la señora había puesto a su carta una dirección equivocada, y ni siquiera la de la casa que la hermana acababa de abandonar, sino la otra en la que había vivido a raíz de casarse y había dejado hacía ya mucho tiempo. Advirtió a su amiga el error, y ésta tuvo que confesarlo, diciendo: «Tiene usted razón; pero ¿cómo es posible que me haya equivocado de tal modo? ¿Y por qué?». La amiga opinó: «Seguramente es que le envidia usted la casa cómoda y amplia a que ahora se traslada ella, mientras que usted tiene que seguir viviendo en una menos espaciosa. Ese sentimiento es el que le hace a usted mudar a su hermana a su primera casa, en la que también carecía de comodidades.» «Sí que la envidio», confesó sinceramente la señora, y añadió: «¡Qué fastidio que en estas cosas tenga una siempre tan vulgares sentimientos a pesar de una misma!».

l) E. Jones comunica el siguiente ejemplo de equivocaciones en la escritura observado por A. A. Brill: un paciente dirigió al doctor Brill una carta, en la que se esforzaba en achacar su nerviosidad a los cuidados y a la tensión espiritual que le producía la marcha de sus negocios ante la crisis por la que atravesaba el mercado algodonero. En dicha carta se leía lo siguiente: ... *my trouble is an due to that damned frigid «wave»* (literalmente: «... toda mi perturbación es debida a esta maldita ola frígida.» La expresión «ola frígida» designa la «ola de baja» que había invadido el mercado del algodón). Pero el paciente, al escribir la frase citada, escribió *wife* (mujer) en vez de *wave* (ola). En realidad, abrigaba en su corazón amargos reproches contra su mujer, motivados por su frigidez conyugal y su esterilidad, y no se hallaba muy lejos de reconocer que la privación que este estado de cosas le imponía era culpable en mucha parte de la enfermedad que le aquejaba.

m) El doctor R. Wagner comunica la siguiente autoobservación en la *Zentralblatt für Psychoanalyse,* I, 12:

«Al releer un antiguo cuaderno de apuntes universitarios hallé que la rapidez que es necesario desarrollar para tomar las notas siguiendo la explicación del profesor me había hecho cometer un pequeño lapsus. En vez de *Epithel* (epitelio), había escrito *Edithel,* diminutivo de un nombre femenino. El análisis retrospectivo de este caso es en extremo sencillo. Por la época en que cometí la equivocación, mi amistad con la muchacha que llevaba dicho nombre era muy superficial, y hasta mucho tiempo después no se convirtió en íntima. Mi error constituye, pues, una excelente prueba de la emergencia de una amorosa inclinación inconsciente en una época en la que yo mismo no tenía aún la menor idea de ella. Los sentimientos que acompañaban a mi error se manifiestan en la forma de diminutivo que cogió para exteriorizarse.»

n) La señora del doctor von Hug-Hellmuth relata en su «Contribución al capítulo "Equivocaciones en la escritura y en la lectura"» *(Zentralblatt für Psychoanalyse,* II, 5) el siguiente caso:

Un médico prescribió a una paciente «agua de *levítico*», en vez de «agua de levico». Este error, que dio pie al farmacéutico para hacer algunas observaciones impertinentes, puede ser interpretado más benignamente, investigando sus determinantes inconscientes y no negando a éstos, *a priori,* una cierta verosimilitud, aunque no sean más que hipótesis subjetivas de una persona lejana a dicho médico. Éste poseía una numerosa clientela a pesar de la rudeza con que solía sermonear *(leer los Levitas)* a sus pacientes, reprochándoles su irracional régimen de alimentación, y su casa se llenaba durante las horas de consulta. Esta aglomeración justificaba el deseo de que sus clientes, una vez terminado el reconocimiento, se vistiesen lo más rápidamente posible; *vite, vite* (francés: *de prisa, de prisa).* Si no recuerdo mal, la mujer del médico era de origen francés, circunstancia que justifica mi atrevida hipótesis de que para expresar el deseo antedicho usara aquél palabras pertenecientes a tal idioma. Aparte de esto, es costumbre de muchas personas el usar locuciones extranjeras en algunos casos. Mi padre solía invitarnos a andar de prisa, cuando de niños nos sacaba a paseo, con las frases: *Avanti, gioventù,* o *Marchez au pas,* y un médico, ya entrado en años, que me asistió en una enfermedad de garganta, exclamaba siempre: «Piano, piano», para tratar de refrenar mis rápidos movimientos. Así, pues, me parece muy probable que el médico citado tuviera esta costumbre de decir *vite, vite* para dar prisa a sus clientes, y de este modo se equivocase al poner la receta, escribiendo *levítico* en vez de *levico.*

En este mismo trabajo publica su autora algunas equivocaciones más, cometidas en su juventud (*fracés* por *francés*. Errónea escritura del nombre «Carlos»).

o) A la amable comunicación del señor J. G., de quien ya hemos citado algunos ejemplos por él observados, debo el siguiente relato de un caso que coincide con un conocido chiste, pero en el que hay que rechazar toda intención preconcebida de burla:

Hallándome en un sanatorio, en curación de una enfermedad pulmonar, recibí la sensible noticia de que un próximo pariente mío había contraído el mismo mal de que yo padecía.

En una carta le aconsejé que fuera a consultar con un especialista, un conocido médico, que era el mismo que a mí me asistía y de cuya autoridad científica me hallaba plenamente convencido, teniendo, por otra parte, alguna queja de su escasa amabilidad, pues poco tiempo antes me había negado un certificado que era para mí de la mayor importancia.

En su respuesta me llamó la atención mi pariente sobre una errata contenida en mi carta; errata que, siéndome conocida su causa, me divirtió extraordinariamente.

El párrafo de mi carta era como sigue: «... además, te aconsejo que, sin más tardar, vayas a *insultar* al doctor X.» Como es natural, lo que yo había querido decir era *consultar.*

Es evidente que las omisiones en la escritura deben ser juzgadas de la misma manera que las equivocaciones en la misma. En la *Zentralblatt für Psychoanalyse,* I, 12, comunicó el doctor en Derecho B. Dattner un curioso ejemplo de «error histórico». En uno de los artículos de la ley sobre obligaciones financieras de Austria y Hungría, modificados en 1867, con motivo del acuerdo entre ambos países sobre esta cuestión, fue omitida en la traducción húngara la palabra *efectivo*. Dattner cree verosímil que el deseo de los miembros húngaros que tomaron parte en la redacción de la ley, de conceder a Austria la menor cantidad de ventajas posible, no dejó de influir en la omisión cometida.

Existen también poderosas razones para admitir que las repeticiones de una misma palabra, tan frecuentes al escribir y al copiar –*perseveraciones*–, tienen también su significación. Cuando el que escribe repite una palabra demuestra con ello que le ha sido difícil continuar después de haberla escrito la primera vez, por pensar que en aquel punto hubiera podido agregar cosas que determinadas razones le hacen omitir, o por otra causa análoga. La «perseveración» en la copia parece sustituir a la expresión de un «también yo» del copista. En largos informes de médicos forenses que he tenido que leer he hallado, en determinados párrafos, repetidas «perseveraciones» del copista, susceptibles de interpretarse como un desahogo de éste que, cansado de su papel impersonal, hubiera querido añadir al informe una glosa particular, diciendo: «Exactamente el caso mío» o «Esto es precisamente lo que me sucede».

No existe tampoco inconveniente en considerar las erratas de imprenta como «equivocaciones en la escritura» cometidas por el cajista y aceptar también su dependencia de un motivo. No he intentado nunca hacer una reunión sistemática de tales errores, colección que hubiera sido muy instructiva y divertida. Jones ha dedicado en su ya citada obra un capítulo a estas erratas de imprenta. Las desfiguraciones de los telegramas pueden ser interpretadas asimismo algunas veces como errores en la escritura cometidos por los te-telegrafistas. Durante las vacaciones veraniegas recibí un telegrama de mi casa editorial, cuyo texto me fue al principio ininteligible. Decía así:

«Recibido *provisiones (Vorräte)*, urge *invitación (Einladung)* X.»

La solución de esta adivinanza me fue dada por el nombre X. incluido en ella; X. es el autor de una obra a la que yo debía poner una *introducción (Einleitung)*, la cual se convirtió en *invitación (Einladung)* en el telegrama. Por otra parte, recordé que días antes había enviado a la casa editorial un *prólogo (Vorrede)* para otro libro, *prólogo* que el telegrafista había transformado en *provisiones (Vorräte)*. Así, pues, el texto real del telegrama debía ser el siguiente:

«recibido prólogo, urge introducción X.»

Debemos admitir que la transformación fue causada por el «complejo de hambre» del telegrafista, bajo cuya influencia quedó establecida, además, entre los dos trozos de la frase, una conexión más íntima de lo que el expedidor del telegrama se proponía.

Otros varios autores han señalado erratas de imprenta a las que no se puede negar una tendencia determinada. Así, la comunicada por J. Storfer en la *Zentralblatt für Psychoanalyse* (II, 1914, y III, 1915), y que transcribo a continuación:

«Una errata política

»En el periódico *Maerz* de 25 de abril de este año encontramos una errata de esta clase. En una carta dirigida al periódico desde Argyrokastron se consignan ciertas manifestaciones de Zographos, jefe de los epirotas rebeldes de Albania (o, si se quiere, presidente de la Regencia independiente del Epiro). Entre otras cosas, dice dicha carta:

"Créame usted; un Epiro autónomo sería algo de gran importancia para los intereses del príncipe de Wied. Sobre él podría el príncipe *caerse* (errata: *sich stürzen* = caerse, por *sich stützen* = apoyarse)." Que el aceptar el *apoyo (Stütze)* que los epirotas ofrecen traería consigo su caída *(Sturz),* es cosa que de sobra sabe el príncipe de Albania, sin que se lo indiquen con tan fatales erratas.»

Hace poco leí yo mismo, en uno de nuestros periódicos vieneses, un artículo cuyo título «La Bucovina bajo el dominio *rumano*» era, por lo menos, muy prematuro, pues en aquella fecha aún no habían declarado los rumanos su hostilidad hacia nosotros. El contenido del artículo demostraba, indudablemente, que en el título se había puesto, por equivocación, *rumano* en vez de *ruso,* pero lo anunciado en él no debió de parecer a nadie muy inverosímil, cuando ni en la censura misma fue advertida la errata.

Wundt da una interesante razón para el hecho, fácilmente comprobable, de que nos equivocamos con mucha mayor facilidad al escribir que al hablar (*l. c.,* pág. 374): en el curso de la oración normal la función inhibitoria de la voluntad se halla constantemente ocupada en mantener la armonía entre el curso de las representaciones y los movimientos de articulación. En cambio, cuando, como sucede en la escritura, el movimiento de expresión subsiguiente a las representaciones se retrasa por causas mecánicas, se producen con gran facilidad tales anticipaciones.

La observación de las condiciones que determinan la producción de las equivocaciones en la lectura da lugar a una duda que no quiero dejar de mencionar, pues, a mi juicio, puede constituir el punto de partida de fructuosas investigaciones. Todo el mundo sabe que en la lectura en voz alta la atención del lector queda frecuentemente desviada del texto y orientada hacia cuestiones personales. Consecuencia de esta fuga de la atención es que el lector no sabe dar cuenta de lo que ha leído cuando se le pregunta por ello, interrumpiéndole en la lectura. Ha leído automáticamente, y, sin embargo, ha leído, casi siempre, sin equivocarse. No creo que en estas condiciones se multipliquen los errores de una manera notable. Estamos acostumbrados a admitir el hecho de que toda una serie de funciones se realizan con mayor exactitud cuando las llevamos a cabo automáticamente, esto es, cuando van acompañadas de una atención apenas consciente. De esto parece deducirse que las condiciones de atención en las equivocaciones al hablar, leer y escribir deben determinarse de manera distinta de la de Wundt (ausencia o negligencia de la atención). Los ejemplos que hemos sometido al análisis no nos han dado realmente el derecho de aceptar una disminución cuantitativa de dicha facultad. En ellos encontramos, lo que quizá no es lo mismo, una *perturbación* de la misma, producida por un pensamiento extraño[4].

7. Olvido de impresiones y propósitos

Si alguien mostrase inclinación a valorar exageradamente nuestro conocimiento actual de la vida psíquica, bastaría para obligarle a recobrar la humildad, hacerle fijarse en la función de la memoria. Hasta el día, ninguna teoría psicológica ha logrado explicar conjuntamente los fenómenos fundamentales del olvido y del recuerdo, y ni siquiera se ha llevado a cabo el análisis completo de aquello que nos es dado observar en la realidad más inmediata. El olvido ha llegado a ser hoy, para nosotros, quizá más misterioso que el recuerdo, sobre todo desde que el estudio de los sueños y de los fenómenos patológicos nos ha enseñado que aquello que creíamos haber olvidado por mucho tiempo puede volver de repente a surgir en la conciencia.

Poseemos, sin embargo, algunos datos cuya exactitud esperamos será generalmente reconocida. Aceptamos que el olvido es un proceso espontáneo al que se puede atribuir un determinado curso temporal; hacemos resaltar el hecho de que en el olvido se verifica cierta selección entre las impresiones existentes, así como entre las particularidades de cada impresión o suceso, y conocemos algunas de las condiciones necesarias para la conservación y emergencia en la memoria de aquello que sin su cumplimiento sería olvidado. Pero, no obstante, en innumerables ocasiones de la vida cotidiana podemos observar cuán incompleto y poco satisfactorio es nuestro conocimiento. Escuchando a dos personas cambiar sus recuerdos de impresiones recibidas conjuntamente del exterior, por ejemplo, de las correspondientes a un viaje hecho en compañía, se verá siempre que mucho de aquello que ha permanecido fijo en la memoria de una de ellas ha sido olvidado por la otra, a pesar de no existir razón alguna para afirmar que la impresión haya sido más importante, psíquicamente, para una que para la otra. Es indudable que una gran cantidad de los factores que determinan la selección verificada por la memoria escapa a nuestro conocimiento.

Con el propósito de aportar al conocimiento de las condiciones del olvido una pequeña contribución, acostumbro someter a un análisis psicológico mis propios olvidos. Regularmente no me ocupo más que de un cierto grupo de tales fenómenos, esto es, de aquellos en los cuales el olvido me causa sorpresa, por creer que debía recordar por entero aquello que ha desaparecido de mi memoria. Quiero asimismo hacer constar que, en general, no soy propenso a olvidar (las cosas vividas, no las aprendidas), y que durante un corto período de juventud me fue posible dar algunas poco ordinarias pruebas de memoria. En mis años de colegial no hallaba dificultad alguna en recitar de memoria la página que acababa de leer, y poco antes de ingresar en la Universidad me era dado transcribir casi a la letra inmediatamente después de oírlas conferencias enteras de vulgarización de un asunto científico. En mi tensión de espíritu ante el examen final de la carrera de Medicina debí de hacer aún uso de un resto de esta facultad, pues en algunos temas di a los examinadores respuestas que parecían automáticas y que demostraron coincidir exactamente con las explicaciones del libro de texto, el cual no había sino hojeado a toda prisa.

Desde entonces ha ido disminuyendo cada vez más mi dominio sobre mi memoria, pero en los últimos tiempos me he convencido de que con ayuda de un determinado artificio puedo conseguir recordar más de lo que al principio creo posible. Cuando, por ejemplo, me hace observar en la consulta algún paciente que ya le he visto con anterioridad, y no puedo recordar ni el hecho ni la fecha, me pongo a adivinar; esto es, dejo acudir rápidamente a mi conciencia un número arbitrario de años y lo resto de aquel en que me hallo. En aquellos casos en los que mi adivinación ha podido ser confrontada con indicaciones o seguras afirmaciones de los pacientes, se ha demostrado que en lapsos superiores a diez años no me había equivocado, al adivinar, en más de seis meses[1]. Análogamente procedo cuando me encuentro a algún lejano conocido y quiero preguntarle cortésmente por sus hijos. Si me habla de ellos, refiriéndome sus progresos, trato de adivinar qué edad tendrán en la actualidad y, comparada mi espontánea ocurrencia con los datos que el padre me proporciona en el curso de la conversación, compruebo siempre que, cuando más, me he equivocado en tres meses, a pesar de que no podría decir en qué he apoyado mi afirmación. Por último, he llegado a confiar tanto en mi acierto, que ya exteriorizo siempre osadamente mis hipótesis, sin correr el peligro de equivocarme y herir al padre con mi desconocimiento de lo referente a sus retoños. De este modo, amplío mi memoria consciente invocando la ayuda de mi memoria inconsciente, mucho más rica en contenido.

Relataré aquí varios interesantes casos de olvido, observados en su mayor parte en mí mismo. Distingo entre casos de olvido de impresiones y de sucesos vividos; esto es, de conocimientos y casos de olvido de intenciones y propósitos, o sea omisiones. El resultado uniforme de toda esta serie de observaciones puede formularse como sigue: *en todos los casos queda probado que el olvido está fundado en un motivo de disgusto.*

A. Olvido de impresiones y conocimientos

a) Hallándome veraneando con mi mujer, me causó su conducta, en una determinada ocasión, un violento enfado, aunque el motivo era en sí harto nimio. Estábamos sentados a la mesa redonda de un restaurante, y frente a nosotros se hallaba un caballero de Viena, al que conocía, y tenía también que reconocerme a primera vista, pero con el que no quería trabar conversación, pues tenía mis razones para rehuir su trato. Mi mujer, que no le conocía más que de oídas y sabía que era persona distinguida, demostró con su actitud estar escuchando la conversación que dicho señor mantenía con sus vecinos de mesa, y de cuando en cuando se dirigía a mí con preguntas que recogían el hilo del diálogo que aquéllos mantenían. Esta conducta me impacientó, y acabó por irritarme. Pocas semanas después quise hablar, en casa de un pariente mío, del enfado que me había causado la inoportunidad de mi mujer, y al hacerlo me fue imposible recordar ni una sola palabra de lo que el caballero citado había dicho en la mesa. Como soy más bien rencoroso y de costumbre incapaz de olvidar los menores detalles de un suceso que me haya irritado, mi amnesia tenía en este caso que estar motivada por un sentimiento de respeto hacia mi mujer.

Algo análogo me sucedió de nuevo hace poco tiempo. Hablando con un íntimo amigo, quise divertirme a costa de mi mujer, relatando una cosa que ésta había dicho hacía pocas horas; pero me encontré detenido en mi intención por haber olvidado de lo que se trataba, y tuve que pedir a mi misma mujer que me lo recordase. Es fácil comprender que mi olvido debe ser considerado, en este caso, como análogo a la típica perturbación del juicio a la que sucumbimos cuando se trata de nuestros próximos familiares.

b) En una ocasión me había comprometido, por cortesía, con una señora extranjera, recién llegada a Viena, a proporcionarle una pequeña cajita de hierro, en la que pudiera guardar sus documentos y su dinero. Al ofrecerme a ello, flotaba ante mí, con extraordinaria intensidad visual, la imagen de un escaparate situado en el centro de la ciudad, en el que estaba convencido de haber visto unas cajas del modelo deseado. En cambio, no me era dado recordar el nombre de la calle en que se hallaba la tienda a que el tal escaparate pertenecía pero estaba seguro de encontrarlo dando un paseo por las calles centrales, pues mi memoria me decía que había pasado innumerables veces ante ella. Para desesperación mía, me fue imposible hallar el escaparate en que antes había visto tales cajas, a pesar de haber cruzado el centro en todas direcciones. Entonces pensé que no me quedaba más recurso que consultar en una guía comercial las señas de todos los fabricantes del objeto deseado, y comenzar de nuevo, con estos datos, mis paseos en busca del dichoso escaparate. Afortunadamente, pude ahorrarme este trabajo, pues entre las señas contenidas en la guía había unas que se me revelaron en seguida como las olvidadas. En efecto, había pasado innumerables veces ante la tienda a que correspondían, y precisamente siempre que había ido a visitar a una familia que vivía en la misma casa. Pero más tarde, cuando a mi íntimo trato con dicha familia sucedió un total apartamiento, tomé, sin darme cuenta, la costumbre de evitar el paso por aquellos lugares y ante aquella casa. En mi paseo por la ciudad en busca del escaparate en el que recordaba haber visto las cajas que deseaba había visitado todas las calles de los alrededores, pero no había entrado en aquella otra, como si ello me estuviera prohibido. El motivo de disgusto responsable de mi desorientación aparece aquí con gran claridad. En cambio, el mecanismo del olvido no es tan sencillo como en el ejemplo anterior. Mi aversión no iba dirigida, como es natural, hacia el fabricante de cajas de caudales, sino hacia otra persona, de la que no quería tener noticia alguna, pero se trasladó de ésta al incidente en el cual produjo el olvido. Análogamente, en el caso *Burckhardt* mi rencor contra una persona motivó la comisión de un error al escribir el nombre de otra. Lo que entonces llevó a cabo la semejanza de los nombres, estableciendo una conexión entre dos grupos de ideas esencialmente diferentes, fue ejecutado en el ejemplo presente por la contigüidad en el espacio y la inseparable vecindad. Además, en este último caso existía aún una segunda conexión de los contenidos, pues entre las razones que motivaron mi apartamiento de la familia que vivía en la misma casa en que se hallaba la tienda olvidada había desempeñado el dinero un principal papel.

c) De las oficinas de B. R. y Compañía me avisaron un día para que fuera a prestar asistencia médica a uno de sus empleados. En mi camino hacia la casa donde éste vivía se me ocurrió la idea de que ya había estado repetidas veces en el edificio donde se hallaban instaladas las oficinas de la citada firma. Me parecía haber visto en un piso bajo la muestra con el título de la Compañía, en ocasión de haber ido a hacer una visita profesional en otro más alto de la misma casa. Mas no conseguí recordar la casa de que se trataba, ni a quién había visitado en ella. Aunque toda esta cuestión era indiferente y carecía de importancia, no desprecié seguir ocupándome de ella, y llegué a averiguar, por el usual método indirecto; esto es, reuniendo todas las ideas que en conexión con el asunto se me ocurrían, que en el piso inmediato superior a las oficinas de B. R. y Cía. se hallaba la pensión Fischer, en la que había tenido con frecuencia pacientes que visitar. Al recordar esto, recordé también cuál era la casa donde se hallaban instaladas la pensión y las oficinas. Pero lo que seguía para mí en el misterio era el motivo que había intervenido en el olvido. Ni en la Compañía B. R. ni en la pensión Fischer, o en los pacientes que en ella habían habitado, encontraba nada desagradable para mí que pudiera haber dificultado el recuerdo de la casa y del paciente en ella visitado. De todos modos, supuse que no se podía tratar de nada muy penoso, pues de ser así no me hubiera sido factible apoderarme de nuevo de lo olvidado por un medio indirecto y sin recurrir, como en el ejemplo anterior, a ayudas exteriores. Por último, se me ocurrió que inmediatamente antes, al emprender el camino hacia la casa del enfermo en cuyo auxilio había sido llamado, había encontrado y saludado a un señor al que me costó trabajo reconocer. Se trataba de una persona a la que había visitado meses antes, hallándola en un estado aparentemente grave y diagnosticando su enfermedad de parálisis progresiva. Tiempo después llegó a mí la noticia de su restablecimiento y, por tanto, de mi equivocación en el diagnóstico, a menos que se tratase de una de aquellas remisiones que suelen aparecer en la *dementia paralytica*. De este encuentro emanó la influencia que me hizo olvidar cuál era la vecindad de B. R. y Compañía. Mi interés en hallar lo olvidado se había trasladado a ello desde el discutido diagnóstico. La conexión asociativa entre ambos alejados temas quedó establecida por una semejanza en los nombres de los dos pacientes, y, además, por el hecho de que el individuo restablecido contra mi esperanza era asimismo empleado en unas grandes oficinas, que también acostumbraban hacer que yo visitase a sus empleados enfermos. El doctor que reconoció conmigo al supuesto atacado de parálisis progresiva se llamaba Fischer, igual que la pensión olvidada.

d) Extraviar un objeto no significa en muchas ocasiones más que olvidar dónde se ha colocado. Como la mayoría de las personas que escriben mucho y utilizan gran número de libros, sé orientarme muy bien en mi mesa de trabajo y encontrar en seguida en ella lo que deseo. Lo que a los demás les parece desorden es para mí un orden conocido e histórico. ¿Por qué, pues, extravié hace poco un catálogo de librería, y lo extravié de tal modo que no me ha sido posible hallarlo, a pesar de haber tenido el propósito de encargar un libro en él anunciado? Era tal libro, titulado *Sobre el idioma,* obra de un autor cuyo ingenioso y vivo estilo es muy de mi gusto y cuyas opiniones sobre Psicología e Historia de la Civilización estimo altamente. Tengo la costumbre de prestar a mis amigos obras de este autor, para su provecho intelectual, y en una ocasión me dijo uno de ellos, al devolverme el libro prestado: «El estilo me recuerda mucho el de usted, y también la manera de pensar es la misma en ambos.» El que me dijo esto no sabía la cuerda sensible que hería en mí con su observación. Años antes, siendo aún joven y estando necesitado de apoyo moral, uno de mis colegas, de más edad que yo, me había dicho idénticas palabras al oírme alabar las obras de un conocido escritor sobre cuestiones de Medicina: «Su estilo y su manera de pensar son idénticos a los de usted.» Influido por esta observación, escribí a dicho autor una carta en la que solicitaba entrar en relación más íntima con él, pero una fría contestación me hizo volver a mi puesto. Quizá detrás de esta experiencia se escondiesen otras anteriores, igualmente desalentadoras, pues no he podido llegar a encontrar el catálogo extraviado, y ello me ha hecho no encargar el libro anunciado, a pesar de que con el extravío no ha surgido ningún obstáculo real, dado que he conservado en la memoria el nombre del libro y del autor.

e) Otro caso de extravío que merece nuestro interés por las condiciones en las que se volvió a encontrar lo perdido es el siguiente: Un joven me contaba un día: «Hace varios años tuve algún disgusto con mi mujer, a la que encontraba demasiado indiferente, y aunque reconocía sus otras excelentes cualidades, vivíamos sin recíproca ternura. Un día al volver de paseo, me trajo un libro que había comprado por creer debía interesarme. Le di las gracias por esta muestra de *atención,* prometiendo leerlo, y lo guardé, siéndome después imposible encontrarlo. Así pasaron varios meses, durante los cuales recordé de cuando en cuando el perdido libro y lo busqué inútilmente. Cerca de medio año después enfermó mi madre, a la que yo quería muchísimo y que vivía en una casa aparte de la nuestra. Mi mujer fue a su domicilio a cuidarla. El estado de la enferma se agravó y dio ocasión a que mi mujer demostrase lo mejor de sí misma.

Agradecido y entusiasmado por su conducta, regresé una noche a mi casa, y sin intención determinada, pero con seguridad de sonámbulo, fui a mi mesa de trabajo y abrí uno de sus cajones, encontrando encima de todo lo que contenía el extraviado y tan buscado libro.»

J. Staercke relata (*l. c.*) un caso de extravío que coincide con el anterior en su carácter final; esto es, en la maravillosa seguridad del hallazgo, una vez desaparecido el motivo de la pérdida:

«Una muchachita había echado a perder un trozo de tela al querer cortarlo para hacerse un cuello y tuvo que llamar a una costurera que intentase arreglar el entuerto. Cuando aquélla hubo llegado y quiso la muchacha sacar el estropeado cuello de la cómoda en la que creía haberlo metido, no consiguió encontrarlo. En vano lo revolvió todo de arriba abajo. Al renunciar, encolerizada, a buscarlo por más tiempo, se preguntó a sí misma por qué había desaparecido aquello tan de repente y si sería que en realidad *no quería* ella encontrarlo. Meditando sobre ello, cayó en la cuenta de que lo que le sucedía era que se avergonzaba de que la costurera viera que no había sabido hacer una cosa tan sencilla como cortar un cuello, y en cuanto hubo pensado esto fue derecha a otro armario y al primer intentó sacó el cuello extraviado.»

f) El siguiente ejemplo de extravío corresponde a un tipo que ha llegado a ser familiar a todo psicoanalista. Debo hacer constar que el sujeto que fue víctima de él halló por sí mismo su explicación.

«Un paciente sometido a tratamiento psicoanalítico y que durante la interrupción veraniega de la cura cayó en un período de resistencia y malestar, dejó, o creyó dejar, al desnudarse, sus llaves en el sitio de costumbre. Después recordó que para el día siguiente, último del tratamiento, y en el que antes de partir debía satisfacer los honorarios devengados, tenía que sacar algunas cosas de una mesa de escritorio en la que guardaba también su dinero; mas al ir a efectuarlo halló que las llaves habían desaparecido. Entonces comenzó a registrar sistemáticamente, pero con creciente irritación, su pequeña vivienda. Todo fue inútil. Reconociendo el extravío de las llaves como un *acto sintomático,* esto es, intencionado, despertó a su criado para seguir buscando con la ayuda de una persona *libre de prejuicios.* Al cabo de una hora abandonó la busca, temiendo ya haber perdido las llaves, y al siguiente día encargó unas nuevas que debían serle entregadas a toda prisa. Dos amigos suyos que el día anterior le habían acompañado en coche hasta su casa quisieron recordar haber oído sonar algo contra el suelo cuando bajó del coche, y con todo esto quedó nuestro individuo convencido de que las llaves se le habían caído del bolsillo. Mas por la noche, al llegar a su casa, se las presentó el criado con aire de triunfo. Las había hallado entre un grueso libro y un delgado folleto (un trabajo de uno de mis discípulos) que el paciente había apartado para leerlos durante las vacaciones de verano, y habían sido tan hábilmente disimuladas en aquel lugar que nadie hubiera sospechado estuvieran en él. Después fue imposible volver a colocarlas en el mismo sitio de manera que permanecieran tan invisibles como antes. La inconsciente habilidad con la que se *extravía* un objeto bajo la influencia de motivos secretos, pero vigorosos, recuerda por completo la *seguridad del sonámbulo.* En este caso el motivo era, naturalmente, el disgusto por la interrupción del tratamiento y la secreta cólera por tener que pagar, hallándose aún en mal estado, honorarios considerables.»

179

g) «Un individuo (relata A. A. Brill) fue un día apremiado por su mujer para asistir a una reunión que no le ofrecía ningún atractivo. Por último, se rindió a sus ruegos y comenzó a sacar de un baúl, que no necesitaba llave para quedar cerrado, pero sí para ser abierto, su traje de etiqueta; mas se interrumpió en esta operación, decidiendo afeitarse antes. Cuando hubo terminado de hacerlo, volvió a dirigirse al baúl, encontrándolo cerrado y no logrando hallar la llave. Siendo domingo, y ya de noche, no era posible hacer venir a un cerrajero, y tuvo el matrimonio que renunciar a asistir a la fiesta. A la mañana siguiente, abierto el baúl, se encontró dentro la llave. El marido, distraído, la había arrojado en él, dejando caer después la tapa. Al relatarme el caso me aseguró haberlo hecho sin darse cuenta y sin intención ninguna; pero sabemos que no quería ir a la fiesta y que, por tanto, el extravío de la llave no careció de motivo.»

E. Jones observó que acostumbraba extraviar su pipa siempre que por haber fumado ya mucho sentía algún malestar. En estos casos la pipa se encontraba luego en los sitios más inverosímiles.

h) Dora Müller relata un caso inofensivo con motivos confesados (*Internationale Zeitschrift für Psychoanalyse,* III, 1915):

«La señorita Erna A. me contó dos días antes de Nochebuena lo que sigue:

»"Anoche, al sacar un paquete de galletas para comer unas cuantas, pensé que cuando viniese a darme las buenas noches la señorita S. tendría que ofrecerle algunas, y me propuse no dejar de hacerlo, a pesar de que hubiera preferido guardar las galletas para mí sola. Cuando llegó el momento extendí la mano hacia mi mesita para coger el paquete, que creía haber dejado allí, pero me encontré con que había desaparecido. Me puse a buscarlo y lo hallé dentro de mi armario, donde sin darme cuenta lo había encerrado." No había necesidad de someter este caso al análisis, pues la sujeto se daba perfecta cuenta de su significación. El deseo recién reprimido de conservar las galletas para ella sola se había abierto paso en un acto automático, aunque para frustrarse de nuevo por la acción consciente que vino a continuación.»

i) H. Sachs describe cómo escapó en una ocasión por uno de estos *extravíos* a la obligación de trabajar:

«El domingo pasado, por la tarde, estuve dudando un rato entre ponerme a trabajar o salir de paseo y hacer después algunas visitas, decidiéndome por lo primero después de luchar un poco conmigo mismo. Mas al cabo de una hora observé que se me había acabado el papel. Sabía que en un cajón tenía guardado hacía ya años un fajo de cuartillas, pero fue en vano que lo buscara en mi mesa de trabajo y en otros lugares en los que esperaba hallarlo, tomándome mucho trabajo y revolviendo una gran cantidad de libros, folletos y documentos antiguos. De este modo tuve que abandonar el trabajo y salir a la calle. Cuando a la noche regresé a casa me senté en un sofá, mirando distraídamente la biblioteca que ante mí tenía. Mis ojos se fijaron en uno de sus cajones y recordé que hacía mucho tiempo que no había revisado su contenido. Me levanté y, dirigiéndome a él, lo abrí. Encima de todo había una cartera de cuero y en ella papel blanco intacto. Pero hasta que lo hube sacado de la cartera y estaba a punto de guardarlo en la mesa de trabajo no recordé que aquél era el papel que había buscado inútilmente por la tarde. Debo añadir que, aunque para otras cosas no soy ahorrativo, acostumbro aprovechar el papel lo más que puedo y guardo todo trozo de él que me parezca utilizable. Esta costumbre, alimentada por una inclinación instintiva, es la que, sin duda, me llevó en seguida a la rectificación de mi olvido en cuanto desapareció la actualidad de su motivo.»

Un ligero examen de los casos de extravío nos fuerza a aceptar su general dependencia de una intención inconsciente.

j) En el verano de 1901 dije en una ocasión a un amigo mío, con el que mantenía entonces un activo cambio de ideas sobre cuestiones científicas, las siguientes palabras: «Estos problemas neuróticos no tienen solución posible sino aceptando ante todo y por completo una bisexualidad original en todo individuo.» Mi amigo me respondió: «Eso ya te lo dije yo hace dos años y medio en Br., una noche que paseamos juntos. Entonces no me quisiste hacer el menor caso.» Es muy desagradable verse invitado de esta manera a renunciar a lo que uno se figura una originalidad propia y, por tanto, me fue imposible recordar la conversación que mi amigo me citaba ni lo que en ella afirmaba haber dicho. Uno de nosotros tenía que engañarse, y, según el principio de *Cui prodest?*, debía ser yo el equivocado. En efecto, durante el curso de la semana siguiente recordé toda la cuestión tal y como mi interlocutor había querido despertarla en mi memoria, y hasta la respuesta que di a sus palabras, y que era: «No he llegado a eso aún y no quiero meterme a discutirlo por ahora.» Desde entonces me he hecho algo más tolerante cuando en algún trozo de literatura médica hallo alguna de las pocas ideas a las que puede ir unido mi nombre y veo que éste no ha sido citado al lado de ellas.

Censuras a la propia mujer, amistad que se transforma en todo lo contrario, error en un diagnóstico, repulsas de colegas interesados en iguales cuestiones científicas que uno, apropiación de ideas ajenas; no puede considerarse como meramente accidental el que una serie de casos de olvido, expuestos sin verificar la menor selección, necesiten todos, para ser explicados, su referencia a tales temas, penosos para la víctima del olvido. A mi juicio, toda persona que quiera someter los olvidos en que incurre a un examen encaminado a descubrir los motivos de los mismos reunirá siempre un parecido muestrario de contrariedades o vejaciones. La propensión a olvidar lo desagradable me parece ser general, siendo la capacidad para olvidarlo lo que está diferentemente desarrollada en las diversas personas. Determinadas *falsas negativas* que solemos encontrar en nuestra actividad médica deben ser atribuidas a *olvidos*[2].

Nuestra concepción de tales olvidos limita su diferencia de las falsas negativas a relaciones puramente psicológicas y nos permite ver en ambas formas de reacción la expresión de los mismos motivos. De todos los numerosos ejemplos de negativa a recordar temas desagradables que he observado en los allegados de los enfermos ha quedado uno impreso en mi memoria como especialmente singular.

Una madre me informaba sobre los años infantiles de su hijo, ya púber y enfermo de los nervios, y me decía que tanto él como sus hermanas habían padecido hasta muy mayores incontinencia nocturna de la orina, cosa que para el historial de un neurótico no carece de importancia. Semanas después, queriendo enterarse la madre de la marcha del tratamiento, tuve ocasión de hacerle notar los signos de predisposición morbosa constitucional que presentaba el muchacho, y al hacerlo me referí a la incontinencia de que ella me había hablado. Para mi sorpresa, negó entonces la madre tal hecho, tanto respecto al hijo enfermo como a los demás hermanos, preguntándome de dónde había sacado aquello, hasta que, por último, tuve que decirle que había sido ella misma quien me lo había referido, olvidándolo después[3].

Así, pues, también en individuos sanos, no neuróticos, hallamos indicios abundantes de una resistencia que se opone al recuerdo de impresiones penosas y a la representación de pensamientos desagradables[4]. Mas para estimar cumplidamente la significación de este fenómeno es necesario penetrar en la psicología de los neuróticos. Por poco que en ella nos adentremos se nos impondrá, en efecto, el indicado *impulso defensivo elemental* contra las representaciones susceptibles de despertar sensaciones desagradables, impulso sólo comparable al reflejo de fuga ante los estímulos dolorosos, como una de las principales bases de sustentación de los síntomas histéricos. Contra la hipótesis de tal tendencia defensiva no se puede objetar que, por el contrario, nos es imposible muchas veces escapar a recuerdos penosos que nos persiguen y espantar emociones dolorosas, tales como los remordimientos y los reproches de nuestra conciencia, pues no afirmamos que dicha tendencia venza siempre y que no pueda tropezar, en el juego de las fuerzas psíquicas, con factores que persigan para fines distintos lo contrario que ella y lo consigan a su pesar. *El principio arquitectónico del aparato psíquico parece ser la estratificación, esto es, la composición por instancias superpuestas unas a otras,* y es muy posible que el impulso defensivo a que nos venimos refiriendo pertenezca a una instancia psíquica inferior, coartada por otras superiores. De todos modos, el que podamos referir a esta tendencia a la defensa procesos como los que encontramos en nuestros ejemplos de olvido es algo que testimonia en favor de su existencia y poderío. Sabemos que algunas cosas se olvidan por sí mismas; en aquellas otras en que esto no es posible la tendencia defensiva desplaza su fin y lleva al olvido algo diferente y de menor importancia que ha llegado a ponerse en conexión asociativa con el material efectivamente penoso.

El punto de vista aquí desarrollado de que los recuerdos penosos sucumben con especial facilidad al olvido motivado merecía ser aplicado en varias esferas en las cuales no ha sido aún tomado suficientemente en consideración. Así, me parece que no se tiene en cuenta la importancia que podía tener aplicado a las declaraciones de los testigos ante los tribunales, en los cuales se concede al juramento una excesiva influencia purificadora sobre el juego de fuerzas psíquicas del individuo. Universalmente se admite que en el origen de las tradiciones y de la historia legendaria de un pueblo hay que tener en cuenta la existencia de tal motivo, que arranca del recuerdo colectivo, lo que resulta penoso para el sentimiento nacional. Quizá continuando cuidadosamente estas investigaciones llegaría a poderse establecer una perfecta analogía entre la formación de las tradiciones nacionales y la de los recuerdos infantiles del individuo aislado. El gran Darwin observó este motivo de desagrado en el olvido y formuló una *regla dorada* para uso de los trabajadores científicos[5].

Al igual de lo que sucede en el olvido de nombres, pueden también aparecer en el de impresiones recuerdos equivocados, los cuales, si son aceptados como verdaderos, habrán de ser designados como ilusiones de la memoria. La observación de tales ilusiones de la memoria en los casos patológicos (en las paranoias, *v. g.,* desempeñan precisamente el papel de un factor constitutivo en la formación de delirios) han dado lugar a una extensa literatura, en la cual echo de menos una indicación sobre sus motivos. Pero este tema pertenece ya a la psicología de la neurosis y traspasa los límites dentro de los cuales nos hemos propuesto mantenernos en el presente libro. En cambio, referiré aquí un extraordinario caso de ilusión mnémica sufrida por mí mismo, en el cual la motivación por material inconsciente y reprimido y la forma de la conexión con el mismo pueden verse muy claramente.

Cuando estaba escribiendo los últimos capítulos de mi libro sobre la interpretación de los sueños me hallaba veraneando en un lugar lejano a toda biblioteca y en el que me era imposible consultar los libros de los cuales deseaba extraer alguna cita. Tuve, pues, que escribir tales citas y referencias de memoria, reservando para más tarde rectificarlas y corregirlas con los correspondientes textos a la vista. En el capítulo de los sueños diurnos o en estado de vigilia pensé incluir el interesante tipo del pobre tenedor de libros que aparece en *El Nabab,* de Alfonso Daudet, tipo al que el poeta quiso, sin duda, atribuir sus propios ensueños. Me parecía recordar con toda precisión una de las fantasías que este personaje –al cual atribuía el nombre de M. Jocelyn– construye en sus paseos por las calles de París, y comencé a reproducirla de memoria. En este ensueño se figura el pobre tenedor de libros que viendo un coche cuyo caballo se ha desbocado se arroja valerosamente a detenerlo, y cuando lo ha logrado ve abrirse la portezuela del coche y descender de él una alta personalidad, que le estrecha la mano, diciendo: «Me ha salvado usted la vida. ¿Qué podría yo hacer en cambio por usted?».

Al transcribir de memoria esta fantasía pensaba que si en mi versión existía alguna inexactitud me sería fácil corregirla luego, al regresar a mi casa, con el texto de *El Nabab* a la vista. Mas cuando comencé a hojear *El Nabab* para comparar el pasaje citado con mis cuartillas y poder mandar éstas a la imprenta, quedé avergonzado y consternado al ver que en la novela no existía tal fantasía de M. Jocelyn, y, además, que el desdichado tenedor de libros ni siquiera llevaba este nombre, sino el de M. *Joyeuse.* Este segundo error me dio pronto la clave del primero, o sea de mi engaño en el recuerdo. El adjetivo *joyeux* (alegre), del cual constituye *joyeuse* (el verdadero nombre del personaje de Daudet) la forma femenina, es la traducción exacta al francés de mi propio nombre: *Freud.* ¿De dónde, pues, procedía la fantasía falsamente recordada y atribuida por mí a Daudet? No podía ser más que un producto personal, un ensueño construido por mí mismo y que no había llegado a ser consciente, o que, si lo fue alguna vez, había sido olvidado después en absoluto.

Quizá esta mi fantasía proviniese del tiempo en que me hallaba en París, donde con harta frecuencia paseé solitario por las calles, muy necesitado de alguien que me ayudase y protegiese, hasta que Charcot me admitió a su trato, introduciéndome en su círculo. Luego, en casa de Charcot, vi repetidas veces al autor de *El Nabab*[6].

Otro ejemplo de recuerdo erróneo del que fue posible hallar una explicación satisfactoria se aproxima a la *fausse réconnaissance,* de la que después trataré. Había yo dicho a uno de mis pacientes, hombre ambicioso y de gran capacidad, que un joven estudiante se había agregado recientemente al grupo de mis discípulos con la presentación de un interesante trabajo, titulado: *El artista. Intento de una psicología sexual.* Cuando quince meses después vio impreso dicho trabajo, afirmó mi paciente recordar con seguridad haber leído en alguna parte, quizá en una librería, el anuncio de su publicación algún tiempo antes (un mes o medio año) de que yo le hablase de él. Recordaba también que ya cuando le hablé había pensado haber visto tal anuncio y, además, hizo la observación de que el autor había cambiado el título, pues no lo llamaba como antes, *Intento de,* sino *Aportaciones a una psicología sexual.* Una cuidadosa investigación con el autor y la comparación de fechas demostraron que nunca había aparecido en ningún lado anuncio alguno de la obra de referencia, y mucho menos quince meses antes de su impresión. Al emprender la busca de la solución de este recuerdo erróneo, expresó el sujeto una renovación de él equivalente, diciéndome que recordaba haber visto hacía poco tiempo, en el escaparate de una librería, un escrito sobre la agorafobia y que en la actualidad lo estaba buscando, para adquirirlo, en todos los catálogos editoriales. Al llegar a este punto me fue ya posible explicarle por qué razón este trabajo tenía que ser completamente vano. El escrito sobre agorafobia no existía más que en su fantasía, como una resolución inconsciente de escribir él mismo una obra sobre tal materia. Su ambición de emular al joven estudiante autor del otro trabajo e ingresar entre mis discípulos por medio de un escrito científico le había llevado a ambos recuerdos erróneos. Meditando sobre esto, recordó luego que el anuncio visto en la librería y que le había servido para su falso reconocimiento se refería a una obra titulada *Génesis. La ley de la reproducción.* La modificación que había indicado en el título de la obra del joven estudiante había sido producida por mí, pues recordé que al citarle el título había cometido la inexactitud de decir *Intento de...,* en lugar de *Aportaciones a...*

B. Olvido de propósitos o intenciones

Ningún otro grupo de fenómenos es más apropiado que el olvido de propósitos para la demostración de la tesis de que la escasez de atención no basta por sí sola a explicar los rendimientos fallidos. Un propósito es un impulso a la acción, que ha sido ya aprobado, pero cuya ejecución ha quedado aplazada hasta el momento propicio para llevarla a cabo. Ahora bien: en el intervalo creado de este modo pueden sufrir los motivos del propósito una modificación que traiga consigo la inejecución del mismo, pero entonces no puede decirse que olvidamos el propósito formado, pues lo que hacemos es revisarlo y omitirlo por el momento. El olvido de propósitos al cual sucumbimos cotidianamente, y en las más diversas situaciones, no acostumbramos explicárnoslo por una modificación inmediata de los motivos, sino que lo dejamos en general sin explicar o le buscamos una explicación psicológica consistente en admitir que al tiempo de ejecutar el propósito ha fallado la atención requerida por el acto correspondiente, la cual era condición indispensable para dicha ejecución del propósito y existía a nuestra disposición cuando formamos aquél. Pero la observación de nuestra conducta normal ante nuestros propósitos nos hace rechazar como arbitraria esta tentativa de explicación. Cuando por la mañana formo un propósito que debe ser llevado a cabo por la noche, puedo recordarlo algunas veces durante el día, pero no es necesario que permanezca consciente a través de todo él. Luego, al acercarse el momento de su ejecución, surgirá de repente en mí y me inducirá a llevar a cabo la preparación necesaria a la acción propuesta. Si al salir a paseo cojo una carta para echarla al correo, no necesito, siendo un individuo normal y no nervioso, llevarla todo el tiempo en la mano e ir mirando continuamente para descubrir un buzón, sino que meteré la carta en un bolsillo y seguiré con toda libertad mi camino, dejando vagar mi pensamiento y contando con que uno de los buzones que encuentre al paso excitará mi atención, induciéndome a sacar la carta y depositarla en él. La conducta normal ante un propósito ya formado coincide con la producida experimentalmente en las personas sometidas a la llamada «sugestión poshipnótica a largo plazo»[7]. Este fenómeno se describe de costumbre en la forma siguiente: el propósito sugerido dormita en las personas referidas hasta que se aproxima el tiempo de su ejecución. Al llegar éste despierta en ellas y las induce a la acción.

En dos situaciones de la vida se da también el profano en estas cuestiones perfecta cuenta de que el olvido de propósitos no puede considerarse como un fenómeno elemental que queda reducido a sí mismo, sino que en definitiva depende de motivos inconfesados. Estas dos situaciones son las relaciones amorosas y el servicio militar. Un enamorado que haya dejado de acudir a una cita se disculpará en vano diciendo haberla olvidado. A estas palabras contestará ella siempre: «Hace un año no lo hubieras olvidado. Ya no soy para ti lo que antes.» Aun cuando hiciera uso de la explicación psicológica antes citada, queriendo disculpar su olvido por la acumulación de ocupaciones, sólo conseguiría que la dama –con una penetración análoga a la del médico en el psicoanálisis– le respondiera: «Es curioso que antes no te perturbaran de esa manera tus asuntos.» Seguramente la dama no quiere con esto rechazar la posibilidad de un olvido; pero sí cree, y no sin razón, que del olvido ininterrumpido hay que deducir, lo mismo que si se tratase de un subterfugio consciente, una cierta desgana.

Asimismo se niega, y muy fundadamente, en el servicio militar la distinción entre las omisiones por olvido y las intencionadas. El soldado no *debe* olvidar nada de lo que de él exige el servicio. Si, a pesar de esto, olvida algo de lo que sabe tiene que hacer, ello es debido a que a los motivos que urgen el cumplimiento de los deberes militares se oponen otros motivos contrarios. El soldado que al pasar revista se disculpa diciendo que ha *olvidado* limpiar los botones de su uniforme puede estar seguro de no escapar al castigo. Pero este castigo puede considerarse insignificante en comparación de aquel otro a que se expondría si se confesara a sí mismo y confesara a sus superiores el motivo de su omisión: «Estoy harto del maldito servicio.» En razón a este ahorro de castigo se sirve el soldado del olvido como excusa o se manifiesta aquél espontáneamente como una transacción.

Tanto el servicio de las damas como el servicio militar tiene el privilegio de que todo lo que a ellos se refiere debe sustraerse al olvido, y de este modo sugieren la opinión de que el olvido es permisible en las cosas triviales, al paso que en las importantes es signo de que se las quisiera tratar como si no lo fuesen, y, por tanto, de que se discute toda su importancia[8].

En efecto, en esta cuestión no se puede negar el punto de vista de la valoración psíquica. Nadie olvida ejecutar actos que le parecen importantes sin exponerse a que lo crean un perturbado mental. Nuestra investigación no puede, por tanto, extenderse más que a propósitos más o menos secundarios, no considerando ninguno como por completo indiferente, pues en este caso no se habría formado.

Como lo hice con las anteriores perturbaciones funcionales, he reunido e intentado explicar también los casos de omisión por olvido observados en mí mismo y he hallado que podían ser atribuidos siempre a una intervención de motivos desconocidos e inadmitidos por el sujeto mismo o, como podríamos decir, a un *deseo contrario*. En una serie de casos de este género me hallaba yo en una situación similar al servicio, esto es, bajo una coacción contra la cual no había dejado por completo de resistirme, manifestando aún mi protesta por medio de olvidos. A estos casos corresponde el hecho de que olvido con especial facilidad el felicitar a las personas en sus días, cumpleaños, bodas o ascensos. Continuamente me propongo no dejar de hacerlo, pero cada vez me convenzo más de que no conseguiré nunca verificarlo con exactitud.

En la actualidad estoy a punto de renunciar ya por completo y dar la razón a los motivos que a ello se resisten. Una vez predije a un amigo mío, que me rogó enviase en su nombre un telegrama de felicitación en una determinada fecha en que yo debía mandar otro, que con seguridad se me olvidarían ambos y, en efecto, se cumplió mi profecía, sin que ello me extrañara en modo alguno. Dolorosas experiencias de mi vida hacen que me sea imposible expresar interés o simpatía en ocasiones en que obligadamente tengo que exagerar mis sentimientos al expresarlos, dado que no podría emplear la expresión correspondiente a su poca intensidad. Desde que he visto que muchas veces me he equivocado tomando como verdadera la pretendida simpatía que hacia mí mostraban otras personas, me he rebelado contra estas convenciones de expresión de simpatía, cuya utilidad social, por otra parte, reconozco. De esta conducta debo excluir los pésames en caso de muerte; cuando he resuelto expresar a alguien mi condolencia por uno de estos casos, no omito nunca el hacerlo. En aquellas ocasiones en que mi participación emocional no tiene nada que ver con los deberes sociales, su expresión no es jamás inhibida por el olvido.

El teniente T. nos relata el siguiente caso de un olvido, en el que un primer propósito reprimido se abrió camino en calidad de «deseo contrario», dando origen a una situación desagradable:

«Un caso de omisión.–El más antiguo de los oficiales internados en un campamento de prisioneros fue ofendido por uno de sus camaradas. Para evitarse posibles consecuencias, quiso hacer uso del único medio coercitivo que en su poder estaba, esto es, alejar al ofensor, haciéndole trasladar a otro campamento, y fueron necesarios los consejos de varios amigos suyos para hacerle desistir de su propósito y emprender en el acto el camino que el honor le marcaba, decisión que había de traer consigo una multitud de consecuencias desagradables.

»En la misma mañana que esto sucedió tenía el comandante que pasar lista bajo la comprobación de uno de nuestros vigilantes. Conociendo ya a todos sus compañeros de cautiverio por el largo tiempo que con ellos llevaba, no había cometido hasta entonces error ninguno en la lectura de la lista. Pero aquella mañana omitió el nombre del ofensor, haciendo que mientras que los demás oficiales se retiraban, una vez comprobada su presencia, tuviese aquél que permanecer allí solo hasta que se deshizo el error. El nombre omitido constaba claramente en una página de la lista.

»Este incidente fue considerado de un lado como molestia intencionadamente infligida, y de otro, como una desgraciada casualidad, que podía ser erróneamente interpretada. El comandante que cometió la omisión llegó a poder juzgar con acierto lo sucedido después de leer la *Psicopatología,* de Freud.»

Análogamente se explican, por el antagonismo entre un deber convencional y una desfavorable opinión interior no confesada, aquellos casos en los que se olvida ejecutar determinados actos que se ha prometido llevar a cabo en favor de otras personas. En estos casos se demuestra siempre que es sólo el favorecedor el que cree en el poder eximente del olvido, mientras que el pretendiente se da a sí mismo, sin duda, la respuesta justa: «No se ha tomado interés ninguno; si no, no lo hubiera olvidado.» Existen individuos a los que todo el mundo califica de olvidadizos y a quienes, por ser así, se les disculpan, generalmente, sus faltas, como se disculpa al corto de vista que no nos ha saludado en la calle[9]. Estas personas olvidan todas las pequeñas promesas que han hecho, dejan incumplidos todos los encargos que reciben y demuestran de este modo ser indignos de confianza en las cosas pequeñas, pero al mismo tiempo exigen que no se les tomen a mal tales pequeñas faltas, esto es, que no se las explique por su carácter personal, sino que se les atribuya a una peculiaridad orgánica[10]. Personalmente no pertenezco a esta clase de individuos ni tampoco he tenido ocasión de analizar los actos de ninguno de ellos para descubrir en la selección verificada por el olvido los motivos del mismo. Sin embargo, no puedo dejar de formar, *per analogiam,* la hipótesis de que en estos casos es una gran cantidad de desprecio hacia los demás el motivo que el factor constitucional explota para sus fines[11].

En otros casos los motivos del olvido son menos fáciles de descubrir, y cuando se descubren causan una mayor extrañeza. Así observé años atrás que, de una gran cantidad de visitas profesionales que debía efectuar, no olvidaba nunca sino aquellas en que el enfermo era algún colega mío o alguna otra persona a quien tenía que asistir gratuitamente. La vergüenza que me causó este descubrimiento hizo que me acostumbrase a anotar por la mañana las visitas que me proponía llevar a cabo en el transcurso del día. No sé si otros médicos han llegado a hacer lo mismo por iguales razones. Pero con esto se forma uno una idea de lo que induce a los llamados neurasténicos, cuando van a consultar a un médico, a llevar escritos en una nota todos aquellos datos que desean comunicarle, desconfiando de la capacidad reproductiva de su memoria. Esto no es desacertado, pero la escena de la consulta se desarrolla casi siempre en la siguiente forma: el enfermo ha relatado ya con gran amplitud sus diversas molestias y ha hecho infinidad de preguntas. Al terminar hace una pequeña pausa y extrae su nota, diciendo en son de disculpa: «He apuntado algunas cosas, porque, si no, no me acordaría de nada.» Con la nota en la mano, repite cada uno de los puntos ya expuestos, y va respondiéndose a sí mismo: «Esto ya lo he consultado.» Así, pues, con su memorándum no demuestra probablemente nunca más que uno de sus síntomas: la frecuencia con que sus propósitos son perturbados por la interferencia de oscuros motivos.

Llego ahora a tratar de un trastorno al que están sujetas la mayoría de las personas sanas que yo conozco y al que tampoco he escapado yo mismo. Me refiero al olvido sufrido con gran facilidad y por largo tiempo de devolver los libros que a uno le han prestado y al hecho de diferir, también por olvido, el pago de cuentas pendientes. Ambas cosas me han sucedido repetidas veces. Hace poco tiempo abandoné una mañana el estanco en que a diario me proveo de tabaco sin haber satisfecho el importe de la compra efectuada. Fue ésta una omisión por completo inocente, puesto que en dicho estanco me conocían y podían recordarme mi deuda a la mañana siguiente, pero tal pequeña negligencia, el intento de contraer deudas, no dejaba de hallarse en conexión con ciertas reflexiones concernientes a mi presupuesto, que me habían ocupado todo el día anterior. En relación con los temas referentes al dinero y a la posesión puede descubrirse con facilidad, en la mayoría de las personas llamadas honorables, una conducta equívoca. La primitiva ansia del niño de pecho que le hace intentar apoderarse de todos los objetos (para llevárselos a la boca) aparece en general incompletamente vencida por la cultura y la educación[12].

Con los ejemplos anteriores temo haber entrado un tanto en la vulgaridad. Pero es un placer para mí encontrar materias que todo el mundo conoce y comprende del mismo modo, puesto que lo que me propongo es reunir lo cotidiano y utilizarlo científicamente. No concibo por qué la sabiduría, que es, por decirlo así, el sedimento de las experiencias cotidianas, ha de ver negada su admisión entre las adquisiciones de la ciencia. No es la diversidad de los objetos, sino el más estricto método de verificación y la tendencia a más amplias conexiones, lo que constituye el carácter esencial de la labor científica.

Hemos hallado, en general, que los propósitos de alguna importancia caen en el olvido cuando se alzan contra ellos oscuros motivos. En los propósitos menos importantes hallamos como segundo mecanismo del olvido el hecho de que un deseo contradictorio se transfiere al propósito desde otro lugar, después de haberse establecido entre este último y el contenido del propósito una asociación *exterior*. A este orden pertenece el siguiente ejemplo: una tarde me propuse comprar papel secante a mi paso por el centro de la ciudad, y tanto aquel día como los cuatro siguientes olvidé tal propósito, preguntándome, al darme cuenta de la repetida omisión, qué causas podrían haberla motivado. Con facilidad encontré, después de meditar un poco, que el artículo deseado podía designarse con dos nombres sinónimos *Löschpapier* y *Fliesspapier,* y que, si bien usaba yo el primer término en la escritura, acostumbraba, en cambio, utilizar el segundo de palabra. *Fliess* era el nombre de un amigo mío residente en Berlín, el cual me había ocasionado por aquellos días dolorosas preocupaciones. No me era posible escapar a dichos penosos pensamientos, pero la *tendencia defensiva* se exteriorizaba trasladándose por medio de la identidad de las palabras al propósito indiferente, que por ser así presentaba escasa resistencia.

Voluntad contraria directa y motivación lejana se manifiestan unidas en el siguiente caso de aplazamiento: en la colección «Cuestiones de la vida nerviosa y psíquica» había yo escrito un corto tratado, que resumía el contenido de mi *Interpretación de los sueños.* Bergmann, el editor de Wiesbaden, me había mandado las pruebas, rogándome se las devolviese en seguida corregidas, pues quería publicar el folleto antes de Navidad. En aquella misma noche hice la corrección y dejé las pruebas sobre mi mesa de trabajo para cogerlas a la mañana siguiente. Al llegar la mañana me olvidé de ellas y no volví a acordarme hasta cuando por la tarde las vi de nuevo en el sitio en que las había dejado. Sin embargo, allí volvieron a quedar olvidadas aquella tarde, a la noche y a la mañana siguiente, hasta que, por fin, en la tarde del segundo día, las cogí al verlas y fui en el acto a depositarlas en un buzón, asombrado de tan repetido aplazamiento y pensando cuál sería su causa. Veía que no quería remitir las pruebas al editor, pero no podía adivinar por qué. Después de depositar las pruebas en el correo, entré en casa del editor de mis obras en Viena, el cual había publicado también el libro sobre los sueños, le hice algunas recomendaciones, y después, como llevado por una súbita ocurrencia, le dije: «¿Sabe usted que he escrito de nuevo mi libro de los sueños?». «¡Ah, sí! Entonces –exclamó– tengo que rogarle a usted que...» «Tranquilícese –repuse–. No es el libro completo, sino tan sólo un pequeño resumen para la colección Loewenfeld-Kurella.» De todos modos no quedaba muy satisfecho el editor, pues temía que el folleto perjudicase la venta del libro. Discutimos y, por último, le pregunté: «Si se lo hubiera dicho a usted antes, ¿hubiera usted opuesto alguna objeción a la publicación del folleto?». «No; eso de ningún modo», me respondió. Personalmente creía haber obrado con completo derecho y no haber hecho nada desacostumbrado, pero, sin embargo, me parecía seguro que un pensamiento similar al expresado por el editor era el motivo de mi vacilación en enviar las pruebas corregidas. Este pensamiento se apoyaba en una ocasión anterior, en la que otro editor puso dificultades a mi obligada resolución de tomar algunas páginas de una obra mía sobre la parálisis cerebral infantil para incluirlas sin modificación alguna en un folleto sobre el mismo tema publicado en los «Manuales Nothnagel». Tampoco en este caso podía hacérseme ningún reproche, pues también había advertido lealmente mi intención al primer editor, como lo hice en el caso de la *Interpretación de los sueños*. Persiguiendo aún más atrás esta serie de recuerdos, encontré otra ocasión análoga anterior en la que, al traducir una obra del francés, lesioné realmente los derechos de propiedad del autor, pues añadí al texto, sin su permiso, varias notas, y algunos años después pude ver que mi acción arbitraria le había disgustado.

Existe un proverbio que revela el conocimiento popular de que el olvido de propósitos no es accidental: «Lo que se olvida hacer una vez se volverá a olvidar con frecuencia.»

En realidad, no puede uno sustraerse a la sensación de que cuanto se pueda decir sobre los olvidos y los actos fallidos es ya cosa conocida y admitida por todos como algo evidente y natural. Lo extraño es que sea necesario todavía colocar a los hombres ante la conciencia cosas tan conocidas. Cuántas veces he oído decir: «No me encargues eso. Seguramente lo olvidaré.» La verificación de esta profecía no tiene nada de místico. El que así habló percibía en sí mismo el propósito de no cumplir el encargo y rehusaba confesárselo.

El olvido de propósitos recibe mucha luz de algo que pudiéramos designar con el nombre de «formación de falsos propósitos».

Una vez había yo prometido a un joven autor escribir una revista de su pequeña obra, pero a causa de resistencias interiores que no me eran desconocidas iba aplazando el cumplimiento de mi promesa de un día para otro, hasta que, vencido por el insistente apremio del interesado, me comprometí de nuevo un día a dejarle complacido aquella misma noche. Tenía reales intenciones de hacerlo así, pero después recordé que aquella noche debía ocuparme imprescindiblemente en la redacción de un informe de medicina legal. Al reconocer entonces mi propósito como falso, cesé en mi lucha contra mis resistencias interiores y rehusé en firme la revista pedida.

8. Torpezas o actos de término erróneo

De la obra de Meringer y Mayer, anteriormente citada, transcribo aún las siguientes líneas (pág. 98):
«Las equivocaciones orales no son algo que se manifieste aislado dentro de su género, sino que va unido a los demás errores que los hombres cometen con frecuencia en sus diversas actividades, errores a los que solemos dar un tanto arbitrariamente el nombre de *distracciones.*»

Así, pues, no soy yo el primero que sospecha la existencia de un sentido y una intención detrás de las pequeñas perturbaciones funcionales de la vida cotidiana de los individuos sanos[1].

Si las equivocaciones en el discurso, el cual es, sin duda alguna, una función motora, admiten una concepción como la que hemos expuesto, es de esperar que ésta pueda aplicarse a nuestras demás funciones motoras. He formado en este punto dos grupos. Todos los casos en los cuales el efecto fallido, esto es, el extravío de la intención parece ser lo principal, los designo con el nombre de *actos de término erróneo (Vergreifen),* y los otros, en los que la acción total aparece inadecuada a su fin, los denomino *actos sintomáticos y casuales (Symptomnud Zufallshandlungen).* Pero entre ambos géneros no puede trazarse un límite preciso y debo hacer constar que todas las clasificaciones y divisiones usadas en el presente libro no tienen más que una significación puramente descriptiva, y en el fondo contradicen la unidad interior de su campo de manifestación.

La inclusión de los actos de término erróneo entre las manifestaciones de la «taxia», o, especialmente, de la «taxia cortical» no nos facilita en manera alguna su *comprensión* psicológica. Mejor es intentar reducir los ejemplos individuales a sus propias determinaciones. Para ello utilizaré también observaciones personales, aunque en mí mismo no he hallado sino muy escasas ocasiones de verificarlas.

a) Años atrás, cuando hacía más visitas profesionales que en la actualidad, me sucedió muchas veces que al llegar ante la puerta de una casa, en vez de tocar el timbre o golpear con el llamador, sacaba del bolsillo el llavín de mi propio domicilio para, como es natural, volver en seguida a guardarlo un tanto avergonzado. Fijándome en qué casas me ocurría esto, tuve que admitir que mi error de sacar mi llavín en vez de llamar significaba un homenaje a la casa ante cuya puerta lo cometía, siendo equivalente al pensamiento: «Aquí estoy como en mi casa», pues sólo me sucedía en los domicilios de aquellos pacientes a los que había tomado cariño. El error inverso, o sea llamar a la puerta de mi propia casa, no me ocurrió jamás.

Por tanto, tal acto fallido era una representación simbólica de un pensamiento definido, pero no aceptado aún conscientemente como serio, dado que el neurólogo sabe siempre muy bien que, en realidad, el enfermo no le conserva cariño sino mientras espera de él algún beneficio, y que él mismo no demuestra un interés excesivamente caluroso por sus enfermos más que en razón a la ayuda psíquica que en la curación pueda esto prestarle.

Numerosas autoobservaciones de otras personas demuestran que la significativa maniobra descrita, con el propio llavín, no es, en ningún modo, una particularidad mía.

A. Maeder relata una repetición casi idéntica de mi experiencia. («Contribution à la psychopathologie de la vie quotidienne», en *Arch. de Psychol.,* IV, 1906): «A todos nos ha sucedido sacar nuestro llavero al llegar ante la puerta de un amigo particularmente querido y sorprendernos intentando abrir con nuestra llave, como si estuviéramos en nuestra casa. Esta maniobra supone un retraso –puesto que al fin y al cabo hay que llamar–, pero es una prueba de que al lado del amigo que allí habita nos sentimos –o quisiéramos sentirnos– como en nuestra casa»[2].

De E. Jones (*l. c.,* pág. 509) transcribo lo que sigue: «El uso de las llaves es un fértil manantial de incidentes de este género, de los cuales vamos a referir dos ejemplos. Cuando estando en mi casa dedicado a algún trabajo interesante tengo que interrumpirlo para ir al hospital y emprender en él alguna labor rutinaria, me sorprendo con mucha frecuencia intentando abrir la puerta del laboratorio con la llave del despacho de mi domicilio, a pesar de ser completamente diferentes una de otra. Mi error demuestra inconscientemente dónde preferiría hallarme en aquel momento. Hace años ocupaba una posición subordinada en una cierta institución, cuya puerta principal se hallaba siempre cerrada y, por tanto, había que llamar al timbre para que le franqueasen a uno la entrada. En varias ocasiones me sorprendí intentando abrir dicha puerta con la llave de mi casa. Cada uno de los médicos permanentes de la institución, cargo al que yo aspiraba, poseía una llave de la referida entrada para evitarse la molestia de esperar a que le abriesen. Mi error expresaba, pues, mi deseo de igualarme a ellos y estar allí casi "en mi casa"»[3].

El doctor Hans Sachs, de Viena, relata algo análogo: «Acostumbro llevar siempre conmigo dos llaves, de las cuales corresponde una a la puerta de mi oficina y otra a la de mi casa. Siendo la primera por lo menos tres veces mayor que la segunda, no son, desde luego, nada fáciles de confundir, y, además, llevo siempre la una en el bolsillo del pantalón y la otra en el del chaleco. A pesar de todo esto, me sucedió con frecuencia el darme cuenta, al llegar ante una de las dos puertas, de que mientras subía la escalera había sacado del bolsillo la llave correspondiente a la otra. Decidí hacer un recuento estadístico, pues dado que diariamente llegaba ante las dos mismas puertas en un casi idéntico estado emocional, el intercambio de las llaves tenía que demostrar una tendencia regular, aunque psíquicamente estuviera determinado de manera distinta. Observando los casos posteriores, resultó que ante la puerta de la oficina extraía regularmente la llave de mi casa, y sólo una vez se presentó el caso contrario en la siguiente forma: regresaba yo fatigado a mi domicilio, en el cual sabía que me esperaba una persona a la que había invitado. Al llegar a la puerta intenté abrir con la llave de la oficina, que, naturalmente, era demasiado grande para entrar en la cerradura».

b) En una casa a la que durante seis años seguidos iba yo dos veces diarias me sucedió dos veces, con un corto intervalo, subir un piso más arriba de aquel al que me dirigía. La primera vez me hallaba perdido en una fantasía ambiciosa que me hacía «elevarme cada día más», y ni siquiera me di cuenta de que la puerta ante la que debía haber esperado se abrió cuando comenzaba yo a subir el tramo que conducía al tercer piso. La segunda vez también fui demasiado lejos, «abstraído en mis pensamientos». Cuando me di cuenta y bajé lo que de más había subido quise atrapar la fantasía que me había dominado, hallando que en aquellos momentos me irritaba contra una crítica (fantaseada) de mis obras, en la cual se me hacía el reproche de «ir demasiado lejos», reproche que yo sustituía por el menos respetuoso «de haber trepado demasiado arriba».

c) Sobre mi mesa de trabajo yacen juntos hace muchos años un martillo para buscar reflejos y un diapasón. Un día tuve que salir precipitadamente después de la consulta para alcanzar un tren, y, a pesar de estar dichos objetos a la plena luz del día cogí e introduje en el bolsillo de la americana el diapasón en lugar del martillo, que es lo que deseaba llevar conmigo. El peso del diapasón en mi bolsillo fue lo que me hizo notar mi error. Aquel que no esté acostumbrado a reflexionar ante ocurrencias tan pequeñas explicaría y disculparía mi acto erróneo por la precipitación del momento. Yo, sin embargo, preferí preguntarme por qué razón había cogido el diapasón en lugar del martillo. La prisa hubiera podido ser igualmente un motivo de ejecutar el acto con acierto, para no perder tiempo luego teniendo que corregirlo.

La primera pregunta que acudió a mi mente fue: «¿Quién cogió últimamente el diapasón?». El último que lo había cogido había sido, pocos días antes, un niño idiota, cuya atención a las impresiones sensoriales estaba yo examinando y al que había fascinado de tal manera el diapasón, que me fue difícil quitárselo luego de las manos. ¿Querría decir esto que soy un idiota? Realmente parecería ser así, pues la primera idea que se asoció a *martillo (Hammer)* fue *Chamer* (en hebreo, *burro).*

Mas ¿por qué tales conceptos insultantes? Sobre este punto había que interrogar la situación del momento. Yo me dirigía entonces a celebrar una consulta en un lugar situado en la línea del ferrocarril del Este, en el que residía un enfermo que, conforme a las informaciones que me habían escrito, se había caído por un balcón meses antes, quedando desde entonces imposibilitado para andar. El médico que me llamaba a consulta me escribía que no sabía si se trataba de una lesión medular o de una neurosis traumática (histeria). Esto era lo que yo tenía que decidir. En el error examinado debía de existir una advertencia sobre la necesidad de mostrarme muy prudente en el espinoso diagnóstico diferencial. Aun así y todo, mis colegas opinan que se diagnostica con ligereza una histeria en casos en que se trata de cosas más graves. Mas todo esto no era suficiente para justificar los insultos. La asociación siguiente fue el recuerdo de que la pequeña estación a que me dirigía era la del mismo lugar en que años antes había visitado a un hombre joven, que desde cierto trauma emocional había perdido la facultad de andar. Diagnostiqué una histeria y sometí después al enfermo al tratamiento psíquico, demostrándose posteriormente que si mi diagnóstico no había sido del todo equivocado, tampoco había habido en él un total acierto. Gran cantidad de los síntomas del enfermo habían sido histéricos y desaparecieron con rapidez en el curso del tratamiento; mas detrás de ellos quedaba visible un remanente que permanecía inatacable por la terapia y que pudo ser atribuido a una esclerosis múltiple. Los que tras de mí reconocieron al enfermo pudieron apreciar con facilidad la afección orgánica, pero yo no podía antes haber juzgado ni procedido de otro modo. No obstante, la impresión era la de un grave error, y la promesa que de una completa curación había dado al enfermo era imposible de mantener. El error de coger el diapasón en lugar del martillo podía traducirse en las siguientes palabras: «¡Imbécil! ¡Asno! ¡Ten cuidado esta vez y no vayas a diagnosticar de nuevo una histeria en un caso de enfermedad incurable, como lo hiciste en este mismo lugar, hace años, con aquel pobre hombre!». Para suerte de este pequeño análisis, mas para mi mal humor, dicho individuo, atacado en la actualidad de una grave parálisis espasmódica, había estado dos veces en mi consulta pocos días antes y uno después del niño idiota.

Obsérvese que en este caso es la voz de la autocrítica la que se hace oír por medio del acto de aprehensión errónea. Éste es especialmente apto para expresar autorreproches. El error actual intenta representar el que en otro lugar y tiempo cometimos.

d) Claro es que el coger un objeto por otro o cogerlo mal es un acto erróneo que puede obedecer a toda una serie de oscuros propósitos. He aquí un ejemplo: raras veces rompo algo. No soy extraordinariamente mañoso; pero, dada la integridad anatómica de mis sistemas nervioso y muscular, no hay razones que provoquen en mí movimientos torpes de resultado no deseado. Así, pues, no recuerdo haber roto nunca ningún objeto de los existentes en mi casa. La poca amplitud de mi cuarto de estudio me obliga en ocasiones a trabajar con escasa libertad de movimientos y entre gran cantidad de objetos antiguos de barro y piedra, de los que tengo una pequeña colección. Los que me ven moverme entre tanto chisme me han expresado siempre su temor de que tirase algo al suelo, rompiéndolo, pero esto no me ha sucedido nunca. ¿Por qué, pues, tiré un día al suelo y rompí la tapa de mármol de un sencillo tintero que tenía sobre mi mesa?

Dicho tintero estaba constituido por una placa de mármol con un orificio, en el que quedaba metido el recipiente de cristal destinado a la tinta. Este recipiente tenía una tapadera también de mármol con un saliente para cogerla. Detrás del tintero había colocadas, en semicírculo, varias estatuillas de bronce y terracota. Escribiendo sentado y ante la mesa hice con la mano, en la que tenía la pluma, un movimiento extrañamente torpe y tiré al suelo la tapa del tintero. La explicación de mi torpeza no fue difícil de hallar. Unas horas antes había entrado mi hermana en el cuarto para ver algunas nuevas adquisiciones mías, encontrándolas muy bonitas, diciendo: «Ahora presenta tu mesa de trabajo un aspecto precioso. Lo único que se despega un poco es el tintero. Tienes que poner otro más bonito.» Salí luego del cuarto acompañando a mi hermana y no regresé hasta pasadas algunas horas, siendo entonces cuando llevé a cabo la ejecución del tintero, juzgado ya y condenado. ¿Deduje acaso de las palabras de mi hermana su propósito de regalarme un tintero más bonito en la primera ocasión festiva y me apresuré, por tanto, a romper el otro, antiguo y feo, para forzarla a realizar el propósito que había indicado? Si así fuera, mi movimiento, que arrojó al suelo la tapadera, no habría sido torpe más que en apariencia, pues en realidad había sido muy hábil, poseyendo completa conciencia de su fin y habiendo sabido respetar, además, todos los valiosos objetos que se hallaban próximos.

Mi opinión es que hay que aceptar esta explicación para toda una serie de movimientos casualmente torpes en apariencia. Es cierto que tales movimientos parecen mostrar algo violento, impulsivo y como espasmodicoatáxico; pero, sometidos a un examen, se demuestran como dominados por una intención y consiguen su fin con una seguridad que no puede atribuirse, en general, a los movimientos voluntarios y conscientes. Ambos caracteres, violencia y seguridad, les son comunes con las manifestaciones motoras de la neurosis histérica y, en parte, con los rendimientos motores del sonambulismo, indicando una misma desconocida modificación del proceso de inervación.

La siguiente autoobservación de la señora Lou Andreas-Salomé nos muestra de un modo convincente cómo una «torpeza» tenazmente repetida sirve con extrema habilidad a intenciones inconfesadas.

«Precisamente en los días de guerra en los que la leche comenzó a ser materia rara y preciosa, me sucedió, para mi sorpresa y enfado, el dejarla cocer siempre con exceso y salirse, por tanto, del recipiente que la contenía. Aunque de costumbre no suelo comportarme tan descuidada o distraídamente, en esta ocasión fue inútil que tratara de corregirme. Tal conducta me hubiera parecido quizá explicable en los días que siguieron a la muerte de mi querido *terrier* blanco, al que con igual justificación que a cualquier hombre llamaba yo *Drujok* (en ruso, "amigo"). Pero en aquellos días y después no volví a dejar salir ni una sola gota de leche al cocerla. Cuando noté esto, mi primer pensamiento fue: "Me alegro, porque ahora la leche vertida no tendría ni siquiera quien la aprovechara" y en el mismo momento recordé que mi "amigo" solía ponerse a mi lado durante la cocción de la leche vigilando con ansia el resultado, inclinando la cabeza y moviendo la cola lleno de esperanza, con la consoladora seguridad de que había de suceder la maravillosa desgracia.

Con esto quedó explicado todo para mí y vi también que quería a mi perro más de lo que yo misma me daba cuenta.»

En los últimos años y desde que vengo reuniendo esta clase de observaciones, he vuelto a romper algún objeto de valor; mas el examen de estos casos me ha demostrado que nunca fueron resultado de la casualidad o de una torpeza mía inintencionada. Así, una mañana, atravesando una habitación al salir del baño, en capuchón y zapatillas de paja, arrojé de pronto una de éstas con un rápido movimiento del pie y como obedeciendo a un repentino impulso, contra la pared, donde fue a chocar con una pequeña Venus de mármol que había encima de una consola, tirándola al suelo. Mientras veía hacerse pedazos la bella estatuita cité, inconmovible, los siguientes versos de Busch:

> *Ach! die Venus ist perdü*
> *Klickeradoms!–von Medici!*[4]

Esta loca acción y mi tranquilidad ante el daño producido tienen su explicación en las circunstancias del momento. Teníamos entonces gravemente enferma a una persona de la familia, de cuya curación había yo desesperado. Aquella misma mañana se recibió la noticia de una notable mejoría, ante la cual recordaba yo haber exclamado: «Aún va a escapar con vida.» Por tanto, mi ataque de furor destructivo había servido de medio de expresión a un sentimiento agradecido al Destino y me había permitido llevar a cabo un *acto de sacrificio,* como si hubiera prometido que si el enfermo recobraba la salud sacrificaría en acción de gracias tal o cual cosa. El haber escogido la Venus de Médicis como víctima no podía ser más que un galante homenaje a la convaleciente. Lo que de este caso ha permanecido incomprensible para mí ha sido cómo me decidí tan rápidamente y apunté con tal precisión que di al objeto deseado sin tocar ninguno de los que junto a él se hallaban.

Otro caso de rotura de un objeto, en el cual me serví de nuevo de la pluma escapada de mi mano, tuvo también la significación de un sacrificio; pero esta vez de ofrenda petitoria para evitar un mal. En esta ocasión me había complacido en hacer un reproche a un fiel y servicial amigo mío, reproche únicamente fundado en la interpretación de algunos signos de su inconsciente. Mi amigo lo tomó a mal y me escribió una carta en la que me rogaba que no sometiese a mis amigos al psicoanálisis. Tuve que confesarme que tenía razón y le aplaqué con mi respuesta. Mientras la estaba escribiendo tenía delante de mí mi última adquisición de coleccionista, una figurita egipcia preciosamente vidriada. La rompí en la forma mencionada y me di cuenta en seguida de que había provocado aquella desgracia en evitación de otra mayor. Por fortuna, ambas cosas –la amistad y la figurita– pudieron componerse con tal perfección que no se notaron las roturas.

Una tercera rotura tuvo menos seria conexión. Fue, para usar el término de T. Vischer en *Auch einer*, una «ejecución» disfrazada de un objeto que no era ya de mi gusto. Durante algún tiempo había usado un bastón con puño de plata. La delgada lámina de este material que formaba el puño sufrió, sin culpa por mi parte, un desperfecto y fue muy mal reparada. Poco tiempo después, jugando alegremente con uno de mis hijos, me serví del bastón para agarrarle por una pierna con el curvado puño. Al hacerlo se partió, como era de esperar, y me vi libre de él.

La indiferencia con que se acepta en estos casos el daño resultante debe ser considerada como demostración de la existencia de un propósito inconsciente.

Investigando los fundamentos de actos fallidos tan nimios como la rotura de objetos, descubrimos a veces que dichos actos se hallan íntimamente enlazados al pasado del sujeto, apareciendo al mismo tiempo en estrecha conexión con su situación presente. El siguiente análisis de L. Jekel (*International Zeitschrift f. Psychoanalyse*, I, 1913) es un ejemplo de este género de casos:

Un médico poseía un jarrón de loza nada valioso, pero sí muy bonito, que en unión de otros muchos objetos, algunos de ellos de alto precio, le había sido regalado por una paciente (casada). Cuando se manifestó claramente que dicha señora padecía una psicosis, el médico devolvió todos aquellos regalos a los allegados de la enferma, conservando tan sólo un modesto jarrón del que, sin duda por su belleza, no acertó a separarse.

Esta ocultación no dejó, sin embargo, de promover en el médico, hombre muy escrupuloso, una cierta lucha interior. Comprendía la incorrección de su conducta y, para defenderse contra sus remordimientos, se daba a sí mismo la excusa de que el tal jarrón carecía de todo valor material, era difícil de empaquetar para mandarlo a su destino, etc.

Cuando meses después se le discutió el pago de un resto de sus honorarios por la asistencia a dicha paciente y se propuso un abogado se encargara de reclamarlos y de hacerlos efectivos por la vía legal volvió a reprocharse su ocultación. De repente le sobrecogió el miedo de que fuera descubierto por los parientes de la enferma y éstos opusieran por ella una reconvención a su demanda.

En los primeros momentos, sobre todo, fue tan fuerte este miedo, que llegó a pensar en renunciar a sus honorarios, de un valor cien veces mayor al del objeto referido. Sin embargo, logró dominar este pensamiento, dándolo de lado como absurdo.

Durante esta situación le sucedió, a pesar de que raras veces rompía algo y de dominar muy bien su sistema muscular, que, estando renovando el agua del jarrón para poner en él unas flores, y por un movimiento no relacionado orgánicamente con dicho acto y extrañamente torpe, lo tiró al suelo, donde se rompió en cinco o seis grandes pedazos. Y esto después de haberse decidido la noche anterior, al cabo de grandes vacilaciones, a colocar precisamente este jarrón lleno de flores en la mesa, ante sus convidados, y después de haber pensado en él poco antes de romperlo, haberlo echado de menos en su cuarto y haberlo traído desde otra habitación por su propia mano.

Después de la primera sorpresa comenzó a recoger del suelo los pedazos, y en el momento en que, viendo que éstos casaban perfectamente, se dio cuenta de que el jarrón podía reconstruirse sin defecto alguno, volvieron a escapársele de las manos dos de los pedazos más grandes, haciéndose añicos y quedando perdida toda esperanza de reconstitución.

Sin disputa alguna, el acto fallido cometido poseía la tendencia actual de hacer posible al médico la persecución de su derecho, libertándole de aquello que le retenía y le impedía en cierto modo reclamar lo que le era debido.

Pero, además de esta determinación directa, posee este rendimiento fallido, para todo psicoanalista, una determinación *simbólica* más amplia, profunda e importante, pues el jarrón es un indudable símbolo de la mujer.

El héroe de esta historia había perdido de un modo trágico a su joven y bella mujer, a la que amaba ardientemente. Después de su desgracia contrajo una neurosis, cuya nota predominante era creerse culpable de aquélla. («Haber roto un bello jarrón.»)

Asimismo le era imposible entrar en relaciones con ninguna mujer y le repugnaba casarse de nuevo o emprender amores duraderos, que en su inconsciente eran valorados como una infidelidad a su difunta mujer; pero que su conciencia racionalizaba, acusándole de atraer la desdicha sobre las mujeres y causarles la muerte, etcétera. («Siendo así, no podía conservar duraderamente el jarrón.»)

Dada su fuerte libido, no es de extrañar que se presentaran ante él, como las más adecuadas, las relaciones pasajeras con mujeres casadas. (Por ello conservó o retuvo el jarrón a otro perteneciente.)

A consecuencia de su neurosis se sometió a tratamiento psicoanalítico, y los datos siguientes nos proporcionan una preciosa confirmación del simbolismo antes apuntado.

En el curso de la sesión en la que relató la rotura del jarrón «de tierra» volvió a hablar de sus relaciones con las mujeres y expresó que era en ellas de una exigencia casi insensata, exigiendo, por ejemplo, que la amada fuera de una «belleza extraterrena». Esto constituye una clara acentuación de que aún se hallaba ligado a su mujer (muerta; esto es, extraterrena) y que no quería saber nada de «bellezas terrenales». De aquí la rotura del jarrón «de tierra».

Precisamente por los días en los que, según demostró el análisis, forjaba la fantasía de pedir en matrimonio a la hija de su médico regaló a éste un jarrón, indicando así cuál era la correspondencia que deseaba.

A priori se deja cambiar de varias maneras la significación simbólica del acto erróneo; por ejemplo, no querer llenar el vaso, etc. Mas lo que me parece interesante es la consideración de que la existencia de varios, por lo menos de dos motivos actuales, desde lo preconsciente y lo inconsciente y probablemente separados, se refleje en la duplicación de acto erróneo: tirar al suelo el jarrón y luego los pedazos.

e) El dejar caer algún objeto, tirarlo o romperlo parece ser utilizado con gran frecuencia para la expresión de series de pensamientos inconscientes, cosa que se puede demostrar por medio del análisis, pero que también podría adivinarse casi siempre por las interpretaciones que a tales accidentes da, por burla o por superstición, el sentido popular. Conocida es la interpretación que se da a los actos de derramar la sal o el vino o de que un cuchillo que caiga al suelo quede clavado de punta en él, etcétera. Más adelante expondré el derecho que a ser tomadas en consideración tienen tales interpretaciones supersticiosas. Por ahora sólo haré observar que tales torpezas no tienen, de ningún modo, un sentido constante, sino que, según las circunstancias, se ofrecen como medio de representación a intenciones en absoluto diferentes.

Hace poco hubo en mi casa una temporada durante la cual se rompió en ella una extraordinaria cantidad de objetos de cristal y porcelana. Yo mismo contribuí a tal destrozo repetidas veces. Esta pequeña epidemia psíquica fue fácil de explicar. Eran aquéllos los días que precedieron al matrimonio de mi hija mayor. En tales fiestas se suele romper intencionadamente un utensilio, haciendo al mismo tiempo un voto de felicidad. Esta costumbre debe significar un sacrificio y expresar algún otro sentido simbólico.

Cuando los criados destruyen objetos frágiles dejándolos caer al suelo nadie suele pensar, ante todo, en una explicación psicológica de ello, y, sin embargo, no es improbable la existencia de oscuros motivos que coadyuvan a tales actos. Nada más lejano a las personas ineducadas que la apreciación del arte y de las obras de arte. Una sorda hostilidad contra estos productos domina a nuestros criados, sobre todo cuando tales objetos, cuyo valor no aprecian, constituyen un motivo de trabajo para ellos. En cambio, personas de igual origen que se hallan empleadas en alguna institución científica se distinguen por la gran destreza y seguridad con que manejan los más delicados objetos en cuanto comienzan a identificarse con sus amos y a contarse entre el personal esencial del establecimiento.

Incluyo aquí la comunicación de un joven técnico, que nos permite penetrar en el mecanismo del desperfecto de objetos:

Hace algún tiempo trabajaba con varios colegas en el laboratorio de la Escuela Superior, en una serie de complicados experimentos de elasticidad, labor emprendida voluntariamente, pero que comenzaba a ocuparnos más tiempo de lo que hubiésemos deseado. Yendo un día hacia el laboratorio en compañía de mi colega, el señor F., expresó éste lo desagradable que era para él verse obligado a perder aquel día tanto tiempo, pues tenía mucho trabajo en su casa. Yo asentí a sus palabras y añadí, medio en broma, aludiendo a un incidente de la pasada semana: «Por fortuna, es de esperar que la máquina falle otra vez y tengamos que interrumpir el experimento. Así podremos marcharnos pronto.»

En la distribución del trabajo tocó a F. regular la válvula de la prensa; esto es, iría abriendo con prudencia para dejar pasar poco a poco el líquido presionador desde los acumuladores al cilindro de la prensa hidráulica. El director del experimento se hallaba observando el manómetro, y cuando éste marcó la presión deseada, gritó: «¡Alto!». Al oír esta voz de mando cogió F. la válvula y le dio vuelta con toda su fuerza hacia la izquierda. (Todas las válvulas, sin excepción, se cierran hacia la derecha.) Esta falsa maniobra hizo que la presión del acumulador actuara de golpe sobre la prensa, cosa para la cual no estaba preparada la tubería, y que hizo estallar una unión de ésta, accidente nada grave para la máquina, pero que nos obligó a abandonar el trabajo por aquel día y regresar a nuestras casas.

Aparte de esto, es muy característico el hecho de que algún tiempo después, hablando de este incidente, no pudo F. recordar las palabras que le dije al dirigirnos juntos al laboratorio, palabras que yo recordaba con toda seguridad.

Caerse, tropezar o resbalar son actos que no deben ser interpretados siempre como un fallo puramente casual de una función motora. El doble sentido lingüístico de estas expresiones indica ya las ocultas fantasías que pueden hallar una representación en tales perturbaciones del equilibrio corporal. Recuerdo gran número de ligeras enfermedades nerviosas surgidas en sujetos femeninos después de una caída en la que no sufrieron herida alguna y diagnosticadas como histerias traumáticas subsiguientes al susto. Ya estos casos me dieron la impresión de que la relación de causa a efecto era distinta de la que se suponía y de que la caída era un anuncio de la neurosis y una expresión de las fantasías inconscientes de contenido sexual de la misma, fantasías que deben considerarse como fuerzas actuantes detrás de los síntomas. ¿Acaso no expresa esta misma idea el proverbio que dice: «Cuando una muchacha cae, cae siempre de espaldas»?

Entre los actos de término erróneo puede incluirse el de dar a un mendigo una moneda de oro por una de cobre o de plata. La explicación de tales errores es muy sencilla. Son actos de sacrificio destinados a apaciguar al Destino, desviar una desgracia, etc. Si antes de salir a paseo se ha oído hablar a una madre o pariente amorosa de su preocupación por la salud de un hijo o allegado, y luego se las ve proceder con la involuntaria generosidad citada, no se podrá dudar del sentido del aparentemente indeseado incidente. De esta manera, nuestros actos erróneos hacen posible el ejercicio de aquellas piadosas y supersticiosas costumbres, que a causa de la resistencia de nuestra razón, que se ha hecho descreída, tienen que rehuir la luz de la conciencia.

El campo de acción de la actividad sexual, dentro del cual parece borrarse por completo la delimitación entre lo casual y lo intencionado, nos ofrece una prueba evidente de la intencionalidad real de estos actos, aparentemente casuales.

Yo mismo he vivido hace algunos años un ejemplo de cómo un movimiento torpe en apariencia puede ser utilizado para un fin sexual de la más refinada de las maneras. En una casa amiga hallé en una ocasión a una muchacha que despertó en mí un antiguo afecto amoroso, haciéndome mostrarme jovial, locuaz y complaciente. También me preocupó en esta ocasión el descubrimiento de los motivos de aquella impresión, pues la misma muchacha me había dejado completamente frío un año antes. Al entrar el tío de la muchacha, persona muy anciana, en la habitación en que nos hallábamos, nos levantamos ella y yo para acercarle una silla que en un rincón había. Más ágil ella y también más cercana a la silla, la cogió antes que yo y la trajo ante sí, teniéndola con el respaldo hacia atrás y ambas manos en los lados del asiento. Al llegar yo a su lado y no renunciar a mi propósito de coger la silla me hallé de repente pegado por detrás a la muchacha, abrazándola con ambos brazos, y mis manos se encontraron un momento sobre su pecho. Como es natural, puse término a esta situación con la misma rapidez con que se había producido, y nadie pareció darse cuenta de lo hábilmente que yo había aprovechado mi torpe movimiento.

Debe admitirse asimismo que nuestros torpes y enfadosos regates cuando, al encontrarnos ante una persona en la calle, empezamos a dar pasos a uno y otro lado, pero siempre en igual dirección que el otro o la otra, hasta quedar ambos inmóviles frente a frente, acto que resulta como «cerrar el camino a alguien», renueva una incorrecta y provocativa costumbre de los años juveniles y persigue intenciones sexuales bajo el disfraz de una torpeza. Mis psicoanálisis de neuróticos me han enseñado que lo que consideramos como ingenuidad en los adolescentes y en los niños no es, con frecuencia, más que un disfraz bajo el cual les es posible hacer o decir, sin avergonzarse, algo indecoroso.

W. Stekel ha comunicado varias autoobservaciones análogas: «Al entrar en una casa alargué mi mano a la señora de ella y desaté al hacerlo el lazo que sujetaba su suelta bata matinal. No abrigaba yo, conscientemente, ningún poco honrado propósito y, sin embargo, llevé a cabo dicho torpe movimiento con la habilidad de un prestidigitador.»

Repetidas veces he incluido aquí pruebas de que los poetas juzgan los rendimientos fallidos igual que nosotros en este libro; esto es, como significativos y motivados. No nos admirará, por tanto, ver en un nuevo ejemplo cómo un poeta da una intensa significación a un movimiento equivocado y le hace ser un presagio de ulteriores acontecimientos.

En la novela de Theodor Fontane *La adúltera* hallamos las siguientes líneas (tomo II, pág. 64, de la edición de las obras completas de Th. Fontane.–S. Fischer):

«... y Melania se levantó y arrojó a su marido, a manera de saludo, uno de los grandes balones. Pero apuntó mal, y la pelota, volando hacia un lado, fue a parar a manos de Rubén.» Al regreso de la excursión en que esto sucede se desarrolla un diálogo entre Melania y Rubén, en el cual comienza ya a surgir el brote de un naciente amor. Este amor crece luego hasta el apasionamiento, y Melania abandona, por último, a su marido para pertenecer por entero al hombre amado. (Comunicado por H. Sachs.)

f) Los efectos que producen los actos de aprehensión errónea de las personas normales son, por lo regular, inofensivos. Por ello mismo es de gran interés el investigar si otros errores de mayor importancia (por ejemplo, los de un médico o un farmacéutico) pueden ser también interpretados conforme a nuestro punto de vista.

Personalmente me hallo muy escasas veces en situación de observar actos correspondientes a una actividad médica general, y de este modo no puedo comunicar aquí más que un solo caso de error médico observado en mí mismo. Desde hace algunos años vengo visitando dos veces al día a una señora anciana, y mi labor de la visita matinal se reduce a dos actos: echarle en los ojos un par de gotas de un colirio y ponerle una inyección de morfina. A estos efectos hay siempre preparadas dos botellitas, una azul para el colirio y otra blanca para la morfina. Mientras llevo a cabo los dos actos acostumbrados, mis pensamientos suelen estar ocupados en otra cosa, pues he repetido tantas veces la misma faena que la atención necesaria para efectuarla se comporta ya como libre e independiente. Sin embargo, en una ocasión trabajó el autómata equivocadamente. Introduje el cuentagotas en la botellita blanca en lugar de en la azul y lo que eché en los ojos de la enferma fue morfina y no colirio. Al darme cuenta quedé sobrecogido, tranquilizándome después con la reflexión de que unas gotas de una solución de morfina al dos por ciento no podían causar ningún daño a la conjuntiva. Así, pues, la causa del miedo sentido debía de ser distinta.

En mi intento de analizar mi pequeño error, la primera cosa que acudió a mi pensamiento fue la frase «atentar contra la anciana»[5], la cual podía indicarme un rápido camino hacia la solución. Me hallaba yo bajo la impresión de un sueño que me había sido relatado la noche anterior por un joven, sueño cuyo contenido no podía interpretarse más que como el comercio sexual del sujeto con su propia madre[6]. La extraña circunstancia de que la leyenda no tenga en cuenta la ancianidad de la reina Yocasta me pareció confirmar la afirmación de que en el enamoramiento de la propia madre no se trata nunca de la persona actual, sino de su recuerdo juvenil, procedente de los años infantiles.

Tales incongruencias aparecen siempre cuando una fantasía vacilante entre dos épocas se hace consciente y queda así ligada a una época definida. Abstraído en estos pensamientos llegué a casa de mi paciente, que frisaba en los noventa años, y debía de hallarme en camino de considerar el general carácter humano de la fábula de Edipo como la correlación de la fatal profecía expresada por el oráculo, pues «me equivoqué con» o «atenté contra la anciana». Mas mi acto erróneo fue también en este caso inofensivo. De los dos errores posibles: usar la morfina para echarla en los ojos o el colirio para la inyección, había escogido el más inocente. Queda aún la cuestión de si en errores susceptibles de ocasionar graves daños puede suponerse la existencia de una intención inconsciente, como sucede en los hasta aquí examinados.

Aquí se agota, como era de esperar, el material de que podía disponer y quedo reducido a exponer aproximaciones e hipótesis. Conocido es que en los casos graves de psiconeurosis aparecen a veces automutilaciones como síntomas de la enfermedad y que no se puede considerar en tales casos excluido el suicidio como final del conflicto psíquico. Sé por experiencia, y lo expondré algún día con ejemplos convincentes, que muchos daños que aparentemente por casualidad, suceden a tales enfermos son, en realidad, maltratos que los pacientes se infligen a sí mismos. Estos accidentes son producidos por una tendencia constantemente vigilante al autocastigo; tendencia que de ordinario se manifiesta como autorreproche, o coadyuva a la formación de síntomas y utiliza diestramente una situación exterior que se ofrezca casualmente o la ayuda hasta conducirla a la consecución del efecto dañoso deseado. Tales sucesos no son tampoco raros en los casos de moderada gravedad y revelan la participación de la intención inconsciente por una serie de signos especiales; por ejemplo, por la extraña presencia de espíritu que manifiestan los enfermos durante los pretendidos accidentes[7].

En vez de muchos ejemplos relataré con todo detalle uno solo, observado en el ejercicio de mi actividad médica: una joven casada se rompió una pierna en un accidente de coche, teniendo que guardar cama durante varias semanas, y al asistirla me extrañó la falta de manifestaciones de dolor y la tranquilidad con que llevaba su desgracia. El accidente hizo aparecer una larga y grave neurosis que, por último, se curó por el tratamiento psicoanalítico. En el curso de este último averigüé las circunstancias que rodearon el accidente, así como determinadas impresiones que le precedieron. La joven mujer se hallaba con su marido, hombre muy celoso, pasando una temporada en la finca de una hermana suya, en compañía de sus numerosos hermanos y hermanas y sus respectivos cónyuges. Una noche dio en este íntimo círculo una representación de una de sus habilidades, bailando un cancán conforme a todas las reglas del arte y obteniendo gran éxito con todos los parientes, pero descontentando a su marido, que le murmuró después al oído: «Te has vuelto a conducir como una prostituta.» La palabra hizo su efecto, y queremos dejar indeciso si precisamente por el baile. Aquella noche durmió mal, y a la mañana quiso dar un paseo en coche. Por sí misma escogió los caballos, rehusando un tronco y eligiendo otro. La más joven de sus hermanas quiso que fuera en el coche un hijo suyo de pecho, con el ama, pero ella se opuso enérgicamente. Durante el paseo se mostró nerviosa, advirtió al cochero que los caballos iban a espantarse, y cuando los inquietos animales tuvieron en realidad un momento de indisciplina, se levantó sobrecogida y se arrojó del coche, rompiéndose una pierna, mientras que los que permanecieron dentro no sufrieron daño alguno. Después de descubrir estos detalles no se puede dudar de que el accidente estaba preparado y no debemos dejar de admirar la habilidad que obligó a la casualidad a distribuir un castigo tan correlativo a la falta cometida, pues, en efecto, ya no podría ella bailar el cancán en mucho tiempo.

No me es posible relatar casos en que me haya infligido daños a mí mismo en épocas de tranquilidad, pero no me creo incapaz de cometer tales actos bajo condiciones extraordinarias. Cuando un miembro de mi familia se queja de haberse mordido la lengua, aplastado un dedo, etc., lo primero que hago, en lugar de compadecerle, es preguntarle: «¿Por qué has hecho eso?» Yo mismo me cogí un dedo muy dolorosamente, después de haber oído a un joven paciente expresar en la consulta su deseo (que, como es natural, no había que tomar en serio) de contraer matrimonio con mi hija mayor, la cual se hallaba a la sazón en un sanatorio y en peligro de muerte.

Uno de mis hijos, cuyo vivo temperamento dificultaba mucho la tarea de cuidarle cuando se hallaba enfermo, tuvo una mañana un fuerte acceso de cólera porque se le ordenó que permaneciera en el lecho durante toda la tarde y amenazó con suicidarse, amenaza que le había sido sugerida por la lectura de los periódicos. Aquella misma tarde me enseñó un cardenal que se había hecho en un lado de la caja torácica al chocar contra una puerta y darse un fuerte golpe con el saliente del picaporte. Le pregunté irónicamente por qué había hecho aquello, y el niño, que no tenía más que once años, me contestó como iluminado: «Eso ha sido el intento de suicidio con que os amenacé esta mañana.» No creo que mis opiniones sobre los daños infligidos por una persona a sí misma fueran por entonces accesibles a mis hijos.

Aquellos que crean en la existencia de estos automaltratos semiintencionados –si se me permite emplear esta poco diestra expresión– se hallarán preparados a admitir también el hecho de que, además del suicidio conscientemente intencionado, hay otra clase de suicidio, con intención inconsciente, la cual es capaz de utilizar con destreza un peligro de muerte y disfrazarlo de desgracia casual. En efecto, la tendencia a la autodestrucción existe con cierta intensidad en un número de individuos mucho mayor del de aquellos en que llega a manifestarse victoriosa. Los daños autoinfligidos son regularmente una transacción entre este impulso y las fuerzas que aún actúan contra él. También en los casos en que se llega al suicidio ha existido anteriormente, durante largo tiempo, dicha inclinación, con menor fuerza o como tendencia inconsciente y reprimida.

También la intención consciente de suicidarse escoge su tiempo, sus medios y su ocasión. Paralelamente obra la intención inconsciente al esperar la aparición de un motivo que pueda tomar sobre sí una parte de la responsabilidad y, acaparando las fuerzas defensivas de la persona, la libere de la presión que sobre ella ejercen[8]. Estas discusiones no son ociosas bajo ningún concepto. He conocido más de un caso de desgracia aparentemente casual (accidentes de caballo o de coche) cuyas circunstancias justifican una sospecha de suicidio inconscientemente tolerado. Tal es el caso de un oficial que durante una carrera de caballos cayó del que montaba, hiriéndose tan gravemente que murió varios días después. Su conducta al volver en sí después del accidente fue un tanto singular. Pero aún lo había sido más la que venía observando desde algún tiempo antes. Entristecido por la muerte de su madre, a la que quería mucho, se echaba a llorar estando con sus camaradas, y expresó varias veces a sus íntimos su cansancio de la vida y su deseo de abandonar el servicio para ir a África a tomar parte en una campaña que allí se desarrollaba y que no debía ofrecer ningún interés para él[9]. Siendo un valiente jinete, evitaba en aquellos días montar a caballo. Por último, antes de la carrera, en la que no podía excusarse de tomar parte, expresó un triste presentimiento.

Nuestra concepción de estos casos hace que no podamos extrañarnos de que el presentimiento se realizara. Se me opondrá que en tal estado de depresión nerviosa no le es posible a un hombre dominar al caballo con igual maestría que en época de plena salud. Convengo en ello; pero creo más acertado buscar el mecanismo de tal inhibición motora por «nerviosidad» en la intención autodestructora aquí acentuada.

S. C. Ferenczi, de Budapest, me ha autorizado a publicar el siguiente análisis, verificado por él, de un caso de herida por arma de fuego, pretendidamente casual y que él explica como un intento inconsciente de suicidio, explicación con la que estoy en un todo conforme.

«J. A., de veintidós años de edad, oficial de carpintero, vino a mi consulta el 18 de enero de 1908. Quería que le dijese si le debía y podía ser extraída una bala que tenía alojada en la sien izquierda desde el 20 de marzo de 1907. Aparte de algunos dolores de cabeza, no demasiado violentos, que le atacan de cuando en cuando, se siente completamente sano. El reconocimiento objetivo no descubrió nada importante, fuera de la cicatriz característica del disparo y ennegrecida por la pólvora en la sien izquierda. En vista de ello me mostré contrario a toda operación. Preguntado por las circunstancias del caso, contestó haberse herido casualmente. Jugaba con un revólver de su hermano; *creyendo que no estaba cargado,* se lo apoyó con la mano izquierda en la sien *iz-*

quierda (no es zurdo), colocó el dedo en el gatillo, y el tiro salió. *En el arma, que era de seis tiros, había tres cartuchos.* Le pregunté luego cómo había llegado a la idea de coger el revólver, y me contestó que por entonces era el tiempo de su entrada en quintas, y que la noche antes había cogido el revólver para ir a una taberna, temiendo que en ella se promoviera alguna pelea. En el reconocimiento médico-militar fue declarado inútil por padecer varices, cosa que le avergonzó sobremanera. Al regresar a su casa se puso a jugar con el revólver, no teniendo intención de causarse ningún daño, y entonces fue cuando surgió el accidente. Interrogado sobre si, en general, estaba contento con su suerte, me relató, suspirando, su historia amorosa con una muchacha que le quería; pero que, sin embargo, le abandonó para emigrar a América, empujada por el deseo de hacer fortuna. Él quiso seguirla, pero se lo impidieron sus padres. Su amada había partido el 20 de enero de 1907; esto es, dos meses antes del suceso. A pesar de todos estos elementos sospechosos, sostuvo el paciente que el disparo había sido un "accidente desgraciado". Sin embargo, estoy firmemente convencido de que la negligencia de no haber comprobado si el revólver estaba o no cargado antes de ponerse a jugar con él, así como el daño autoinfligido, se hallaban determinados psíquicamente. El individuo de referencia se encontraba aún bajo la impresión deprimente de su desdichado amor y quería "olvidar" en el servicio de las armas. Cuando también le fue arrancada esta esperanza fue cuando llegó a jugar con el revólver; esto es, a un inconsciente intento de suicidio. El hecho de tomar el arma con la mano izquierda y no con la derecha es una prueba decisiva de que, en realidad, no hacía más que jugar, o sea de que no quería, conscientemente, suicidarse.»

Otro caso de daño autoinfligido, de apariencia casual, cuya publicación me ha sido autorizada por la persona que lo observó directamente, nos recuerda el proverbio que dice: «Aquel que cava una fosa para otro cae él mismo en ella»[10].

«La señora de X., perteneciente a una familia de la clase media, está casada y tiene tres hijos. Es algo nerviosa; mas nunca necesitó someterse a un tratamiento enérgico, pues posee firmeza suficiente para adaptarse a la vida. Un día se produjo una considerable, pero pasajera, desfiguración de su rostro, en la siguiente forma:

»Al atravesar una calle en la que estaban arreglando el pavimento, tropezó con un montón de piedras y fue a dar de cara contra el muro de una casa, quedando con el rostro todo arañado y magullado. Los párpados se le pusieron azules y edematosos, y llamó al médico, temiendo que también hubieran sufrido sus ojos algún daño. Después de tranquilizarla respecto a esta cuestión, le pregunté: "Pero ¿cómo se ha caído usted de ese modo...?". La señora repuso que precisamente antes del accidente había recomendado a su marido, el cual padecía desde hacía algunos meses una afección articular que le dificultaba la deambulación, que tuviese cuidado al pasar por dicha calle, y que sabía por repetidas experiencias que en casos como éste le ocurría sufrir aquellos mismos accidentes contra los que prevenía a los demás.

»Yo no me contenté con esta determinación del suceso y le pregunté si no tenía alguna cosa más que relatarme. En efecto: me dijo que en el momento que precedió a la caída había visto en una tienda de la acera opuesta un lindo cuadrito y que, de repente, le entraron deseos de comprarlo para adorno del cuarto de sus hijos. Entonces se dirigió derechamente hacia la tienda, sin cuidarse del estado de la calle, tropezó con el montón de piedras y fue a dar de cara contra el muro de una casa sin hacer siquiera el menor intento de librarse del golpe con las manos. El propósito de comprar el cuadro quedó olvidado en el acto, y la señora regresó a toda prisa a su domicilio.

»—Pero ¿cómo no miró usted con más cuidado dónde pisaba? —seguí preguntándole.

»—¡Ay! —me respondió—. Ha sido, quizá, un *castigo* por la historia que ya confié a usted.

»—¿La sigue atormentando esa historia?

»—Sí; después he sentido mucho haber hecho lo que hice. Me he encontrado perversa, criminal e inmoral. Pero en aquellos días, mis nervios me tenían casi loca.

»Se trataba de un aborto que, de acuerdo con su marido, y queriendo ambos evitar, por razones económicas, el nacimiento de más hijos, había hecho provocar por una curandera, y en cuyo desenlace fue asistida por un especialista.

»—Con frecuencia me he reprochado haber dejado matar a mi hijo —siguió diciendo— y he tenido miedo de que tal crimen no podía quedar impune. Ahora, que me ha asegurado usted que no me pasará nada en los ojos, me quedo ya tranquila. Así como así, estoy ya *suficientemente castigada.*

»Salta, pues, a la vista que el accidente había sido un autocastigo infligido no sólo en penitencia de la mala acción cometida, sino también para escapar a otro mayor castigo desconocido, cuyo advenimiento venía la señora temiendo hacía ya varios meses.

»En el momento en que se dirigió apresuradamente hacia la tienda para comprar el cuadrito, el recuerdo de su falta —ya bastante activo en su inconsciente cuando recomendó cuidado a su esposo— había llegado a ser dominante y se hubiera podido expresar con las siguientes palabras:

»"¿Para qué quieres comprar ningún adorno para el cuarto de tus hijos, si has dejado matar a uno de ellos? ¡Criminal! ¡El gran castigo está ya próximo!"

»Este pensamiento no llegó a hacerse consciente; pero, no obstante, la señora utilizó la situación dada en aquel momento psicológico para aprovechar el montón de piedras en su autocastigo. Por esta razón no extendió siquiera las manos al caer ni experimentó tampoco un susto violento. La segunda determinación, probablemente menor, del accidente fue otro autocastigo por su *inconsciente* deseo de librarse de su marido, cómplice en todo el penoso asunto del aborto. Este deseo se revela en la recomendación, totalmente superflua, de que tuviera cuidado al atravesar la calle en reforma, ya que el marido, precisamente por su enfermedad, había de andar con gran prudencia»[11].

Considerando las circunstancias que rodean el caso siguiente de daño autoinfligido de apariencia casual, hay que dar la razón a J. Staercke *(l. c.),* el cual lo interpreta como un «acto de sacrificio»:

«Una señora, cuyo yerno tenía que partir para Alemania con el fin de cumplir allí sus deberes militares, se quemó un pie, vertiéndose sobre él un hirviente líquido, en las circunstancias siguientes: su hija estaba próxima a alumbrar, y el pensamiento de los peligros que en la guerra iba a correr el marido no era, como es natural, para que el estado de ánimo de toda la familia fuese muy alegre. El día antes de la partida de su yerno, la señora había convidado a comer al matrimonio. Por sí misma preparaba la comida en la cocina, después de haber sustituido, contra su costumbre, sus botas, altas y sin tacones, con las que andaba muy cómodamente, por unas zapatillas de su marido, muy grandes y abiertas por arriba. Al coger del fuego una gran cazuela llena de sopa hirviendo la dejó caer y se escaldó gravemente un pie, sobre todo el empeine, no protegido por la zapatilla. Claro es que el accidente se puso a cuenta de la "nerviosidad", comprensible dada la situación de la familia. En los días siguientes a tal "acto de sacrificio" se condujo muy prudentemente en el manejo de objetos calientes; pero ello no impidió que días después se volviese a escaldar una muñeca»[12].

Si tal furor contra la propia integridad y la propia vida puede ocultarse así detrás de una torpeza, aparentemente casual, y de una insuficiencia motora, no ha de resultarnos ya difícil aceptar la transferencia de igual concepción a aquellos actos erróneos que ponen en grave peligro la vida y la salud de otras personas. Los documentos que puedo alegar en favor de la exactitud de esta afirmación están tomados de mis experiencias en el tratamiento de neuróticos y, por tanto, no se adaptan por completo a lo que se trata de demostrar. De todos modos, expondré aquí un caso, en el que no precisamente un acto erróneo, sino lo que más bien puede denominarse un acto sintomático o casual, me puso sobre una pista que me llevó a conseguir la solución del conflicto en que el paciente se hallaba. En una ocasión me propuse mejorar las relaciones matrimoniales de un individuo muy inteligente, cuyas diferencias con su joven mujer, la cual le amaba con ternura, podían basarse en fundamentos reales; pero que, como él mismo confesaba, no quedaban, ni aun así, totalmente explicadas. Sin cesar se atormentaba el marido con el pensamiento de una separación, pensamiento que siempre rechazaba por su amor hacia sus dos tiernos hijos. A pesar de esto, volvía siempre a la misma idea y no intentaba ningún medio de hacerse tolerable la situación. Este no resolver nunca el conflicto me pareció una prueba de la existencia de motivos inconscientes y reprimidos que reforzaban los motivos conscientes que mantenían la lucha. En estos casos, mi intervención consiste en dar fin al conflicto por medio del análisis psíquico. El marido me relató un día un pequeño incidente que le había asustado sobremanera. Jugaba con su hijo mayor, que era su preferido, subiéndole y bajándole en sus brazos, y una de las veces le alzó tan alto y en tal lugar de la habitación, que la cabeza del niño estuvo a punto de chocar con la pesada araña de gas que pendía del techo. *Le faltó muy poco,* pero no llegó. Aunque el niño no sufrió daño alguno, medio se desmayó del susto. El padre permaneció quieto y espantado con él en brazos, y la madre fue presa de un ataque histérico. La especial destreza de tal movimiento imprudente y la violencia de la reacción de los padres me hicieron buscar en esta casualidad un acto sintomático que debía de expresar una perversa intención contra tan querido hijo. La contradicción entre el acto sintomático y la ternura actual del padre hacia su niño podía salvarse retrotrayendo el impulso damnificante a la época en que este niño había sido hijo único y tan pequeño que el padre no había llegado aún a interesarse tiernamente por él. Siendo así podía admitirse que el marido, poco satisfecho de su mujer, hubiera tenido por entonces el pensamiento siguiente: «Si este pequeño ser, que nada me importa, muere, quedo libre y podré separarme de mi mujer.» Por tanto, debía de seguir existiendo inconscientemente en él un deseo de muerte del ahora ya tan querido niño. Desde este punto era fácil encontrar el camino hacia la fijación inconsciente de este deseo. Una poderosa determinante del acto realizado estaba constituida por un recuerdo infantil del paciente, relativo a la muerte de un hermano pequeño, que la madre achacaba al abandono de su marido, y que había dado lugar a violentas explicaciones entre los cónyuges, en las que había sonado una amenaza de separación. Mi hipótesis quedó confirmada por el éxito terapéutico del análisis y la modificación que sobrevino en las relaciones conyugales de mi paciente.

J. Staercke (*l. c.*) nos da cuenta en un ejemplo de cómo los poetas no vacilan en colocar un acto erróneo en lugar de otro intencionado, haciendo al primero causa de las más graves consecuencias.

En uno de los *Apuntes,* de Hayermans[13], aparece un ejemplo de acto erróneo, utilizado por el autor como motivo dramático.

El apunte se titula *Tom y Teddie.* En un teatro de variedades trabaja una pareja de buceadores, hombre y mujer, que permanecen bajo el agua largo tiempo, dentro de una piscina de paredes de cristal, y realizan, sumergidos, diferentes habilidades. La mujer es, desde hace poco tiempo antes, la amante de un domador que trabaja en el mismo teatro, y el buceador los ha sorprendido en el vestuario minutos antes de tener que salir a escena, limitándose, por esta causa, a dirigirles una amenazadora mirada y murmurar: «Luego veremos.» La representación comienza. El buzo va aquella noche a presentar su número más difícil, consistente en permanecer «bajo el agua, y encerrado herméticamente en un cajón, dos minutos y medio». Este número lo habían hecho ya varias veces. La caja quedaba cerrada, y Teddie enseñaba la llave, mientras el público comprobada, reloj en mano, el tiempo que transcurría. Luego dejaba caer un par de veces la llave en la piscina y se tiraba al agua tras ella para no retrasarse cuando llegaba el momento de abrir el cajón.

En esta noche, la del 31 de enero, fue Tom encerrado, como de costumbre, por los pequeños dedos de la alegre y vivaracha mujercita. Tom sonreía detrás de la mirilla del cajón. Ella jugaba con la llave y esperaba la señal para abrir. Entre bastidores se hallaba el domador, con su frac impecable, su corbata blanca y su látigo de montar. Para llamarle la atención dio un breve silbido. Ella miró hacia él, sonrió y, con el gesto torpe de alguien cuya atención se ve distraída, arrojó la llave hacia lo alto con tal fuerza, que cuando terminaban los dos minutos y veinte segundos, bien contados, cayó al lado de la piscina, entre los pliegues de una bandera que disimulaba los pies de la misma. Nadie vio dónde había caído. Desde la sala, la ilusión óptica fue tal que todos los espectadores vieron caer la llave a través del agua.

Tampoco ninguno de los empleados del teatro se dio cuenta de la verdad, pues el paño de la bandera mitigó el sonido.

Sonriendo y sin vacilar trepó Teddie por las paredes de la piscina. Sonriendo –Tom aguantaba bien– volvió a bajar. Sonriendo desapareció bajo los pies de la piscina para buscar allí la llave, y al no encontrarla en seguida se inclinó hacia la parte anterior de la bandera con un gesto cansado, como si quisiera decir: «¡Ay, Dios mío! ¡Cuánta molestia!».

Entre tanto Tom seguía haciendo sus cómicos gestos detrás de la mirilla, como si también él se intranquilizase. Se veía blanquear su dentadura postiza y moverse sus labios bajo el bigote recortado y aparecieron las mismas cómicas burbujillas de aire que antes, cuando comió una manzana bajo el agua. Se vio retorcerse y engarabitarse sus pálidos dedos, huesudos, y el público rió, como ya había reído con frecuencia aquella noche.

Dos minutos y cincuenta y ocho segundos...

233

Tres minutos y siete segundos..., y doce segundos...

¡Bravo! ¡Bravo! ¡Bravo!

En esto surgió cierta intranquilidad en la sala, y el público comenzó a patear al ver que también los criados del domador comenzaban a buscar la llave y que el telón caía antes que la tapa de la caja fuese levantada.

En el escenario aparecieron luego seis bailarinas inglesas. Después, el hombre de los caballitos, los monos y los perros, y así sucesivamente.

Hasta la mañana siguiente no se enteró el público de que había sucedido una desgracia, y que Teddie quedaba viuda y sola en el mundo...

Por lo citado se ve cuán excelentemente ha tenido que comprender el artista la naturaleza de la acción sintomática para presentarnos con tal acierto la profunda causa de la mortal torpeza.

9. Actos sintomáticos y casuales

Los actos que hasta ahora hemos descrito y reconocido como ejecuciones de intenciones inconscientes se manifestaban como perturbaciones de otros actos intencionados y se ocultaban bajo la excusa de la torpeza. Los actos casuales de los cuales vamos a tratar ahora no se diferencian de los actos de término erróneo más que en que desprecian apoyarse en una intención consciente y, por tanto, no necesitan excusa ni pretexto alguno para manifestarse. Surgen con una absoluta independencia y son aceptados naturalmente, porque no se sospecha de ellos finalidad ni intención alguna. Se ejecutan estos actos «sin idea ninguna», por «pura casualidad» o por «entretener en algo las manos», y se confía en que tales explicaciones bastarán a aquel que quiera investigar su significación. Para poder gozar de esta situación excepcional tienen que llenar estos actos, que no requieren ya la torpeza como excusa, determinadas condiciones. Deben, pues, pasar inadvertidos; esto es, no despertar extrañeza ninguna y producir efectos insignificantes.

Tanto en mí mismo como en otras personas he observado un buen número de estos *actos casuales,* y después de examinar con todo cuidado cada una de las observaciones por mí reunidas, opino que pueden denominarse más propiamente *actos sintomáticos,* pues expresan algo que ni el mismo actor sospecha que exista en ellos, y que regularmente no habría de comunicar a los demás, sino, por lo contrario, reservaría para sí mismo. Así, pues, estos actos, al igual que todos los otros fenómenos de que hasta ahora hemos tratado, desempeñan el papel de síntomas.

En el tratamiento psicoanalítico de los neuróticos es donde se puede observar mayor número de tales actos, sintomáticos o casuales. Expondré aquí dos ejemplos de dicha procedencia, en los cuales se ve cuán lejana y sutilmente es regida por pensamientos inconscientes la determinación de estos actos tan poco llamativos. La línea de demarcación entre los actos sintomáticos y los de término erróneo es tan indefinida, que los ejemplos que siguen podrían lo mismo haber sido incluidos en el capítulo anterior.

a) Una casada joven me relató durante una sesión del tratamiento psicoanalítico, en la cual debía ir diciendo con libertad todo lo que fuera acudiendo a su mente, que el día anterior, al arreglarse las uñas, «se había herido en la carne al querer empujar la cutícula de una uña para hacerla desaparecer en la raíz de la misma». Este hecho es tan poco interesante, que asombra que la sujeto lo recuerde y lo mencione, induciendo por lo mismo a sospechar se trate de un acto sintomático. El dedo que sufrió el pequeñísimo accidente fue el anular, dedo en el cual se acostumbra llevar el anillo de matrimonio, y, además, ello sucedió en el día aniversario de la boda de mi cliente, lo cual da a la herida de la fina cutícula una significación bien definida y fácil de adivi-

nar. Al mismo tiempo me relató también la paciente un sueño que había tenido y que aludía a la torpeza de su marido
y a su propia anestesia como mujer. Mas ¿por qué fue en el
anular de la mano izquierda en el que se hirió, siendo en el de
la derecha donde se lleva el anillo de matrimonio? Su marido era doctor en Derecho, y siendo ella muchacha había
sentido un secreto amor hacia un médico al que se sobre-
nombraba en broma «Doctor en Izquierdo». También el
término «matrimonio de la mano izquierda» tiene una determinada significación.

b) Una muchacha soltera me dijo en una ocasión lo siguiente: «Ayer he roto, sin querer, en dos pedazos un billete
de cien florines y he dado una de las dos mitades a una señora que había venido a visitarme. ¿Será esto también un
acto sintomático?». Examinando el caso aparecieron los siguientes detalles: la interesada dedicaba una parte de su
tiempo y de su fortuna a obras benéficas. Una de éstas era
que, en unión de otra señora, sufragaba los gastos de la educación de un huérfano. Los cien florines eran la cantidad
que dicha otra señora le había enviado para tal objeto, y que
ella había metido en un sobre y dejado provisionalmente
encima del escritorio.

La visitante, una distinguida dama que colaboraba con
ella en otras obras caritativas, había ido a pedirle una lista
de nombres de personas de las que se podía solicitar apoyo
para tales asuntos. No teniendo otro papel a mano, cogió
mi paciente el sobre que estaba encima del escritorio y, sin
reflexionar en lo que contenía, lo rompió en dos pedazos,
de los cuales dio uno a su amiga con la lista de nombres pedida y conservó el otro con un duplicado de dicha lista. Obsérvese la absoluta inocencia de este inútil manejo. Sabido
es que un billete no sufre ninguna minoración en su valor

cuando se rompe, siempre que pueda reconstruirse por entero con los pedazos, y no cabía duda de que la señora no tiraría el trozo de sobre, dada la importancia que para ella tenían los nombres en él consignados, ni tampoco de que cuando descubriera el medio billete habría de apresurarse a devolverlo.

Pero entonces, ¿qué pensamientos inconscientes habían sido los que habían encontrado su expresión en este acto casual, hecho posible por un olvido? La dama visitante estaba en una bien definida relación con la cura que yo realizaba de la enfermedad que su joven amiga padecía, pues había sido la que me había recomendado como médico a la paciente, la cual, si no me equivoco, se halla muy agradecida a la señora por tal indicación. ¿Debería acaso representar aquel medio billete un pago por su mediación? Esto seguiría siendo aún muy extraño.

Mas a lo anterior se añadió nuevo material. Un día antes había preguntado una mediadora de un género completamente distinto, a un pariente de la joven, si ésta quería conocer a cierto caballero, y a la mañana siguiente, pocas horas antes de la visita de la señora, había llegado una carta de declaración del referido pretendiente, carta que había producido gran regocijo. Cuando la visitante comenzó después la conversación, preguntando por su estado de salud a mi paciente, pudo ésta muy bien haber pensado: «Tú me recomendaste el médico que me convenía; pero si ahora, y con igual acierto, me ayudases a hallar un marido (y un hijo), te estaría aún más reconocida.» Este pensamiento reprimido hizo que se confundieran, en una sola, las dos mediadoras, y la joven alargó a la visitante los honorarios que en su fantasía estaba dispuesta a dar a la otra. Teniendo en cuenta que la tarde anterior había yo hablado a mi paciente de los actos casuales o sintomáticos, se nos mostrará la solución antedicha como la única posible, pues habremos de suponer que la joven aprovechó la primera ocasión que hubo de presentársele para cometer uno de tales actos.

Puede intentarse formar una agrupación de estos actos casuales y sintomáticos, tan extraordinariamente frecuentes, atendiendo a su manera de manifestarse y según sean habituales, regulares en determinadas circunstancias o aislados. Los primeros (como el juguetear con la cadena del reloj, mesarse la barba, etc.), que pueden considerarse como una característica de las personas que lo llevan a cabo, están próximos a los numerosos movimientos llamados «tics», y deben ser tratados en unión de ellos. En el segundo grupo coloco el juguetear con el bastón, trazar garabatos con un lápiz que se tiene en la mano, hacer resonar las monedas en los bolsillos, fabricar bolitas de miga de pan u otras materias plásticas y los mil y un arreglos del propio vestido. Tales jugueteos, cuando se manifiestan durante el tratamiento psíquico, ocultan, por lo regular, un sentido y una significación a los que todo otro medio de expresión ha sido negado. En general, la persona que ejecuta estos actos no se da la menor cuenta de ellos, ni de cuándo continúa ejecutándolos en la misma forma que siempre y cuándo introduce en ellos alguna modificación. Tampoco ve ni oye sus efectos (por ejemplo, el ruido que producen las monedas al ser revueltas por su mano dentro del bolsillo), y se asombra cuando se le llama la atención sobre ellos. Igualmente significativos y dignos de la atención del médico son todos aquellos arreglos o modificaciones que, sin causa que los justifiquen, suelen hacerse en los vestidos. Todo cambio en la acostumbrada manera de vestir, toda pequeña negligencia (por ejemplo, un botón sin abrochar) y todo principio de desnudez quieren expresar algo que el propietario del traje no desea decir directamente y de lo que, siendo inconsciente de ello, no sabría, en la mayoría de los casos, decir nada. Las circunstancias que rodean la aparición de estos actos casuales, los temas recientemente tratados en la conversación y las ideas que emergen en la mente del sujeto cuando se dirige su atención sobre ellos, proporcionan siempre datos suficientes, tanto para interpretarlos como para comprobar si la interpretación ha sido o no acertada. Por esta razón no apoyaré aquí, como de costumbre, mis afirmaciones con la exposición de ejemplos y de sus análisis correspondientes. Menciono, de todos modos, estos actos, porque opino que en los individuos sanos poseen igual significación que en mis pacientes neuróticos.

No puedo, sin embargo, renunciar a mostrar, por lo menos con un solo ejemplo, cuán estrechamente ligado puede estar un acto simbólico habitual con lo más íntimo e importante de la vida de un individuo sano[1]:

«Como nos ha enseñado el doctor Freud, el simbolismo desempeña en la vida infantil del individuo normal un papel más importante de lo que anteriores experiencias psicoanalíticas nos habían hecho esperar. A este respecto, posee el corto análisis siguiente un cierto interés, sobre todo por sus caracteres médicos.

»Un médico encontró, al arreglar sus muebles y objetos en una nueva casa a la que se había trasladado, un estetoscopio sencillo de madera. Después de reflexionar un momento sobre dónde habría de colocarlo, se vio impelido a dejarlo a un lado de su mesa de trabajo y precisamente de manera que quedase entre su silla y aquella otra en la que acostumbraba hacer sentarse a sus pacientes. Este acto era ya en sí algo extraño, por dos razones: primeramente, dicho médico no necesitaba para nada un estetoscopio (era un neurólogo), y las pocas veces que tenía que emplear tal aparato no utilizaba aquel que había dejado sobre la mesa, sino otro doble; esto es, para ambos oídos. En segundo lugar, tenía todos sus instrumentos profesionales metidos en armarios ex profeso y aquél era el único que había dejado fuera. No pensaba ya en esta cuestión, cuando un día una paciente que no había visto jamás un estetoscopio sencillo le preguntó qué era aquello. Él se lo dijo, y entonces ella preguntó de nuevo por qué razón lo había colocado precisamente en aquel sitio, a lo cual contestó el médico en el acto que lo mismo le daba que el estetoscopio estuviese allí que en cualquier otro lado. Sin embargo, esto le hizo pensar si en el fondo de su acto no existiría un motivo inconsciente, y, siéndole conocido el método psicoanalítico, decidió investigar la cuestión.

»El primer recuerdo que acudió a su memoria fue el de que siendo estudiante de Medicina le había chocado la costumbre observada por un médico del hospital de llevar siempre en la mano un estetoscopio sencillo, que jamás utilizaba, mientras hacía la visita a los enfermos de su sala. En aquella época había admirado mucho a dicho médico y le había profesado gran afecto. Más tarde, cuando llegó a ser interno en el hospital, adoptó también igual costumbre, y se hubiera sentido a disgusto si por olvido hubiera salido de su cuarto, para pasar la visita, sin llevar en la mano el preciado instrumento. La inutilidad de tal costumbre se mostraba no sólo en el hecho de que el único estetoscopio de que se servía siempre era otro doble, que llevaba en el bolsillo, sino también en que no la interrumpió cuando estuvo practicando en la sala de cirugía, en la que para nada tenía que usar dicho aparato. La importancia de estas observaciones queda fijada y explicada en cuanto se descubre la naturaleza fálica de este acto simbólico.

»El recuerdo siguiente fue el de que siendo niño le había llamado la atención la costumbre del médico de su familia de llevar un estetoscopio sencillo en el interior de su sombrero. Encontraba entonces interesante que el doctor tuviera siempre a mano su instrumento principal cuando iba a visitar a sus pacientes y que no necesitara más que despojarse del sombrero (esto es, de una parte de su vestimenta) y «sacarlo». Durante su niñez había cobrado extraordinario afecto a este médico, y por medio de un corto autoanálisis descubrió que teniendo tres años y medio había construido una fantasía relativa al nacimiento de una hermanita, y consistente en imaginar, primero, que la niña era suya y de su madre, y después, del médico y suya. Así, pues, en esta fantasía desempeñaba él, indistintamente, el papel masculino o el femenino. Recordó también que teniendo seis años había sido reconocido por el referido médico y había experimentado una sensación de voluptuosidad al sentir próxima la cabeza del doctor que le apretaba el estetoscopio contra el pecho mientras él respiraba con un rítmico movimiento de vaivén. A los tres años había padecido una enfermedad crónica del pecho y tuvo que ser reconocido repetidas veces, aunque esto ya no lo recordaba con precisión.

»Posteriormente, teniendo ya ocho años, le impresionó mucho la confidencia que le hizo otro muchacho de más edad de que el médico tenía la costumbre de acostarse con sus pacientes del sexo femenino. Realmente existía fundamento para este rumor, y lo cierto es que todas las señoras de la vecindad, incluso su propia madre, veían con gran simpatía al joven y elegante doctor. También el médico del ejemplo presente había deseado sexualmente en varias ocasiones a enfermas a las que prestaba su asistencia, se había enamorado de clientes suyas y, por último, había contraído matrimonio con una de éstas. Es apenas dudoso que su identificación inconsciente con el tal doctor fuese la razón principal que le inclinó a dedicarse a la Medicina. Por otros análisis cabe afirmar que éste es, con seguridad, el motivo más frecuente de las vocaciones (aunque es difícil determinar con qué frecuencia). En el caso actual está condicionado doblemente. Primero, por la superioridad en varias ocasiones demostrada del médico sobre el padre del sujeto, del que éste sentía grandes celos, y en segundo lugar, por el conocimiento que el médico poseía de cosas prohibidas y las ocasiones de satisfacción sexual que se le presentaban.

»Después apareció en el análisis el recuerdo de un sueño, del que ya hemos tratado por extenso en otro lado[2], sueño de clara naturaleza homosexual-masoquista, en el cual un hombre, figura sustitutiva del médico, atacaba al soñador con una «espada». Ésta le recordó una parte de la saga nibelúngica en la que Sigurd coloca su espada desnuda entre él y la dormida Brunilda. Igual situación aparece en la saga de Arthus, también conocida por el sujeto de este ejemplo.

»Aquí se aclara ya el sentido del acto sintomático. El médico había colocado el estetoscopio sencillo entre él y sus pacientes femeninas, al igual que Sigurd su espada entre él y la mujer a la que no debía tocar. El acto era una formación transaccional; esto es, obedecía a dos impulsos: ceder en su imaginación al deseo reprimido de entrar en relación sexual con alguna bella paciente y recordarle, al mismo tiempo, que este deseo no podía realizarse. Era, para decirlo así, un escudo mágico contra los ataques de la tentación.

»Añadiremos que en nuestro médico, siendo niño, hizo gran impresión el pasaje de *Richelieu,* de lord Lytton, que dice así:

> *Beneath the rule of men entirely great.*
> *The pen is mightier than the sword*[3].

y que ha llegado a ser un fecundo escritor y usa para escribir una gran pluma estilográfica. Al preguntarle yo un día para qué necesitaba una pluma de tal tamaño, me respondió de un modo muy característico: "¡Tengo tantas cosas que expresar!".

»Este análisis nos indica de nuevo lo mucho que los actos "inocentes" y "sin sentido alguno" nos permiten adentrarnos en los dominios de la vida psíquica y cuán tempranamente se desarrolla en la vida la tendencia a la simbolización.»

Puedo también relatar, tomándolo de mi experiencia psicoterápica, un caso en el que una mano que jugaba con un migote de pan tuvo toda la elocuencia de una declaración oral. Mi paciente era un muchacho que no había cumplido aún los trece años y hacía ya dos que padecía una grave histeria. Después de una larga e infructuosa estancia en un establecimiento hidroterápico decidí someterle al tratamiento psicoanalítico. Suponía yo que el muchacho había hecho descubrimientos sexuales y que, como correspondía a su edad, se hallaba atormentado por interrogaciones de dicho orden; pero me guardé muy bien de acudir en su ayuda con aclaraciones o explicaciones hasta haber puesto a prueba mi hipótesis. Tenía, pues, gran curiosidad por ver cómo y por qué manifestaciones se revelaba en él lo que yo buscaba. En esto me llamó un día la atención ver que amasaba algo entre los dedos de su mano derecha, la metía luego con ello en el bolsillo y seguía dentro de él su manejo, para volver luego a sacarla, etc. No le pregunté qué era aquello con que jugaba, pero él mismo me lo mostró abriendo de repente la mano, y vi que era un migote de pan todo sobado y aplastado. A la sesión siguiente volvió a traer su migote; pero entonces se dedicó, mientras conversábamos, a formar con trozos de él unas figuritas que despertaron mi curiosidad y que iba haciendo con increíble rapidez y teniendo cerrados los ojos. Tales figuritas eran, indudablemente, hombrecillos con su cabeza, dos brazos y dos piernas como los groseros ídolos primitivos, pero tenían, además, entre las piernas, un apéndice, al que el muchachito le hacía una larga punta. Apenas había terminado ésta, volvía a amasar el hombrecillo entre sus dedos. Luego, lo dejó subsistir; mas para ocultar la significación del primer apéndice agregó otro igual en la espalda y después otros más en diversos sitios. Yo quise demostrarle que le había comprendido, haciéndole imposible al mismo tiempo la excusa de decir que en su actividad creadora no llevaba idea ninguna. Con esta intención le pregunté de repente si se acordaba de la historia de aquel rey romano que dio en su jardín a un enviado de su hijo una respuesta mímica a la consulta que éste le formulaba. El muchachito no quería acordarse de tal anécdota, a pesar de que tenía que haberla leído hacía poco tiempo y, desde luego, mucho más recientemente que yo. Me preguntó si era ésta la historia de aquel esclavo emisario al que se le escribió la respuesta sobre el afeitado cráneo. Le dije que no, que ésa era otra anécdota perteneciente a la historia griega, y le relaté aquella a que yo me refería. El rey Tarquino el Soberbio había inducido a su hijo Sexto a entrar subrepticiamente en una ciudad latina enemiga. Ya en ella, se había Sexto atraído algunos partidarios y en este punto mandó a su padre un emisario para que le preguntase qué más debía hacer. El rey no dio al principio respuesta alguna, y llevando al emisario a su jardín, hizo que le repitiese su pregunta y abatió ante él, en silencio, las más altas y bellas flores de adormidera. El enviado no pudo hacer más que contar a Sexto la escena que había presenciado, y Sexto, comprendiendo a su padre, hizo asesinar a los ciudadanos más distinguidos de la plaza enemiga.

Durante mi relato suspendió el muchachito su manejo con la miga de pan, y cuando al llegar al momento en que el rey lleva al jardín al emisario de su hijo, pronuncié las palabras «abatió en silencio», arrancó con rapidísimo movimiento la cabeza del hombrecillo que conservaba en la mano, demostrando haberme comprendido y darse cuenta de que también yo le había comprendido a él. Podía, pues, interrogarle directamente, y así lo hice, dándole luego las informaciones que deseaba y consiguiendo con ello poner pronto término a su neurosis.

Los actos sintomáticos, que pueden observarse en una casi inagotable abundancia, tanto en los individuos sanos como en los enfermos, merecen nuestro interés por más de una razón. Para el médico constituyen inapreciables indicaciones que le marcan su orientación en circunstancias nuevas o desconocidas, y el hombre observador verá reveladas por ellos todas las cosas, y a veces muchas más de las que deseaba saber. Aquel que se halle familiarizado con su interpretación se sentirá, en muchas ocasiones, semejante al rey Salomón, que, según la leyenda oriental, comprendía el lenguaje de los animales. Un día tuve yo que visitar en casa de una señora a un joven, hijo suyo, al que yo desconocía totalmente. Al encontrarme frente a él, me chocó ver en sus pantalones una gran mancha que por sus bordes rígidos y como almidonados reconocí en seguida ser de clara de huevo. El joven se disculpó, después de un momento de embarazo, diciéndome que por hallarse un poco ronco acababa de tomarse un huevo crudo, cuya resbaladiza albúmina se había vertido sobre su ropa. Para justificar tal afirmación me mostró un plato que había sobre un mueble y que contenía aún una cáscara de huevo. Con esto quedaba explicada la sospechosa mancha; pero cuando la madre nos dejó solos comencé a hablar al joven, dándole las gracias por haber facilitado de tal modo mi diagnóstico, y sin dilación ninguna tomé como materia de nuestro diálogo su confesión de que sufría bajo los efectos perturbadores de la masturbación.

Otra vez fui a visitar a una señora, tan rica como avariciosa y extravagante, que acostumbraba dar al médico el trabajo de buscar su camino a través de un embrollado cúmulo de lamentaciones antes de poder llegar a darse cuenta de los más sencillos fundamentos de su estado. Al entrar en su casa la hallé sentada delante de una mesita y dedicada a hacer pequeñas pilas de monedas de plata. Cuando me vio, se levantó y tiró al suelo algunas monedas. La ayudé a recogerlas y luego corté sus acostumbradas lamentaciones con la pregunta: «¿Le gasta a usted ahora mucho dinero su hijo político?». La señora me respondió con una irritada negativa; pero poco después se contradijo, relatándome la lamentable historia de la continua excitación en que la tenían las prodigalidades de su yerno. Después no ha vuelto a llamarme. No puedo afirmar que siempre se gane uno amistades entre aquellas personas a las que se comunica la significación de sus actos sintomáticos.

El doctor J. E. G. van Emden (La Haya) comunica el siguiente caso de «confesión involuntaria por medio de un acto fallido»:

«Al pagar mi cuenta en un pequeño restaurante de Berlín me afirmó el camarero que el precio de determinado plato había subido diez céntimos a causa de la guerra, a lo cual objeté que dicha elevación no constaba en la lista de precios. El camarero me contestó que ello se debía, sin duda, a una omisión; pero que estaba seguro de que lo que había dicho era cierto. Inmediatamente, y al hacerse cargo del importe de la cuenta, dejó caer por descuido ante mí, y sobre la mesa, una moneda de diez céntimos.

»—Ahora es cuando estoy seguro —le dije— que me ha cobrado usted de más. ¿Quiere usted que vaya a comprobarlo a la caja?

»—Permítame... Un momento...

»—Y desapareció presuroso.

»Como es natural, no le impedí aquella retirada, y cuando dos minutos después volvió, disculpándose con que había confundido aquel plato con otro, le di los diez céntimos discutidos en pago de su contribución a la psicopatología de la vida cotidiana.»

Aquel que se dedique a fijar su atención en la conducta de sus congéneres durante las comidas descubrirá en ellos los más interesantes e instructivos actos sintomáticos.

El doctor Hans Sachs relata lo siguiente:

«En una ocasión me hallé durante la comida en casa de unos parientes míos que llevaban muchos años de matrimonio. La mujer padecía del estómago y tenía que observar un régimen muy severo. El marido se acababa de servir el asado, y pidió a su mujer, la cual no podía comer de dicho plato, que le alcanzara la mostaza. La señora se dirigió al aparador, lo abrió, y, volviendo a la mesa, puso ante su marido la botellita de las gotas medicinales que ella tomaba. Entre el bote en forma de tónel que contenía la mostaza y la pequeña botellita del medicamento no existía la menor semejanza que pudiera explicar el error. Sin embargo, la mujer no notó su equivocación hasta que su marido, riendo, le llamó la atención sobre ella.

»El sentido de este acto sintomático no necesita explicación.»

El Dr. Bernh Dattner (Viena) comunica un precioso ejemplo de este género, muy hábilmente investigado por el observador:

«Un día me hallaba almorzando en un restaurante con mi colega H., doctor en Filosofía. Hablándome éste de las injusticias que se cometían en los exámenes, indicó de pasada que en la época en que estaba finalizando su carrera había desempeñado el cargo de secretario del embajador y ministro plenipotenciario de Chile. Después –prosiguió– fue trasladado aquel ministro, y yo no me presenté al que vino a sustituirle. Mientras pronunciaba esta última frase se llevó a la boca un pedazo de pastel con la punta del cuchillo; pero con un movimiento desmañado hizo caer el pedazo al suelo. Yo advertí en seguida el oculto sentido de aquel acto sintomático, y exclamé, dirigiéndome a mi colega, nada familiarizado con las cuestiones psicoanalíticas: "Ahí ha dejado usted perderse un buen bocado". Mas él no cayó en que mis palabras podían aplicarse a su acto sintomático, y repitió con vivacidad sorprendente las mismas palabras que yo acababa de pronunciar: "Sí; era realmente un buen bocado el que he dejado perderse".» A continuación se desahogó, relatándome con todo detalle las circunstancias de la torpe conducta, que le había hecho perder un puesto tan bien retribuido.

»El sentido de este simbólico acto sintomático queda aclarado teniendo en cuenta que, no siendo yo persona de su intimidad, sentía mi colega cierto escrúpulo en ponerme al corriente de su precaria situación económica, y entonces el pensamiento que le ocupaba, pero que no quería expresar, se disfrazó en un acto sintomático, que expresaba simbólicamente lo que tenía que ser ocultado, desahogando así el sujeto su inconsciente.»

Los ejemplos que siguen muestran cuán significativo puede ser el acto de llevarnos sin intención aparente pequeños objetos que no nos pertenecen.

1. Doctor B. Dattner:

«Uno de mis colegas fue a hacer su primera visita después de su matrimonio a una amiga de su juventud, a la que profesaba gran afecto. Relatándome las circunstancias de esta visita, me expresó su sorpresa por no haber podido cumplir su deliberado propósito de emplear en ella muy pocos momentos. A continuación me contó un extraño acto fallido que en tal ocasión había ejecutado.

»El marido de su amiga, que se hallaba presente, buscó en un momento determinado una caja de cerillas que estaba seguro de haber dejado poco antes sobre la mesa. Mi colega había también registrado sus bolsillos para ver si por casualidad "la" había guardado en ellos.

»Por el momento no la encontró; pero algún tiempo después halló, en efecto, que se la había "metido" en un bolsillo, y al sacarla le chocó la circunstancia de que no contenía más que una sola cerilla.

»Un sueño que tuvo dos días después, y en cuyo contenido aparecía el simbolismo de la caja en relación con la referida amiga, confirmó mi explicación de que mi colega reclamaba con su acto sintomático sus derechos de prioridad, y quería representar la exclusividad de su posesión (una sola cerilla dentro).»

2. Doctor Hans Sachs:

A nuestra criada le gusta muchísimo un pastel que solemos comer de postre. Esta preferencia es indudable, pues es el único plato que le sale bien, sin excepción alguna, todas las veces que lo prepara. Un domingo, al servírnoslo a la mesa, lo dejó sobre el trinchero, retiró luego los platos y cubiertos del servicio anterior, colocándolos para llevárselos en la bandeja en que había traído el pastel, y a continuación, en vez de poner éste sobre la mesa, lo colocó encima de la pila de platos que en la bandeja llevaba, y salió con todo ello hacia la cocina. Al principio creímos que había encontrado algo por rectificar en el postre; mas al ver que no volvía, la llamó mi mujer y le preguntó: «Betty, ¿qué pasa con el pastel?». La muchacha contestó sin comprender: «¿Cómo?». Y tuvimos que explicarle que se había llevado el postre sin servirlo. Lo había puesto en la bandeja, trasladado a la cocina y dejado en ella «sin darse cuenta».

Al día siguiente, cuando nos disponíamos a comer lo que del pastel había sobrado la víspera, observó mi mujer que la muchacha había despreciado la parte que de su manjar preferido le correspondía.

Preguntada por qué razón no había probado el pastel, respondió con algún embarazo que no había tenido gana.

La actitud infantil de la criada es muy clara en ambas ocasiones. Primero, la pueril glotonería, que no quiere compartir con nadie el objeto de sus deseos, y luego la reacción despechada, igualmente pueril: «Si no me lo dais, podéis guardarlo todo para vosotros. Ahora ya no lo quiero.»

Los actos casuales o sintomáticos que aparecen en la vida conyugal tienen con frecuencia grave significación, y podrían inducir a aquellos que no quieren ocuparse de la psicología de lo inconsciente a creer en los presagios.

El que una recién casada pierda, aunque sea para volver a encontrarlo en seguida, su anillo de bodas será siempre un mal augurio para el porvenir del matrimonio. Conozco a una señora, hoy separada de su marido, que en varias ocasiones firmó documentos relativos a la administración de su fortuna con su nombre de soltera, y esto muchos años antes que la separación le hiciera volver a tener que adoptarlo de nuevo. Una vez me hallaba yo en casa de un matrimonio recién casado, y la mujer me contó riendo que al día siguiente a su regreso del viaje de novios había ido a buscar a su hermana soltera para salir con ella de compras, como antes de casarse acostumbraba hacerlo, mientras su marido se hallaba ocupado en sus negocios. De repente había visto venir a un señor por la acera opuesta, y llamando la atención a su hermana, le había dicho: «Mira: ahí va el señor L.», olvidando que tal señor era desde hacía algunas semanas su marido. Al oír esto sentí un escalofrío; pero por entonces no sospeché que pudiera constituir un dato sobre el porvenir de los cónyuges. Años después recordé esta pequeña historia cuando supe que el tal matrimonio había tenido un desdichadísimo fin.

3. A. Maeder:

De los notables trabajos de A. Maeder (Zúrich)[4], publicados en lengua francesa, transcribo la siguiente observación, que también hubiera podido ser incluida entre los «olvidos»:

«Una señora nos contaba recientemente que cuando se fue a casar había olvidado probarse el traje de novia, y que no se acordó de que tenía que hacerlo hasta las ocho de la noche anterior a la ceremonia nupcial, cuando la costurera desesperaba ya de que fuera a la prueba. Este detalle muestra suficientemente que la novia no cifraba mucha felicidad en ponerse el traje de boda, y que trataba de olvidar una representación que le resultaba penosa. Hoy en día se halla divorciada»[5].

Un amigo mío, que ha aprendido a atender a los pequeños signos, me contó que la gran actriz Eleanora Duse introducía en la interpretación de uno de los tipos por ella creados un acto sintomático, lo cual prueba lo por entero que se entregaba a su papel. Se trataba de un drama de adulterio. La mujer, después de una violenta escena con su marido, se halla sola, abstraída en sus pensamientos, y el seductor no ha llegado todavía. En este corto intervalo jugaba la Duse con el anillo nupcial que llevaba al dedo, quitándoselo y poniéndoselo. Con este acto revelaba estar pronta a caer en los brazos del otro.

4. Th. Reik:

Aquí viene bien lo que Th. Reik comunica sobre otros actos sintomáticos, en los que el anillo desempeña un principal papel (*Internat. Zeitschrift für Psychoanalyse,* III, 1915):

«Conocemos los actos sintomáticos que llevan a cabo las personas casadas quitándose y poniéndose el anillo de matrimonio. Mi colega M. ejecutó en una ocasión una serie de actos sintomáticos análogos. Una muchacha a quien él quería le había regalado un anillo, diciéndole que no lo perdiera, pues si así sucedía lo consideraría ella como signo de que ya no la amaba. En la época que siguió a este regalo padeció M. una constante preocupación de no perderlo. Si, por ejemplo, se lo quitaba para lavarse las manos, lo dejaba casi siempre olvidado, y a veces necesitaba estar buscándolo mucho tiempo para volver a encontrarlo. Cuando echaba alguna carta en un buzón no podía nunca reprimir un ligero miedo de que sus dedos tropezasen contra los bordes de aquél y se cayera dentro la sortija. Una de estas veces obró, en efecto, tan desmañadamente, que el anillo cayó al fondo del buzón. La carta que echaba cuando esto le ocurrió contenía una despedida a una anterior amada suya, hacia la que se sentía culpable. Al mismo tiempo despertó en él una añoranza de esta mujer, que fue a ponerse en conflicto con su inclinación por el actual objeto de su amor.»

En este tema del «anillo» se ve de nuevo cuán difícil es para el psicoanalista hallar algo nuevo; algo que un poeta no haya sabido antes que él. En la novela *Ante la tormenta,* de Fontane, dice el consejero de Justicia Turgany, presenciando un juego de prendas: «¿Querrán ustedes creer, señoras mías, que en este juego se revelan al entregar las prendas los más profundos secretos de la Naturaleza?» Entre los ejemplos con que ratifica su afirmación hay uno que merece especialmente nuestro interés. «Recuerdo —dice— que una señora, ya jamona, mujer de un profesor, se quitó una vez el anillo de boda para darlo como prenda. Háganme ustedes el favor de figurarse la felicidad conyugal que debía de reinar en aquella casa.» Más adelante continúa diciendo: «En la misma reunión se hallaba un señor, que no se cansaba de depositar su navaja inglesa —diez hojas, sacacorchos y eslabón— en el regazo de la señora encargada de recoger las prendas, hasta que el tal monstruo de diez hojas, después de haber enganchado y desgarrado varios vestidos de seda, tuvo que desaparecer, ante un clamor de indignación general.»

5. Doctor M. Kardos:

No ha de extrañarnos que un objeto de tan rica significación simbólica como el anillo sea utilizado en significativos actos fallidos también cuando no tiene el carácter de anillo nupcial o esponsalicio, y no representa, por tanto, un lazo erótico. El Dr. M. Kardos ha puesto a mi disposición el siguiente ejemplo de un incidente de esta clase:

Un acto fallido que constituye una confesión:

«Hace varios años que mantengo un ininterrumpido trato con un individuo mucho más joven que yo, el cual participa de mis empeños espirituales y se halla, con respecto a mí, en relación de discípulo y maestro. Un día le regalé un anillo, que le ha dado ya ocasión de ejecutar varios actos sintomáticos, los cuales han surgido cada vez que en nuestras relaciones ha aparecido alguna circunstancia que ha despertado su disconformidad. Hace poco me comunicó el siguiente caso, especialmente transparente. Había dejado de venir a verme el día que semanalmente teníamos señalado para ello, excusándose con un pretexto cualquiera, y siendo la verdadera causa una cita que le había dado una muchacha para aquel mismo día. A la mañana siguiente se dio cuenta, estando ya lejos de su casa, de que no llevaba el anillo que yo le había regalado; pero no se inquietó por ello, suponiendo que lo habría dejado olvidado sobre la mesilla de noche, donde acostumbraba colocarlo al acostarse, y que lo encontraría a su regreso. Mas al volver a casa vio que tampoco se hallaba el anillo en el sitio indicado y empezó entonces a buscarlo por todas partes, con igual resultado negativo. Por último, se le ocurrió que como solía dejar todas las noches, desde hacía más de un año, el anillo y una navajita en el mismo lugar, podía haber cogido ambas cosas juntas por la mañana y haberse metido también "por distracción" la sortija en el mismo bolsillo que la navaja. En efecto, esto era lo que había sucedido.

»El anillo en el bolsillo del chaleco es el proverbial manejo de todo hombre que se propone engañar a la mujer que se lo regaló. El sentido de culpabilidad que surgió en mi discípulo le indujo primero a un autocastigo ("No eres ya digno de llevar esa sortija"), y en segundo lugar, a la confesión de la pequeña infidelidad cometida; confesión que surgió al relatarme su acto fallido, o sea la pérdida temporal del objeto por mí regalado.»

Conozco también el caso de un señor ya de edad madura, que se casó con una muchacha muy joven, y decidió no salir de viaje en el mismo día, sino pasar la noche de bodas en un hotel de la ciudad. Apenas llegó a éste, advirtió asustado que no llevaba la cartera, en la que había metido el dinero destinado al viaje de bodas, y que, por tanto, la debía haber perdido o dejado olvidada en algún sitio. Por fortuna pudo aún telefonear a su criado, el cual halló la cartera en un bolsillo del traje que había llevado el novio en la ceremonia, y cambiado luego por uno de viaje, y fue en seguida al hotel entregándosela al recién casado que tan «desprovisto de medios» entraba en la vida matrimonial. En la noche de bodas permaneció también, como él ya lo temía, «desprovisto de medios» (impotente).

Es consolador el pensar que la «pérdida de objetos» constituye una insospechada extensión de un acto sintomático y que, por tanto, tiene que resultar en último término vista con agrado por una secreta intención del perdidoso. Con frecuencia la pérdida no es más que una expresión de lo poco que se aprecia el objeto perdido, o de una secreta repugnancia hacia el mismo o hacia la persona de quien proviene. Sucede también que la tendencia a la pérdida se transfiere al objeto perdido desde otros objetos de mayor importancia y por medio de una asociación simbólica. La pérdida de objetos valiosos sirve de expresión a muy diversas sensaciones y puede representar simbólicamente un pensamiento reprimido –esto es, recordarnos algo que preferiríamos quedase olvidado– o, y esto ante todo, representar un sacrificio a las oscuras potencias del Destino, cuyo culto no se ha extinguido todavía entre nosotros[6].

Los siguientes ejemplos ilustrarán estas consideraciones sobre la «pérdida de objetos»:

1. Doctor B. Dattner:

a) «Un colega me comunicó que había perdido un lapicero metálico de un modelo especial que poseía hacía ya dos años, y al que por su cómodo uso y excelente calidad había tomado cariño. Sometido el caso al análisis, se revelaron los hechos siguientes: el día anterior había recibido una carta extraordinariamente desagradable de su cuñado, carta que terminaba con esta frase: "Por ahora no tengo ganas ni tiempo de apoyar tu ligereza y tu holgazanería". La poderosa reacción emotiva que esta carta produjo en mi colega le hizo apresurarse a sacrificar al día siguiente el cómodo lapicero –*regalo de su cuñado*– para no tener que deberle favor ninguno.»

b) Una señora, conocida mía, se abstuvo, como es comprensible, de ir al teatro durante su luto por la muerte de su anciana madre. Al faltar ya muy pocos días para el término del año de luto riguroso, se dejó convencer por las reiteradas instancias de sus amigos y adquirió una localidad para una representación de extraordinario interés; pero luego, al llegar al teatro, descubrió que había perdido su billete. Después supuso que lo había tirado en unión del billete del tranvía al bajar de éste. Esta señora se precia, de ordinario, de no perder nunca nada por descuido o distracción y, por tanto, debe aceptarse la existencia de un motivo en otro caso de «pérdida» que le sucedió, y es el siguiente:

Habiendo llegado a un balneario, decidió hospedarse en una pensión en la que ya había estado otra vez. Recibida como antigua conocida de la casa, fue bien hospedada, y cuando quiso satisfacer el importe de su estancia se le dijo que debía considerarse como invitada, no teniendo, por tanto, nada que pagar, cosa que no le agradó mucho. Sólo se le consintió que dejase una propina destinada a la camarera que le había servido. Para hacerlo así abrió su bolso y extrajo de él un billete, que dejó sobre la mesa de su cuarto. Por la noche, el criado de la pensión fue a llevarle otro billete de cinco marcos que había hallado debajo de la mesa, y que, según creía la dueña de la pensión, debía de pertenecerle. Este billete tuvo que caer al suelo al sacar del bolso el otro para la camarera. La señora no quería, pues, dejar de pagar su cuenta.

2. Otto Rank:

En un largo estudio (La «pérdida de objetos» como acto sintomático, en *Zentralblatt f. Psychoanalyse,* I, 10-11) ha aclarado Otto Rank, con ayuda de análisis de sueños, la profunda motivación de estos actos y la tendencia sacrificadora que constituye su fundamento. (En la *Zentralblatt für Psychoanalyse,* II, y en la *Internat. Zeitschrift für Psychoanalyse,* I, 1913, pueden hallarse otras comunicaciones sobre la misma cuestión.) Es muy interesante, en el referido trabajo de Rank, su afirmación de que no sólo el perder objetos aparece determinado, sino también el encontrarlos. La observación de Rank, que a continuación transcribo, nos da el sentido en que su hipótesis debe comprenderse. Es claro que en los casos de «pérdidas» se conoce el objeto, y por el contrario, en los de «hallazgos» es aquél el que tiene que ser buscado. *(Internat. Zeitschrift für Psychoanalyse,* III, 1915).

«Una muchacha, que dependía económicamente de sus padres, deseaba comprarse un objeto de adorno. Al preguntar en una tienda por el precio del objeto deseado se enteró, con tristeza, de que sobrepasaba la cantidad a que ascendían sus ahorros. Tan sólo dos coronas eran las que le faltaban, privándola de aquella pequeña alegría. Melancólicamente, regresó a su casa a través de las calles de la ciudad, llenas de animación en aquella hora crepuscular. En una de las plazas más frecuentadas fijó de pronto su atención –a pesar de que, según decía al relatar el suceso, iba abstraída en sus pensamientos– en un pequeño papel que había en el suelo y sobre el cual acababa de pasar sin haberlo visto antes. Se volvió y lo recogió, viendo con sorpresa que era un billete de dos coronas doblado por la mitad. Su primer pensamiento fue el de que aquel billete se lo había deparado el Destino para que pudiese comprarse el ansiado adorno, y emprendió de nuevo el camino hacia la tienda, para seguir aquella indicación de la fortuna. Mas en el mismo momento cambió de intención, pensando que el dinero encontrado es un dinero de buena suerte que no debe gastarse.

»El pequeño análisis necesario para la comprensión de este "acto casual" puede llevarse a cabo sin la declaración personal de la interesada, y deducirse directamente de los hechos. Entre los pensamientos que ocupaban a la muchacha al regresar a su casa tuvo que figurar en primer término el de su pobreza y estrechez material, pensamiento al que nos es lícito suponer que acompañaría el deseo de ver llegado algo que pusiese término a dicha situación. Por otro lado, la idea de cómo podía llegar con mayor facilidad a la obtención de la suma que le hacía falta para satisfacer su pequeño capricho tuvo que sugerirle la solución más sencilla, o sea la del "hallazgo". De este modo quedó su inconsciente (o preconsciente) dispuesto a "hallar" aun cuando tal pensamiento no se hizo por completo consciente en ella, por estar ocupada su atención en otras cosas ("iba abstraída en sus pensamientos"). Podemos, pues, afirmar, fundándonos en análisis de otros casos semejantes, que la "disposición a buscar" *inconsciente* puede conducirnos hasta un resultado positivo mucho antes que una atención conscientemente dirigida. Si no, sería casi inexplicable el que sólo esta persona, entre cientos de transeúntes y yendo además en condiciones desfavorables, por la escasa luz crepuscular y la aglomeración, pudiese hacer un hallazgo del que ella misma fue la primera en quedar sorprendida. El extraño hecho de que después del hallazgo del billete, y cuando, por tanto, su disposición había llegado a ser superflua y había ya escapado con toda seguridad a la atención consciente, hiciese la muchacha un nuevo hallazgo, consistente en un pañuelo, antes de llegar a su casa y en una oscura y solitaria calle de las afueras de la ciudad, nos muestra en qué alta medida existía en ella esta inconsciente o preconsciente disposición a encontrar.»

Hay que convenir en que precisamente estos actos sintomáticos nos dan a veces el mejor acceso al conocimiento de la íntima vida psíquica del hombre.

Expondré ahora un ejemplo de acto casual que, sin necesidad de someterlo al análisis, mostró una profunda significación, ejemplo que aclara maravillosamente las condiciones bajo las cuales pueden aparecer tales síntomas sin llamar la atención, y del que puede deducirse una observación de gran importancia práctica.

En el curso de un viaje veraniego tuve que pasar unos cuantos días en cierta localidad, en espera de que vinieran a reunírseme en ella determinadas personas con las que pensaba proseguir mi viaje. En tales días hice conocimiento con un hombre joven que, como yo, parecía sentirse allí solitario y que se me agregó gustoso. Hallándonos en el mismo hotel, se nos hizo fácil comer juntos y salir juntos a paseo. Al tercer día, después de almorzar, me comunicó, de repente, que aquella tarde esperaba a su mujer, que llegaría en el expreso. Esto despertó mi interés psicológico, pues me había ya chocado aquella mañana que mi compañero rehusase emprender una excursión algo larga y se negase luego, durante el breve paseo que dimos, a subir por un camino, alegando que era demasiado pendiente y algo peligroso. Paseando luego por la tarde afirmó de pronto que yo tenía que sentir ya apetito y que debía aplazar mi cena por causa suya, pues él iba a esperar a su mujer y cenaría luego con ella. Yo comprendí la indirecta, y me senté a la mesa, mientras él se dirigía a la estación.

A la mañana siguiente nos volvimos a encontrar en el *hall* del hotel. Me presentó a su mujer y añadió: «Almorzará usted con nosotros, ¿no?». Yo tenía que hacer aún una pequeña comisión en una calle cercana al hotel, pero aseguré que regresaría en seguida. Al entrar luego en el comedor vi que la pareja se había sentado al mismo lado de una pequeña mesa colocada junto a una ventana. Frente a ellos quedaba una única silla, sobre cuyo respaldo, y cubriendo el asiento, se hallaba un grande y pesado abrigo perteneciente al marido. Yo comprendí en seguida el sentido de esta colocación, inconsciente, pero, por lo mismo, más expresiva. Quería decir: «Aquí no hay sitio para ti. Ya no me haces falta.» El marido no se dio cuenta de que yo permanecía en pie ante la mesa sin poder sentarme. La mujer, en cambio, sí lo notó, y dándole con el codo murmuró: «Has ocupado con tu abrigo el sitio del señor.»

En este y otros casos análogos me he dicho siempre que los actos inintencionados tienen que ser, de continuo, un manantial de malas inteligencias en el trato entre los hombres. El que los ejecuta ignora en absoluto la intención a ellos ligada, y no teniéndola, por tanto, en cuenta, no se considera responsable de los mismos. En cambio, el que los observa los utiliza, igual que los demás de su interlocutor, para deducir sus intenciones y propósitos, y de este modo llegar a averiguar de sus procesos psíquicos más de lo que aquél está dispuesto a comunicarle o cree haberle comunicado. El adivinado se indigna cuando se le muestran tales conclusiones, deducidas de sus actos sintomáticos, y las declara infundadas, puesto que al ejecutar dichos actos le ha faltado la conciencia de la intención, quejándose de mala comprensión por parte de los demás. Observada con detenimiento tal incomprensión, se ve que reposa en el hecho de comprender demasiado bien y demasiado sutilmente.

Cuanto más «nerviosos» son dos hombres, tanto más pronto se darán motivos uno a otro para diferencias que los separen, y cuyo fundamento negará cada cual con respecto a sí mismo con la misma seguridad con que lo afirmará para el otro. Éste es el castigo de la insinceridad interior a la que permiten los hombres manifestarse bajo el disfraz de olvidos, actos de término erróneo y omisiones inintencionadas, que sería mejor que se confesasen a sí mismos y confesasen a los demás cuando no pudieran ya dominarlos. Se puede afirmar, en general, que todos practicamos constantemente análisis psíquicos de nuestros semejantes, y que a consecuencia de ello aprendemos a conocerlos mejor que cada uno de ellos a sí mismo. El estudio de las propias acciones y omisiones aparentemente casuales es el mejor camino para llegar a conocerse a sí mismo.

De todos los poetas que han escrito algo sobre los pequeños actos sintomáticos y los rendimientos fallidos o los han utilizado en sus obras, ninguno ha reconocido con tanta claridad su secreta naturaleza ni les ha infundido una vida tan inquietante como Strindberg, cuyo genio fue, ciertamente, auxiliado en esta cuestión por su profunda anormalidad psíquica.

3. Karl Weiss:

El doctor Karl Weiss (Viena) ha llamado la atención sobre el siguiente trozo de una de las obras de Strindberg (*Internat. Zeitschrift für Psychoanalyse,* I, 1913, p. 268):

«Al cabo de algún tiempo llegó realmente el conde y se acercó con serenidad a Esther, como si le hubiera dado cita.

»–¿Has esperado mucho tiempo –le preguntó con su voz velada.

»–Seis meses; ya lo sabes –respondió Esther–. ¿Me has visto hoy?

»–Sí. En el tranvía. Y te miré a los ojos de tal manera que creía estar hablando contigo.

»–Han pasado muchas cosas desde la última vez.

»–Sí. Creí que todo habría terminado entre nosotros.

»–¿Cómo?

»–Todos los pequeños regalos que de ti había recibido se fueron rompiendo, y todos ellos de un modo misterioso. Pero esto es una antigua advertencia.

»–¿Qué dices? Ahora recuerdo un gran número de casos de esta clase que yo creí casualidad. Una vez me regaló mi abuela unos lentes, cuando aún estábamos en buenas relaciones. Eran de cristal de roca y se veía con ellos divinamente; una verdadera maravilla que yo trataba con todo cuidado. Un día *rompí* con la anciana y ésta me tomó odio... La primera vez que después de esto me puse los lentes se cayeron los cristales sin causa ninguna. Creí en un simple desperfecto, y los mandé arreglar. Pero no; siguieron rehusando prestar su servicio, y tuve que relegarlos a un cajón, del que luego desaparecieron.

»—Es extraño que todo aquello que a los ojos se refiere sea lo que muestra una más sensible naturaleza. Un amigo me regaló una vez unos gemelos de teatro. Se adaptaban tan bien a mi vista, que era un placer para mí el usarlos. Mi amigo y yo nos convertimos en enemigos. Ya sabes tú que a esto se llega sin causa visible, como si le pareciese a uno que ya no se debe seguir unidos. Al querer utilizar después los gemelos me fue imposible ver claramente con ellos. El eje transversal resultaba corto y ante mis ojos aparecían dos imágenes. No necesito decirte que ni el eje se había acortado ni tampoco había crecido la distancia entre mis ojos. Es un milagro que sucede todos los días y que los malos observadores no notan. ¿Explicación? *La fuerza psíquica del odio es mayor de lo que creemos*. La sortija que me diste ha perdido su piedra y no se deja reparar, no se deja. ¿Quieres ahora separarte de mí?...» *(Las habitaciones góticas,* p. 258).

También en el campo de los actos sintomáticos tiene que ceder la observación psíquica la prioridad a los poetas y no puede hacer más que repetir lo que éstos han dicho ya hace mucho tiempo. El señor Wilhelm Stross me llamó la atención sobre el siguiente trozo del *Tristram Shandy,* la conocida novela humorística de Lawrence Sterne (IV parte, capítulo V): «Y no me extraña nada que Gregorio Nacianceno, al observar los gestos rápidos y fugitivos de Juliano, predijese su apostasía. Ni que San Ambrosio despidiese a su amanuense por los incorrectos movimientos de su cabeza, que iba y venía como un látigo de trillar. Ni que Demócrito notase en seguida que Protágoras era un sabio por el hecho de ver cómo al hacer un haz de leña ponía los sarmientos más finos en medio. Hay mil rendijas que pasan así inadvertidas –continuó mi padre–, a través de las cuales una mirada penetrante puede descubrir de una vez el alma, y yo afirmo –añadió– que un hombre razonable no puede dejar su sombrero al entrar en una habitación o cogerlo para marcharse sin que se le escape algo que nos revele su íntimo ser.»

10. Errores

Los errores de la memoria no se distinguen de los olvidos acompañados de recuerdo erróneo más que en un solo rasgo; esto es, en que el error (el recuerdo erróneo) no es reconocido como tal, sino aceptado como cierto. El uso del término «error» parece, sin embargo, depender todavía de otra condición. Hablamos de «errar» y no de «recordar erróneamente» en aquellos casos en que el material psíquico que se trata de reproducir posee el carácter de realidad objetiva; esto es, cuando lo que se quiere recordar es algo distinto de un hecho de nuestra vida psíquica propia, algo más bien que puede ser sometido a una confirmación o una refutación por la memoria de otras personas. Lo contrario a un error de memoria está constituido, en este sentido, por la ignorancia.

En mi libro *La interpretación de los sueños* me hice responsable de una serie de errores en citas históricas y, sobre todo, en la exposición de algunos hechos, errores de los que con gran sorpresa me di cuenta una vez ya publicada la obra. Después de examinarlos, hallé que no eran imputables a ignorancia mía, sino que constituían errores de memoria explicables por medio del análisis.

a) En una de sus páginas señalé como lugar natal de Schiller la ciudad alemana de *Marburg,* nombre que lleva también una ciudad de Estiria. El error se encuentra en el análisis de un sueño que tuve durante una noche de viaje, y del cual me despertó la voz del empleado, que gritaba: ¡*Marburg!,* al llegar el tren a dicha estación. En el contenido de este sueño se preguntaba por un libro de *Schiller.* Éste no nació en la ciudad universitaria de *Marburg,* sino en una ciudad de Suabia llamada *Marbach,* cosa que jamás he ignorado.

b) En otro lugar se dice que Asdrúbal era el padre de Aníbal. Este error me irritó especialmente, pero, en cambio, fue el que más me confirmó en mi concepción de tales equivocaciones. Pocos lectores de mi libro estarán tan familiarizados como yo con la historia de los Barquidas, y, sin embargo, cometí ese error al escribir mi obra y no lo rectifiqué en las pruebas que por tres veces repasé con todo cuidado. El nombre del padre de Aníbal era Amílcar Barca. Asdrúbal era el de su hermano y también el de su cuñado y predecesor en el mando de los ejércitos.

c) También afirmé por error que *Zeus* había castrado y arrojado del trono a su padre, *Cronos.* Por error retrasé ese crimen en una generación, pues, según la mitología griega, fue *Cronos* quien lo cometió en la persona de su padre, *Urano*[1].

¿Cómo se explica que mi memoria me suministrara sobre estos puntos datos erróneos, cuando, como pueden comprobar los lectores de mi libro, puso acertadamente a mi disposición, en todo lo demás, los materiales más remotos y poco comunes? ¿Y cómo pudieron escapárseme tales errores, como si estuviera ciego, en las tres cuidadosas correcciones de pruebas que llevé a cabo?

Goethe dijo de Lichtenberg: «Allí donde dice una chanza, yace oculto un problema.» Algo análogo podría afirmarse de los trozos de mi libro antes transcritos: «Allí donde aparece un error, yace detrás una represión», o, mejor dicho, una insinceridad, una desfiguración de la verdad, basada, en último término, en un material reprimido. En efecto, en los análisis de los sueños que en dicha obra se exponen me había visto obligado, por la desnuda naturaleza de los temas a los que se referían los pensamientos del sueño, a interrumpir algunos análisis antes de llegar a su término verdadero, y otras veces, a mitigar la osadía de un detalle indiscreto, desfigurándolo ligeramente. No podía obrar de otra manera ni cabía llevar a cabo selección ninguna si quería exponer ejemplos e ilustraciones. Esta mi forzada situación provenía necesariamente de la particularidad de los sueños de dar expresión a lo reprimido; esto es, a lo incapaz de devenir consciente. A pesar de todo, quedó en mi libro lo suficiente para que espíritus más delicados se sintiesen ofendidos. La desfiguración u ocultación de los pensamientos que quedaban sin exponer y que yo conocía no pudo ser ejecutada sin dejar alguna huella. Lo que yo no quería decir consiguió con frecuencia abrirse camino, contra mi voluntad, hasta lo que había admitido como comunicable y se manifestó en ello en forma de errores que pasaron inadvertidos para mí. Los tres casos citados se refieren al mismo tema fundamental, y los errores son resultantes de pensamientos reprimidos relacionados con mi difunto padrc.

a') Aquel que lea en uno de los sueños analizados encontrará francamente expuesto en parte, y podrá en parte adivinarlo por las indicaciones que allí constan, que interrumpí el análisis al llegar a pensamientos que hubieran contenido una crítica poco favorable de la persona de mi padre. En la continuación de esta cadena de pensamientos y recuerdos yace una enfadosa historia, en la cual desempeñan principal papel unos libros y un compañero de negocios de mi padre llamado Marburg, nombre igual al de la estación de la línea de ferrocarriles del Sur, con el que me despertó el empleado del tren. En el análisis expuesto en mi libro quise suprimir, tanto para mí mismo como para mis lectores, al tal señor Marburg, el cual se vengó introduciéndose luego en donde nada tenía que hacer y transformando *Marbach,* nombre de la ciudad natal de Schiller, en *Marburg.*

b') El error de escribir Asdrúbal en vez de Amílcar, esto es, el nombre del hermano en lugar del del padre, se produjo por una asociación con determinadas fantasías relacionadas con Aníbal, construidas por mi imaginación en mis años de colegial, y con mi disgusto por la conducta de mi padre ante los «enemigos de nuestro pueblo». Podía haber proseguido y haber contado la transformación acaecida en mis relaciones con mi padre a causa de un viaje que hice a Inglaterra y en el que conocí a mi hermanastro, nacido de un anterior matrimonio de mi padre. Mi hermanastro tenía un hijo de mi misma edad, y mis fantasías imaginativas sobre cuán distinta sería mi situación si en vez de hijo de mi padre lo fuese de mi hermanastro no encontraron, por tanto, obstáculo ninguno referente a la cuestión de la edad. Estas fantasías reprimidas fueron las que falsearon, en el lugar en que interrumpí el análisis, el texto de mi libro, obligándome a escribir el nombre del hermano en lugar del del padre.

c') Atribuyo asimismo a la influencia de recuerdos referentes a mi hermanastro el haber retrasado en una generación el mitológico crimen de las deidades griegas. De las advertencias que mi hermanastro me hizo hubo una que retuve durante mucho tiempo en mi memoria. «No olvides —me dijo—, para regir tu conducta en la vida, que perteneces no a la generación siguiente a tu padre, sino a la otra inmediata posterior.» Nuestro padre se había vuelto a casar ya en edad avanzada y llevaba, por tanto, muchos años a los hijos que tuvo en este segundo matrimonio. El error mencionado fue cometido por mí en un lugar de mi libro en el que hablo precisamente del amor entre padres e hijos.

Me ha sucedido también algunas veces que amigos o pacientes, cuyos sueños había yo relatado o a los que aludía en análisis de otros sueños, me han advertido que en la exposición de mis investigaciones habían hallado algunas inexactitudes. Éstas consistían también siempre en errores históricos. Al examinar y rectificar estos casos me he convencido de que mi recuerdo de los hechos no se mostraba infiel más que en aquellas ocasiones en las que en la exposición del análisis había desfigurado u ocultado algo intencionadamente. Así, pues, también hallamos aquí *un error inadvertido como sustitutivo de una ocultación o represión intencionadas.*

De estos errores originados por una represión hay que distinguir otros debidos a ignorancia real. Así, fue debido a ignorancia el que durante una excursión por *Valaquia* creyera, al llegar a una localidad, que se trataba de la residencia del revolucionario *Fischhof*. En efecto, el lugar donde residía *Fischhof* se llamaba también Efm*mersdorf,* pero no estaba situado en Valaquia, sino en *Carintia.* Pero esto no lo sabía yo.

He aquí otro error vengonzoso, pero muy instructivo y que puede considerarse como un ejemplo de ignorancia temporal. Un paciente me recordó un día mi promesa de darle dos libros que yo poseía sobre Venecia, ciudad que iba a visitar en un viaje que pensaba hacer durante las vacaciones de Pascua. Yo le respondí que ya los tenía separados para entregárselos y fui a mi biblioteca para cogerlos. La verdad era que se me había olvidado buscarlos, pues no estaba muy conforme con el viaje de mi paciente, que me parecía una innecesaria interrupción del tratamiento y una pérdida económica para el médico. Al llegar a mi biblioteca eché un rápido vistazo sobre los libros para tratar de hallar los dos que había prometido prestar a mi cliente. Encontré uno titulado *Venecia, ciudad de arte,* y luego, queriendo buscar otra obra histórica, cogí un libro titulado *Los Médicis* y salí con ambos de la biblioteca para regresar a ella inmediatamente, avergonzado de mi error al haber creído por un momento que los Médicis tenían algo que ver con Venecia, a pesar de saber perfectamente lo contrario. Dado que había hecho ver a mi paciente sus propios actos sintomáticos, no tuve más remedio, para salvar mi autoridad, que obrar con justicia y confesarle honradamente los ocultos motivos del disgusto que su viaje me causaba.

Puede admirarse, en general, el hecho de que el impulso a decir la verdad es en los hombres mucho más fuerte de lo que se acostumbra creer. Quizá sea una consecuencia de mi ocupación con el psicoanálisis la dificultad que experimento para mentir. En cuanto trato de desfigurar algo, sucumbo a un error o a otro funcionamiento fallido cualquiera, por medio del que se revela mi insinceridad, como en los ejemplos anteriores ha podido verse.

El mecanismo del error parece ser el más superficial de todos los de los funcionamientos fallidos, pues la emergencia del error muestra, en general, que la actividad psíquica correspondiente ha tenido que luchar con una influencia perturbadora, pero sin que haya quedado determinada la naturaleza del error por la de la idea perturbadora, que permanece oculta en la oscuridad. Añadiremos aquí que en muchos casos sencillos de equivocaciones orales o gráficas debe admitirse el mismo estado de cosas. Cada vez que al hablar o al escribir nos equivocamos, debemos deducir la existencia de una perturbación causada por procesos psíquicos exteriores a la intención; pero hay también que admitir que la equivocación oral o gráfica sigue con frecuencia las leyes de la analogía, de la comodidad o de una tendencia a la aceleración, sin que el elemento perturbador consiga imprimir su carácter propio a las equivocaciones resultantes. El apoyo del material lingüístico es lo que hace posible la determinación del fallo, al mismo tiempo que le señala un límite.

Para que consten aquí algunos ejemplos de errores que no sean exclusivamente los míos personales, citaré todavía unos cuantos, que hubiera podido incluir igualmente entre las equivocaciones orales o los actos de término erróneo, pero que, dada la equivalencia de todas estas clases de rendimientos fallidos, no importa que sean incluidos en cualquiera de ellas.

a) En una ocasión prohibí a un paciente mío que hablara por teléfono con su amante, con la que él mismo deseaba romper, para evitar que cada nueva conversación hiciera más difícil la lucha interior que sostenía. Estaba ya decidido a comunicarle por escrito su irrevocable decisión, pero encontraba dificultades para hacer llegar la carta a sus manos. En esta situación, me visitó un día a la una de la tarde para comunicarme que había encontrado un medio de salvar dichas dificultades y preguntarme, entre otras cosas, si le permitía referirse a mi autoridad médica. A las dos, hallándose escribiendo la carta de ruptura, se interrumpió de repente y dijo a su madre: «Se me ha olvidado preguntar al doctor si debo dar su nombre en la carta.» A continuación fue al teléfono, pidió un número, y cuando le pusieron en comunicación, preguntó: «¿Podría decirme si el señor doctor recibe en consulta después del almuerzo?». La respuesta fue un asombrado «¿Te has vuelto loco, Adolfo?», pronunciado con aquella voz que yo le había prohibido volver a oír. Se había «equivocado» al pedir la comunicación y había dado el número de su amante en vez del número del médico.

b) Una señora joven tenía que visitar a una amiga suya, recién casada, que vivía en la carretera de Habsburgo *(Habsburgergasse)*. Al referirse a esto durante la comida, se equivocó y dijo que tenía que ir a la *carrera* de Babenberg *(Babenbergergasse)*. Sus familiares se echaron a reír al oírla, haciéndole notar su error, o, si se quiere, su equivocación oral. Dos días antes se había proclamado la República en Viena; los colores nacionales, amarillo y negro, habían sido sustituidos por los antiguos: rojo, blanco, rojo, y los *Habsburgo* habían sido destronados. La señora introdujo esta modificación en las señas de su amiga. En efecto existe en Viena, y es muy conocida, una *calle* de Babenberg *(Babenbergerstrasse),* pero ningún vienés la denominaría *carrera (Gasse).*

c) En un lugar de veraneo, el maestro de escuela, un joven pobre como las ratas, pero de apuesta figura, hizo la corte a la hija de un propietario de la ciudad, que poseía allí una villa, consiguiendo enamorar a la muchacha de tal modo, que logró arrancar a sus padres el consentimiento para la boda, a pesar de la diferencia de posición y raza existente entre los novios. Así las cosas, el maestro escribió a su hermano una carta en la que le decía lo siguiente: «La tal muchacha no es nada bonita, pero sí muy amable, y con ello me basta. Lo que no te puedo decir aún es si me decidiré o no a casarme con una judía.» Esta carta llegó a manos de la novia al mismo tiempo que el hermano se quedaba asombrado ante las ternezas amorosas que contenía la carta por él recibida. El que me relató este caso me aseguró que se trataba realmente de un error y no de una astucia encaminada a provocar la ruptura. También he conocido otro caso similar en el que una anciana señora descontenta de su médico y no queriendo decírselo francamente, utilizó este medio de cambiar las cartas para alcanzar su objeto, y esta vez sí puedo testimoniar que fue el error y no una astucia consciente lo que se sirvió de la conocida estratagema de comedia.

d) Brill relata el caso de una señora que, al preguntar a otra por la salud de una amiga común, la designó por su nombre de soltera. Al llamarle la atención sobre su error, tuvo que confesar que no le era simpático el marido de su amiga y que el matrimonio de ésta le había disgustado.

e) Un caso de error que puede ser también considerado como de equivocación oral: Un hombre joven fue a inscribir en el Registro el nacimiento de su segunda hija. Preguntado por el nombre que le iba a poner, respondió que Ana, a lo cual repuso el empleado que cómo le ponía el mismo que a su primera hija. Como puede comprenderse, no era ésta su intención y rectificó el nombre en el acto, debiendo deducirse de tal error que la segunda hija no había sido tan bien recibida como la primera.

f) Añado aquí algunas otras observaciones de cambio de nombres, que pudieran también haber sido incluidas en otros capítulos de este libro.

Una señora tenía tres hijas, de las cuales dos se hallaban casadas hacía ya largo tiempo, mientras que la tercera esperaba aún la llegada del marido que el Destino le designase. Una amiga suya había hecho a las hijas casadas, en ocasión de su matrimonio, un igual regalo, consistente en un valioso servicio de plata para té. Siempre que la madre hablaba de este utensilio nombraba equivocadamente como dueña de él a la hija soltera. Se ve con toda claridad que este error expresa el deseo de la madre de ver casada a la hija que le queda. Supone, además, que también había de recibir el mismo regalo de boda.

Análogamente fáciles de interpretar son los frecuentes casos en que una madre confunde los nombres de sus hijas, hijos, yernos y nueras.

De una autoobservación del señor J. G., verificada durante su estancia en un sanatorio, tomo el siguiente precioso ejemplo de tenaz confusión de nombres:

«En la mesa redonda del sanatorio dirigí, en el curso de una conversación que me interesaba poco y que era llevada en un tono por completo superficial, una frase especialmente amable a mi vecina de mesa. Ésta, una soltera ya algo madura, no pudo por menos de observar que aquella frase mía era una excepción, pues no solía mostrarme de costumbre tan amable y galante con ella; observación que era, por un lado, muestra de sentimiento, y por otro, un alfilerazo dirigido a otra muchacha que ambos conocíamos y a la que yo solía mostrar más atención.

»Como es natural, comprendí en seguida la alusión. En el transcurso de la conversación que después se desarrolló tuve que hacerme llamar varias veces la atención por mi interlocutora, cosa que me fue harto penosa, por haber confundido su nombre con el de la otra muchacha, a la que no sin razón consideraba ella como su feliz rival.»

g) Como un caso de «error» expondré aquí un suceso, grave en el fondo, que me fue relatado por un testigo presencial. Una señora había estado paseando por la noche con su marido y dos amigos de éste. Uno de estos últimos era su amante, circunstancia que los otros dos personajes ignoraban y no debían descubrir jamás. Los dos amigos acompañaron al matrimonio hasta la puerta de su casa y comenzaron a despedirse mientras esperaban que vinieran a abrir la puerta. La señora saludó a uno de los amigos dándole la mano y dirigiéndole unas palabras de cortesía. Luego se cogió del brazo de su amante, y volviéndose a su marido, quiso despedirse de él en la misma forma. El marido entró en la situación y, quitándose el sombrero, dijo con exquisita cortesía: «A los pies de usted, señora.» La mujer, asustada, se desprendió del brazo del amante y, antes que se abriera la puerta de su casa, tuvo aún tiempo de decir: «¡Parece mentira que pueda pasarle a uno una cosa así!». El marido era de aquellos que tienen por imposible una infidelidad de su mujer. Repetidas veces había jurado que en un caso tal peligraría más de una vida. Así, pues, poseía los más fuertes obstáculos internos para llegar a darse cuenta del desafío que el error de su mujer constituía.

h) He aquí un error cometido por un paciente mío y que, por repetirse después en sentido inverso, resulta especialmente instructivo: tras una larga lucha interior se había decidido el joven a contraer matrimonio con una muchacha que le quería y a la que también él amaba. El día en que le comunicó su resolución la acompañó hasta su casa, se despidió de ella y tomó un tranvía, en el cual pidió al cobrador *dos billetes.* Medio año después, ya casado, siente que no puede acostumbrarse a la vida conyugal, duda de si ha hecho bien en casarse, echa de menos sus amistades de soltero y tiene mil cosas que reprochar a sus suegros. Una tarde fue a casa de éstos a recoger a su mujer, subió con ella en un tranvía y al acercarse el cobrador le pidió *un solo billete.*

i) Maeder nos relata un precioso ejemplo de cómo por medio de un error puede satisfacerse un deseo reprimido a disgusto («Nouvelles contributions», etc., en *Arch. de Psych.,* VI, 1908): Un colega deseaba gozar por entero, y sin tener que ocuparse de nada, de un día de vacaciones, pero tenía precisamente que hacer una visita poco agradable en Lucerna, y después de largas vacilaciones, se decidió a ir a dicha ciudad. Para distraerse durante el viaje de Zúrich a Goldau se puso a leer los periódicos. Al llegar a Goldau cambió de tren y prosiguió su lectura. Ya en marcha el tren, el revisor le advirtió que se había equivocado en el transbordo y en vez de tomar el tren que iba a Lucerna había subido en otro que regresaba a Zúrich.

j) El doctor V. Tausk comunica, bajo el título «Rutas falsas», un intento análogo, pero fracasado, de realización de un deseo reprimido por medio de un error *(Internat. Zeitschrift f. aerztl. Psychoanalyse,* IV, 1916-1917):

«Durante la campaña vine una vez desde el frente a Viena con permiso, y un antiguo cliente mío que se enteró de mi estancia en la capital me avisó para que fuese a visitarle, pues se hallaba enfermo en cama. Accedí a su petición y fui a verle, permaneciendo dos horas en su casa. Al despedirme me preguntó el enfermo cuánto me debía por mi visita.

»—Estoy aquí sólo por unos días hasta que acabe mi permiso —le contesté—, y no visito ni ejerzo mi profesión durante ellos. Considere usted mi visita como un servicio amistoso.

»El enfermo vaciló en aceptar mi oferta sintiendo que no tenía derecho a considerar un servicio profesional como un favor gratuito; pero, por último, se decidió a hacerlo así, expresando, con una cortesía que le dictó su satisfacción ante el ahorro de su dinero, que siendo yo perito en psicoanálisis, debía obrar siempre con acierto.

»A mí mismo me entraron también pocos momentos después ciertas sospechas sobre la sinceridad de mi generosa conducta, y asaltado de dudas —que apenas admitían una solución equívoca— tomé el tranvía eléctrico de la línea X. Después de un corto viaje en este tranvía, debía apearme de él para tomar el de la línea Y. Mientras esperaba que llegase este último, olvidé la cuestión de mis honorarios y comencé a pensar en los síntomas que el paciente presentaba. Entre tanto llegó el tranvía que yo esperaba y monté en él. Mas en la primera parada tuve que apearme, pues, por error y sin darme cuenta, había tomado, en vez de un tranvía de la línea Y, uno de la línea X que pasaba en dirección contraria y me hacía regresar, por tanto, hacia la casa del paciente al que no había querido cobrar honorarios ningunos. *Mi inconsciente, en cambio, quería ir a buscar tales honorarios.*»

k) En una ocasión llevé yo también a cabo una habilidad semejante a la del sujeto del ejemplo *i).* Había prometido a mi hermano mayor irle a visitar durante el verano a una playa de la costa inglesa en la que él se hallaba y, dado el poco tiempo de que podía disponer, me había obligado a hacer el viaje por el camino más corto y a no detenerme en ningún punto. Pedí a mi hermano que me concediera quedarme un día en Holanda, pero me lo negó, diciendo que después, al regresar, podía hacer lo que me pareciese. Así, pues, emprendí mi viaje desde Múnich, pasando por Colonia, hasta Rotterdam y Hook, de donde, a medianoche, salía un barco para Harwich. En Colonia tenía que cambiar de tren, para tomar el rápido de Rotterdam. Descendí de mi vagón y me puse a buscar dicho rápido sin lograr descubrirlo en parte alguna. Pregunté a varios empleados, fui enviado de un andén para otro, caí en una exagerada desesperación, y al cabo de todo esto, pude suponer que durante mis vanas investigaciones debía ya de haber salido el tren buscado. Cuando ello me fue confirmado reflexioné si debía quedarme aquella noche en Colonia, cosa a la que, entre otros motivos, me inducía un sentimiento familiar, pues, según una vieja tradición nuestra, unos antepasados míos se habían refugiado en esta ciudad huyendo de una persecución contra los judíos. Sin embargo, resolví tomar un tren posterior para Rotterdam, adonde llegué muy entrada la noche, y, por tanto, tuve que pasar todo el día siguiente en Holanda. Esta estancia me permitió realizar un deseo que abrigaba hacía ya mucho tiempo: el de admirar los magníficos cuadros de Rembrandt existentes en La Haya y en el Museo Real de Amsterdam. Hasta la mañana siguiente, cuando, durante el viaje en un tren inglés, pude resumir mis impresiones, no surgió en mí el indudable recuerdo de haber visto en la estación de Colonia, a pocos pasos del sitio donde me apeé del tren y en el mismo andén, un gran cartel con la indicación «Rotterdam-Hook de Holanda.» Allí esperaba con seguridad el tren en el que había debido continuar mi viaje. Si no se quiere admitir que, contra las órdenes de mi hermano, quería a toda costa admirar los cuadros de Rembrandt en mi viaje de ida, habrá que considerar el incidente como una inexplicable «ceguera» mía. Todo lo restante, mi bien fingida perplejidad y la emergencia de la pía intención familiar de quedarme aquella noche en Colonia, fue tan sólo un dispositivo destinado a encubrir mi propósito hasta que hubiera sido ejecutado por completo.

l) J. Staercke expone *(l. c.)* otro caso observado en sí mismo y en el que una «distracción» facilita la realización de un deseo al que el sujeto cree haber renunciado:

«En una ocasión tenía que dar en un pueblo una conferencia con proyecciones luminosas. Tal conferencia había sido fijada para un día determinado y después aplazada por ocho días. Este aplazamiento me fue comunicado en una carta a la que contesté, anotando después en un memorándum la nueva fecha fijada. Debiendo ser la conferencia por la noche, me propuse llegar por la tarde a la localidad indicada para tener tiempo de hacer una visita a un escritor conocido mío que allí residía. Por desgracia, el día de la conferencia tuve por la tarde ocupaciones inexcusables y me fue preciso renunciar con gran sentimiento a la visita deseada. Al llegar la noche cogí un maletín lleno de placas fotográficas para las proyecciones y salí a toda prisa hacia la estación. Para poder alcanzar el tren tuve que tomar un taxi. (Es cosa que me sucede con gran frecuencia; mi innata indecisión a veces me ha obligado a tomar un automóvil para alcanzar el tren.) Al llegar a la localidad a que me dirigía me asombró no encontrar a nadie esperándome en la estación, según es costumbre cuando se va a dar una conferencia en tales pequeñas poblaciones. De pronto recordé que la fecha de la conferencia se había retrasado en una semana y que, siendo aquel día el primeramente fijado, había hecho un viaje inútil. Después de maldecir de todo corazón mis "distracciones", pensé en tomar el primer tren para regresar a mi casa; pero, reflexionando, hallé que tenía una gran ocasión para hacer la visita deseada. En el camino hacia la casa de mi amigo el escritor caí en que mi deseo de tener tiempo suficiente para visitarle era sin duda lo que había tramado toda aquella conspiración haciéndome olvidar el aplazamiento de la conferencia. Mi apresuramiento para alcanzar el tren y el ir cargado con el pesado maletín lleno de placas eran cosas que sirvieron para que la intención inconsciente quedase mejor oculta detrás de ellas.»

No se estará quizá muy propicio a considerar esta clase de errores aquí explicados como muy numerosos e importantes. Pero he de invitar a los lectores a reflexionar si no se tiene razón para extender estas mismas consideraciones a la concepción de los más importantes *errores de juicio* que los hombres cometen en la vida y en la ciencia. Sólo los espíritus más selectos y equilibrados parecen poder preservar la imagen de la realidad exterior por ellos percibida de la desfiguración que sufre en su tránsito a través de la individualidad psíquica del perceptor.

11. Actos fallidos combinados

Dos de los ejemplos últimamente expuestos, mi error al transportar los Médicis a Venecia y el del joven paciente mío que supo transgredir mi prohibición de hablar con su amante por teléfono, no han sido, en realidad, descritos con toda precisión, y un examen más detenido nos los muestra como una unión de un olvido con un error. Esta misma unión puede señalarse con mayor claridad en otros ejemplos.

a) Un amigo mío me relató el siguiente suceso: «Hace algunos años me presté a ser elegido miembro del Comité de una cierta sociedad literaria, creyendo que ésta me ayudaría a lograr fuese representado un drama del que yo era autor, y aunque no me interesaban gran cosa, asistía con regularidad a las sesiones que dicha sociedad celebraba todos los viernes. Hace algunos meses quedó asegurada la representación de uno de mis dramas en el teatro F., y desde entonces *olvidé* siempre acudir a las referidas sesiones. Cuando leí su libro de usted sobre estas cuestiones me avergoncé de

mi olvido, reprochándome haber abandonado a mis conso-
cios ahora que ya no necesitaba de ellos, y resolví no dejar
de asistir a la reunión del viernes siguiente. Recordé de continuo este propósito hasta que llegó el momento de realizar-
lo, y me dirigí al domicilio social. Al llegar ante la puerta del
salón de actos me sorprendió verla cerrada. La reunión se
había celebrado ya y nada menos que dos días antes.

»Me había equivocado de día y había ido en domingo.»

b) El ejemplo siguiente es una combinación de un acto
sintomático, con una pérdida temporal de un objeto, y ha
llegado a mi conocimiento muy indirectamente, pero por
conducto fidedigno.

Una señora hizo un viaje a Roma con su cuñado, artista
de gran fama. Éste fue muy festejado por los alemanes residentes en dicha ciudad, y, entre otros regalos, recibió el de
una antigua medalla de oro. La señora vio con disgusto que
su cuñado no sabía apreciar el valor del artístico presente.
Días después llegó a Roma su hermana, y ella retornó a su
casa. Al deshacer el equipaje, vio con sorpresa que –sin saber cómo– había metido en él la preciada medalla, e inmediatamente escribió a su cuñado comunicándoselo y anun-
ciándole que al día siguiente se la restituiría, enviándosela a
Roma. Pero cuando quiso hacerlo, halló que había «perdido» u «ocultado» la medalla con tanta habilidad que por
más que hizo no le fue posible encontrarla. Entonces sospe-
chó la señora lo que su «distracción» significaba; esto es, su
deseo de conservar el objeto para sí.

c) He aquí unos cuantos casos en que el acto fallido se repite tenazmente, cambiando cada vez de medios:

Jones (*l. c.,* pág. 483): Por motivos desconocidos para él,
había Jones dejado sobre su mesa, durante varios días, una
carta, sin acordarse de echarla. Por último, se decidió a ha-

cerlo, pero al poco tiempo le fue devuelta por las oficinas de Correos, a causa de habérsele olvidado consignar las señas. Corregida esta omisión, echó la carta, olvidándose esta vez de ponerle el sello. Después de esto no pudo dejar ya de ver su repugnancia a mandar dicha carta.

En una pequeña comunicación del doctor Karl Weiss (Viena) sobre un caso de olvido se describen muy precisamente los inútiles esfuerzos que se llevan a cabo para ejecutar un acto al que se opone una íntima resistencia (*Zentralblatt für Psychoanalyse,* II, 9): «El caso siguiente constituye una prueba de la persistencia con que lo inconsciente sabe llegar a conseguir su propósito cuando tiene algún motivo para impedir llegue a ejecución una intención determinada y de lo difícil que es asegurarse contra tales tendencias. Un conocido mío me rogó que le prestase un libro y que se lo llevase al siguiente día. Accedí en el acto a su petición, sintiendo, sin embargo, un vivo disgusto cuya causa no pude explicarme al principio, pero que después se me apareció claramente. El tal sujeto me debía hacía muchos años una cantidad que, por lo visto, no pensaba devolverme. Recordando esto, dejé de pensar en la cuestión para no volverla a recordar, por cierto con igual sentimiento de disgusto, hasta la mañana siguiente. Entonces me dije: "Tu inconsciente ha de laborar para que olvides el libro. Pero tú no querrás parecer poco amable y, por tanto, harás todo lo posible para no olvidarlo." Al llegar a casa envolví el libro en un papel y lo dejé junto a mí, sobre la mesa, mientras escribía unas cartas.

Pasado un rato me levanté y me marché. A poco recordé que había dejado sobre la mesa las cartas que pensaba llevar al correo. (Advertiré de paso que en una de éstas me había visto obligado a decir algo desagradable a una persona de la que en una futura ocasión había de necesitar.) Di la vuelta, recogí las cartas y volví a salir. Yendo ya en un tranvía, recordé que había prometido a mi mujer hacer una compra para ella y me satisfizo el pensar que no me causaría molestia ninguna complacerla, por ser poco voluminoso el paquete del que tenía que hacerme cargo. Al llegar a este punto surgió de repente la asociación "paquete-libro" y eché de ver que no llevaba este último. Así, pues, no sólo lo había olvidado la primera vez que salí de casa, sino que tampoco lo había visto al recoger las cartas que se hallaban junto a él.»

Iguales elementos hallamos en la siguiente observación de Otto Rank, penetrantemente analizada (*Zentralblatt für Psychoanalyse,* II, 5):

«Un individuo ordenado hasta la exageración y ridículamente metódico me relató la siguiente aventura que, dada su manera de ser, consideraba en absoluto extraordinaria. Una tarde, yendo por la calle, quiso saber la hora, y al echar mano al reloj, vio que se lo había dejado en su casa, olvido en el que no recordaba haber incurrido nunca. Teniendo aquella tarde misma una cita, a la que deseaba acudir con toda puntualidad, y no quedándole ya tiempo para regresar a su casa en busca del reloj, aprovechó una visita que hizo a una señora amiga suya para rogarle le prestase uno, cosa tanto más hacedera cuanto que habían quedado en verse a la mañana siguiente a este día y, por tanto, podía entonces devolverle su reloj, como así lo prometió al tomarlo. Cuando, en efecto, a la siguiente mañana, fue a casa de la señora para efectuar la devolución prometida, vio con sorpresa que se había dejado en casa el reloj de la señora y, en cambio, había cogido el suyo propio. Entonces se propuso firmemente no dejar de llevárselo aquella misma tarde y cumplió su propósito; pero al salir de casa de la señora y querer mirar la hora, vio, ya con infinito asombro y enfado, que si se había acordado de traer el reloj prestado, había, en cambio, olvidado coger el suyo. Esta repetición de actos fallidos pareció al metódico y ordenado sujeto de un carácter tan patológico, que me expresó su deseo de conocer su motivación psíquica. Estos motivos se encontraron en seguida, en cuanto en el interrogatorio psicoanalítico se llegó a la pregunta de si en el día crítico del primer olvido le había sucedido algo desagradable. A esta pregunta contestó el sujeto relatando que después de almorzar, y pocos momentos antes que saliera a la calle dejándose olvidado el reloj, había tenido una conversación con su madre en la que ésta le había contado que un pariente suyo, persona un tanto ligera y que ya le había costado muchas preocupaciones y desembolsos, había empeñado el reloj y luego había venido a solicitar dinero para sacarlo, diciendo que lo necesitaban en su casa. Esta manera, un tanto forzada, de sacarle el dinero, había disgustado mucho a nuestro individuo y le había recordado, además, todas las contrariedades que desde muchos años atrás venía causándole el citado pariente. Su acto sintomático muestra, por tanto, múltiples determinantes. En primer lugar, constituye la expresión de una serie de pensamientos que viene a decir: "No me dejo yo sacar el dinero por tales medios, y si para ello es necesaria la intervención de un reloj, llegaré hasta dejar en casa el mío propio". Mas como necesitaba su reloj para llegar con puntualidad a la cita que tenía aquella misma tarde, la intención expresada por dichos pensamientos no podía lograrse sino de una manera inconsciente, o sea, por medio de un acto sintomático. En segundo lugar, el olvido expresa algo como: "Los continuos desembolsos que tengo que hacer por causa de ese inútil acabarán por arruinarme y hacerme dar todo lo que tengo". Aunque, según la declaración del interesado, su enfado ante el incidente fue tan sólo momentáneo, la repetición del acto sintomático muestra que dicho sentimiento continuó actuando con intensidad en lo inconsciente, de un modo análogo a cuando con completa conciencia se dice: "Esto o aquello no se me quita de la cabeza"[1]. Después de conocer esta actitud de lo inconsciente, no puede extrañarnos que el reloj de la señora corriera luego igual suerte, aunque quizá esta transferencia sobre el "inocente" reloj femenino fuera también favorecida por motivos especiales, de los cuales el más próximo es el de que al sujeto le hubiera probablemente gustado conservarlo en sustitución del suyo que ya consideraba haber sacrificado, siendo ésta la causa de que olvidara devolverlo a la mañana siguiente. Quizá también hubiera deseado quedarse con el reloj como un recuerdo de la señora. Aparte de todo esto, el olvido del reloj femenino le proporcionaba ocasión de hacer una segunda visita a su dueña, por la que sentía cierta inclinación. Teniendo de todas maneras que verla por la mañana, por haberlo acordado así con anterioridad, y para asunto en el que nada tenía que ver la devolución del reloj, le parecía rebajar la importancia que él concedía a dicha visita utilizándola para entregar el objeto prestado. El doble olvido del propio reloj y la devolución del ajeno, hecha posible por el segundo olvido del otro, parecen revelar que nuestro hombre evitaba inconscientemente llevar ambos relojes a la vez, cosa que consideraba como una ostentación superflua que había de contrastar con la estrechez económica de su pariente. Por otro lado, ello constituía una autoadmonición ante su aparente deseo de contraer matrimonio con la referida señora, admonición que había de recordarle los inexcusables deberes que le ligaban a su familia (a su madre). Otra razón más para el olvido del reloj femenino puede buscarse en el hecho de que la noche anterior había temido que sus conocidas, que le sabían soltero, le vieran sacar un reloj de señora, y, por tanto, se había visto obligado a mirar la hora a hurtadillas, situación embarazosa en la que no quería volver a encontrarse y que evitaba dejándose el reloj en casa. Pero como tenía que cogerlo para devolverlo, resulta también aquí un acto sintomático, inconscientemente ejecutado, que demuestra ser una formación transaccional entre sentimientos emocionales en conflicto, y una victoria, caramente pagada, de la instancia inconsciente.»

He aquí algunas observaciones de J. Staercke:

A. *Pérdida temporal, rotura y olvido como expresión de una repugnancia reprimida.* En una ocasión me pidió mi hermano que le prestara unas cuantas fotografías de una colección que yo había reunido para ilustrar un trabajo científico, fotografías que él pensaba utilizar como proyecciones en una conferencia. Aunque por un momento tuve el pensamiento de que preferiría que nadie utilizase o publicase aquellas reproducciones, que tanto trabajo me había costado reunir, hasta que yo hubiera podido hacerlo por mí mismo, le prometí, sin embargo, buscar los negativos de las fotografías que necesitaba y sacar de ellas positivos para la linterna de proyección. Pero cuando me dediqué a buscar los negativos me fue imposible dar con ninguno de los que me había pedido. Revisé todo el montón de cajas de placas que contenían asuntos referentes a la materia de que iba a tratar mi hermano, y tuve en la mano más de doscientos negativos, sin encontrar los deseados, cosa que me hizo suponer que no me hallaba, en realidad, nada dispuesto a acceder a lo

que de mí se había solicitado. Después de adquirir conciencia de este pensamiento y luchar con él, observé que había
puesto a un lado, sin revisar su contenido, la primera caja de
las que formaban el montón, y precisamente esta caja era la
que contenía los negativos tan buscados. Sobre la tapa tenía
una corta inscripción, que señalaba su contenido; inscripción que yo debía probablemente haber visto con una rápida mirada antes de apartar la caja a un lado.

Sin embargo, la idea contradictoria no pareció quedar
vencida, pues sucedieron todavía mil y un accidentes antes
de enviar los positivos a mi hermano. Uno de ellos lo rompí,
apretándolo entre los dedos, mientras lo limpiaba por la
parte del cristal (jamás antes había yo roto de esta manera
ninguna placa). Luego, cuando hube hecho un nuevo ejemplar de esta misma placa, se me cayó de las manos, y no se
rompió porque extendí un pie y la recibí en él. Al montar
los positivos en el almacén de la linterna de proyecciones,
se cayó aquél al suelo con todo su contenido, aunque, por
fortuna, no se rompió nada. Por último, pasaron muchos
días antes que lograra embalar todos los chismes y expedir-
los definitivamente, pues, aunque todos los días hacía el firme propósito de verificarlo, todos los días se me volvía a olvidar.

B. *Olvido repetido y acto fallido en la ejecución definitiva
del acto olvidado.* En una ocasión tenía que enviar una postal a un conocido mío, y lo fui olvidando durante varias fechas consecutivas. La causa de tales olvidos sospechaba yo
fuese la siguiente: el referido sujeto me había comunicado
en una carta que en el transcurso de aquella semana vendría
a visitarme una persona, a la que yo no tenía muchos deseos
de ver. Una vez pasada dicha semana, y cuando ya se había
alejado la perspectiva de tal visita, escribí por fin la postal

debida, en la cual fijaba la hora en que se me podía ver. Al escribirla quise comenzar diciendo que no había contestado antes por pesar sobre mí una gran cantidad de *trabajo acumulado y urgente. (Druckwerk);* pero, por último, no dije nada de esto, pensando que nadie presta ya fe a tan vulgar excusa. Ignoro si esta pequeña mentira que por un momento me propuse decir tenía o no forzosamente que surgir a la luz; pero el caso es que cuando eché la postal en el buzón, la introduje, por error, en la abertura destinada a los *impresos (Druckwerk–Drucksachen).*

C. *Olvido y error.* Una muchacha fue una mañana que hacía un tiempo hermoso al Ryksmuseum, con el fin de dibujar en él. Aunque le hubiera gustado más salir a pasear y gozar de la hermosa mañana, se había decidido a ser aplicada y dibujar afanosamente. Ante todo, tenía que comprar el papel necesario. Fue a la tienda, situada a unos diez minutos del Museo, y compró lápices y otros útiles de dibujo, pero se le olvidó el papel. Luego se dirigió al Museo, y cuando ya lo había preparado todo, y se sentó ante el tablero, dispuesta a empezar, se dio cuenta de su olvido, teniendo que volver a la tienda para subsanarlo. Una vez hecho esto, se puso por fin a dibujar, avanzando con rapidez en su trabajo hasta que oyó dar al reloj de la torre del Museo una gran cantidad de campanadas, y pensó: «Deben de ser ya las doce.» Luego continuó trabajando hasta que el reloj dio otras campanadas, que la muchacha pensó ser las correspondientes a las doce y cuarto. Entonces recogió sus bártulos y decidió ir paseando a través de un parque hacia casa de su hermana y tomar allí el café. Al llegar frente al Museo Suasso vio con asombro que, en vez de las doce y media, no eran todavía más que las doce. Lo hermoso y atractivo de la mañana habían engañado a su deseo de trabajar, y le habían hecho creer, al dar las once y media, que la hora que daba eran las doce, sin dejarla caer en la cuenta de que los relojes de torre dan también, al señalar los cuartos de hora, la hora que a éstos corresponde.

Como ya lo demuestran algunas de las observaciones antes expuestas, la tendencia inconscientemente perturbadora puede también conseguir su propósito, repitiendo con tenacidad la misma clase de funcionamiento fallido. Como ejemplo de este caso transcribiré una divertida historia, contenida en un librito titulado *Frank Wedekind y el teatro,* publicado por la casa editorial Drei Masken, de Múnich, advirtiendo que dejo al autor de tal libro toda la responsabilidad de la historieta, contada a la manera de Mark Twain.

En la escena más importante de la pieza en un acto *La censura,* de Wedekind, aparece la frase «El miedo a la muerte es un error intelectual» *(Denkfehler).* El autor, que sentía especial predilección por esta escena, rogó en el ensayo al actor a quien correspondía decir esa frase que antes de las palabras «error intelectual» *(Denkfehler)* hiciera una pequeña pausa. En la representación, el actor entró por completo en su papel y observó la pausa prescrita, pero pronunció la frase en un tono festivo, y dijo erróneamente: «El miedo a la muerte es una *errata» (Druckfehler).* Cuando al finalizar la obra preguntó el actor a Wedekind si estaba satisfecho de su interpretación del personaje, le contestó que no tenía nada que objetarle, pero que la frase referida era «El miedo a la muerte es un error intelectual *(Denkfehler),* y no una errata *(Druckfehler)».*

A la siguiente representación de *La censura,* dijo el actor en el mismo tono festivo: «El miedo a la muerte es un *membrete» (Denkzettel).* Wedekind colmó de elogios a su intérprete; pero de pasada, y como cosa secundaria, le advirtió que la frase no decía que el miedo a la muerte era un *membrete,* sino un error intelectual.

A la noche siguiente volvió a representarse *La censura,* y el actor, que ya había trabado amistad con Wedekind, y había estado hablando con él sobre cuestiones de arte, volvió a decir con su gesto más festivo: «El miedo a la muerte es un impreso» *(Druckzettel).*

El cómico volvió a obtener la más calurosa aprobación del autor, y la obra se representó muchas veces más, pero Wedekind tuvo que renunciar a oír la palabra *«Denkfehler».*

Rank ha dedicado también su atención a las interesantísimas relaciones entre el acto erróneo y el sueño *(Zentralblatt für Psychoanalyse* e *Internat. Zeitschrift für Psychoanal.,* III, 1915), relaciones que no pueden descubrirse sin un penetrante y detenido análisis del sueño que se agrega al acto fallido.

En una ocasión soñé, dentro de un más largo contexto, que había perdido mi portamonedas. A la mañana siguiente lo eché, en efecto, de menos al vestirme. La noche anterior, al desnudarme, se me había olvidado sacarlo del bolsillo del pantalón y colocarlo en el sitio en que acostumbraba hacerlo.

Así, pues, este olvido no me había pasado inadvertido, y probablemente estaba destinado a dar expresión a un pensamiento inconsciente, que se hallaba dispuesto para emerger en el sueño[2].

No quiero afirmar que estos casos de actos fallidos combinados puedan enseñarnos algo nuevo que no pudiéramos ver ya en los actos fallidos simples; pero de todos modos, esta metamorfosis del acto fallido da, alcanzando igual resultado, la impresión plástica de una voluntad, que tiende hacia un fin determinado, y contradice aún más enérgicamente la concepción de que el acto fallido sea puramente casual y no necesitado de explicación alguna. No es menos notable el hecho de que en los ejemplos expuestos sea imposible, para el propósito consciente, impedir el éxito del acto fallido. Mi amigo no consiguió asistir a la sesión de la sociedad literaria y la señora no pudo separarse de la medalla. Aquello desconocido que se opone a estos propósitos encuentra siempre una salida cuando se le obstruye el primer camino. Para dominar el motivo desconocido es necesario algo más que la contrarresolución consciente; es necesaria una labor psíquica que convierta lo desconocido en conocido a la conciencia.

12. Determinismo. Fe casual. Superstición. Consideraciones

Como resultado general de todo lo expuesto puede enunciarse el siguiente principio: *Ciertas insuficiencias de nuestros funcionamientos psíquicos* —cuyo carácter común determinaremos a continuación más precisamente— *y ciertos actos aparentemente inintencionados se demuestran motivados y determinados por motivos desconocidos de la conciencia, cuando se los somete a la investigación psicoanalítica.*

Para ser incluido en el orden de fenómenos a los que puede aplicarse esta explicación, un funcionamiento psíquico fallido tiene que llenar las condiciones siguientes:

a) No exceder de cierta medida fijamente establecida por nuestra estimación y que designamos con los términos «dentro de los límites de lo normal».

b) Poseer el carácter de perturbación momentánea y temporal. Debemos haber ejecutado antes el mismo acto correctamente o sabernos capaces de ejecutarlo así en toda ocasión. Si otras personas nos rectifican al presenciar nuestro acto fallido, debemos admitir la rectificación y reconocer en seguida la incorrección de nuestro propio acto psíquico.

c) Si nos damos cuenta del funcionamiento fallido, no debemos percibir la menor huella de una motivación del mismo, sino que debemos inclinarnos a explicarlo por «inatención» o como «casualidad».

Quedan, pues, incluidos en este grupo los casos de olvido, los errores cometidos en la exposición de materias que nos son perfectamente conocidas, las equivocaciones en la lectura y las orales y gráficas, los actos de término erróneo y los llamados actos casuales, fenómenos todos de una gran analogía interior. La explicación de todos estos procesos psíquicos tan definidos está ligada con una serie de observaciones, que poseen en parte un interés propio.

1. No admitir la existencia de representaciones de propósito definido como explicación de una parte de nuestros funcionamientos psíquicos supone desconocer totalmente la amplitud de la determinación en la vida psíquica. El determinismo alcanza aquí, y también en otros sectores, mucho más allá de lo que sospechamos. En 1900 leí un ensayo, publicado por el historiador de literatura R. M. Mayer en el *Zeit,* en el que se mantenía, ilustrándola con ejemplos, la opinión de que era completamente imposible componer intencionada y arbitrariamente algo falto en absoluto de sentido. Desde hace mucho tiempo sé que no es posible pensar un número ni un nombre con absoluta y total libertad voluntaria. Si se examina una cantidad cualquiera y de cualquier número de cifras, pronunciada con una aparente arbitrariedad y sin relacionarla con nada, se demostrará su estricta determinación, cuya existencia no se creía posi-

ble. Explicaré primero un ejemplo de nombre propio «arbitrariamente escogido» y luego otro análogo de una cifra «lanzada al azar».

a) Hallándome ocupado en redactar el historial de una paciente para publicarlo, me detuve a pensar qué nombre le daría en mi relato. La elección parecía fácil, dado el gran campo que para ella se me presentaba. Algunos nombres quedaban desde luego excluidos, entre ellos el verdadero, los pertenecientes a personas de mi familia, los cuales no me hubiera agradado usar y, por último, algunos otros nombres femeninos poco o nada usuales. Era, pues, de esperar, y así lo esperaba yo, que se presentara a mi disposición toda una legión de nombres de mujer. Mas, en vez de esto, no emergió en mi pensamiento más que uno solo: *Dora,* sin que ningún otro lo acompañase. Entonces me pregunté cuál sería su determinación. ¿Quién se llamaba Dora? Mi primera ocurrencia fue la de que así se llamaba la niñera que estaba al servicio de mi hermana, ocurrencia que en un principio estuve a punto de rechazar como falsa. Pero poseo tanto dominio de mí mismo en estas cuestiones, o tanta práctica en analizar, que conservé con firmeza dicha idea y seguí dándole vueltas.

En seguida recordé un pequeño incidente ocurrido la noche anterior y que me reveló la determinación buscada. Sobre la mesa del comedor de casa de mi hermana había visto una carta dirigida a la señorita Rosa W. Extrañado, pregunté quién de la casa se llamaba así, y se me dijo que el verdadero nombre de la niñera, a la que llamaban Dora, era Rosa, pero que al entrar al servicio de mi hermana había tenido que cambiárselo para evitar confusiones, pues mi hermana se llamaba también Rosa. Al oír esto había dicho yo compasivamente: «¡Pobre gente! Ni siquiera pueden conservar su nombre.» Como ahora recordaba, permanecí luego un rato en silencio y me abstraje en graves reflexiones, cuyo contenido se sumió después en la oscuridad, pero fácilmente pude luego hacer volver a la conciencia. Cuando al día siguiente comencé a buscar un nombre para una persona que *no debía conservar el suyo propio,* no se me ocurrió otro que Dora. Esta exclusividad reposaba en una firme conexión de contenido, pues en la historia de mi paciente intervenía con una influencia decisiva la persona de una sirvienta, un ama de llaves.

Este pequeño incidente tuvo años después una inesperada continuación. Al exponer en cátedra la ya publicada historia patológica de la muchacha a quien yo había dado el nombre de Dora se me ocurrió que una de las dos señoras que acudían a mis conferencias llevaba este mismo nombre, que tantas veces había yo de pronunciar en mis lecciones, ligándolo a las cosas más diversas, y me dirigí a mi joven colega, a la que conocía personalmente, con la excusa de que no había pensado en que se llamaba así, pero que estaba dispuesto a sustituir en mi conferencia dicho nombre por otro. Tenía pues, que escoger rápidamente otro nombre, y al hacerlo pensé que debía evitar elegir el de la otra oyente y dar de este modo a mis colegas, ya versados en psicoanálisis, un mal ejemplo. Así, pues, me quedé muy satisfecho cuando como sustitutivo de Dora se me ocurrió el nombre Erna, del cual hice uso en la conferencia. Después de ésta me pregunté de dónde provendría tal nombre y tuve que echarme a reír cuando vi que la posibilidad temida había vencido, por lo menos parcialmente, al escoger el nombre sustitutivo. La otra oyente se llamaba de apellido *Lucerna,* del cual es *Erna* una parte.

b) En una carta a un amigo mío le comunicaba que había dado fin a la corrección de mi obra *La interpretación de los sueños,* y que ya no cambiaría nada en ella, «aunque luego resultase que contenía *2.467* erratas». En cuanto escribí esta frase intenté aclarar la aparición de la cifra en ella contenida y añadí a mi carta, en calidad de posdata, el pequeño análisis realizado. Lo mejor será copiar aquí dicha posdata, tal y como fue escrita recién verificado el análisis:

«Añadiré brevemente una contribución más a la psicopatología de la vida cotidiana. Habrás encontrado en mi carta la cifra 2.467, como representativa de una jocosa estimación arbitraria de las erratas que podrán aparecer en la edición de mi *Interpretación de los sueños.* Quería indicar una gran cantidad cualquiera y se presentó aquélla espontáneamente. Pero en lo psíquico no existe nada arbitrario ni indeterminado. Por tanto, esperarás, y con todo derecho, que lo inconsciente se haya apresurado en este caso a determinar la cifra que la conciencia había dejado libre. En efecto; poco antes había leído en el periódico que el general E. M., persona que me inspira un determinado interés, había pasado a la reserva con el empleo de inspector general de Artillería.

»En la época en que, siendo estudiante de Medicina cumplía mi servicio militar en calidad de sanitario, vino una vez E. M., entonces coronel, al hospital y dijo al médico: "Tiene usted que curarme en ocho días. Estoy encargado de una misión cuyo resultado espera el emperador". Desde aquel día me propuse seguir el curso de la carrera de aquel hombre y he aquí que hoy (1899) ha llegado al fin de la misma y pasa a la reserva con el grado antes dicho. Al leer la noticia quise calcular en cuánto tiempo había recorrido este camino y acepté como punto de partida el dato de que cuando le conocí en el hospital era el año 1882. Habían, pues, pasado diecisiete años. Relaté todo esto a mi mujer, la cual observó: "Entonces tú también debías estar ya en el retiro", ante lo que protesté exclamando: "¡Dios me libre!". Después de esta conversación me puse a escribirte. La anterior cadena de pensamientos continuó, sin embargo, su camino, muy justificadamente por cierto, pues mi cálculo había sido erróneo. Mi memoria me proporciona ahora un firmísimo punto de referencia, consistente en el recuerdo de que celebré, estando arrestado por haberme ausentado sin permiso, mi mayoría de edad, esto es, el día en que cumplí los *24* años. Por tanto, el año de mi servicio militar fue el de 1880, y desde entonces han transcurrido diecinueve años y no diecisiete, como creí primero. Ya tienes aquí el número *24,* que forma parte de 2.467. Toma ahora el número de años que tengo hoy: 43; añade 24 y tendrás *67,* la segunda parte de la cifra arbitraria. Esto quiere decir que, al oír la pregunta de mi mujer sobre si desearía retirarme yo de la vida activa, me deseé en mi fuero interno 24 años más de trabajo. Seguramente me irritaba el pensamiento de que en el intervalo durante el cual había seguido el curso de la carrera del coronel M., no había hecho yo, por mi parte, toda la labor que hubiera deseado, y por otro lado, experimentaba una sensación como de triunfo al ver que para él había terminado todo, mientras que yo lo tenía aún ante mí. Podemos, pues, decir con absoluto derecho que ni uno solo de los elementos de la cifra 2.467 carecía de su determinación inconsciente.»

Después de este primer ejemplo de interpretación de una cantidad arbitrariamente elegida en apariencia, he repetido muchas veces igual experimento con idéntico resultado; pero la mayoría de tales casos son de un contenido tan íntimo que no es posible publicarlos.

Por esta misma razón no quiero dejar de exponer aquí un interesantísimo análisis de «cantidad arbitraria», comunicado al doctor Alfred Adler (Viena) por un individuo conocido suyo y perfectamente sano[1]: «A. me escribe:

»Anoche me dediqué a leer la *Psicopatología de la vida cotidiana,* y la hubiera terminado si no me lo hubiera impedido una curiosa incidencia. Al llegar a la parte en que se dice que todo número que con aparente arbitrariedad hacemos surgir de nuestra conciencia tiene una significación bien definida, resolví hacer una prueba de ello. Se me ocurrió el número 1.734. Rápidamente aparecieron las siguientes asociaciones: 1.734 : 17 = 102; 102 : 17 = 6. Después separé el número en 17 y 34. Tengo 34 años y, como ya creo haberle dicho a usted, considero esta edad como el último año de la juventud, lo cual hizo que el día de mi pasado cumpleaños me sintiera grandemente melancólico. Al final de mis 17 años comenzó para mí un bello e interesante período de mi desarrollo espiritual. Tengo el principio de dividir mi vida en períodos de 17 años. ¿Qué significan, pues, las divisiones efectuadas? Mi asociación al número 102 fue el volumen 102 de la Biblioteca Universal Reclam, volumen que contiene la obra de Kotzebue titulada *Misantropía y remordimientos.*

»Mi actual estado psíquico es en realidad de misantropía y remordimiento. El volumen número 6 de la Biblioteca (sé de memoria las obras que corresponden al número de orden de muchos volúmenes) contiene la *Culpa,* de Muellner. El pensamiento de que por mi "culpa" no he llegado a ser todo lo que conforme a mis aptitudes hubiera podido es algo que me atormenta de continuo. La asociación siguiente fue que el volumen número 34 de la Biblioteca Universal contenía una narración del mismo Muellner titulada *Der*

Kaliber. Dividí esta palabra en Ka-liber, y mi primera asociación fue el pensamiento de que en ella se contenían otras dos: "Ali" y "Kali" (potasa). Esto me recordó que una vez estaba jugando con mi hijo Ali, niño de seis años, a componer aleluyas y le dije que buscase una palabra que rimase con Ali. No se le ocurrió ninguna, y al pedirme que se la dijese yo, le hice la frase siguiente: "Ali se lava la boca con hipermanganato de *potasa (Kali)".* Nos reímos los dos mucho de esta ocurrencia, y Ali fue muy bueno aquel día. En estos últimos días me ha disgustado averiguar que mi hijo *no ha sido un buen Ali (ka [kein] lieber Ali sei).*

»Al llegar a este punto me pregunté: "¿Qué obra es la contenida en el número 17 de la Biblioteca Universal?", y no pude recordarla. Sin embargo, estoy seguro de que antes lo sabía perfectamente y, por tanto, tuve que admitir que lo había querido olvidar por algún motivo. Todo esfuerzo para recordarlo fue inútil. Quise seguir leyendo, pero no pude hacerlo más que mecánicamente y sin conseguir enterarme de una sola palabra, pues el tal número 17 continuaba atormentándome. Apagué la luz y seguí buscando. Por fin se me ocurrió que el volumen número 17 tenía que contener una obra de Shakespeare. ¿Pero cuál? Se me vino a las mientes *Hero y Leandro,* mas vi en seguida claramente que esta idea era tan sólo un insensato intento de mi voluntad de apartarme del camino. Resolví levantarme de la cama para consultar el catálogo de la B. U. y hallé en él que el volumen 17 contenía el *Macbeth.* Para mi sorpresa descubrí que, a pesar de haber leído esta obra con igual detenimiento e interés que las demás tragedias shakespearianas, no recordaba casi nada de ella. Las asociaciones fueron tan sólo: asesino, lady Macbeth, hechiceras, "lo bello es feo" y el recuerdo de haber hallado muy bella la traducción que de esta obra hizo Schiller. Sin duda he querido olvidar el *Macbeth*. Después se me ocurrió aún que 17 y 34 divididos por 17 dan como cocientes 1 y 2, respectivamente. Los números 1 y 2 de la B. U. corresponden al *Fausto,* de Goethe. Siempre he hallado en mí algo semejante a este personaje.»

Debemos lamentar que la discreción del médico no nos haya permitido penetrar en la profunda significación de esta serie de asociaciones. Adler observa que el sujeto no consiguió realizar la síntesis de su análisis. No nos habrían parecido éstas dignas de comunicarse si en su continuación no surgiese algo que nos da la clave para la comprensión del número 1.734 y de toda la serie de asociaciones:

«Esta mañana me sucedió algo que habla muy en favor de la verdad de la teoría freudiana. Mi mujer, a la que había despertado por la noche cuando me levanté a consultar el catálogo de la Biblioteca Universal, me preguntó qué es lo que había tenido que buscar en aquél a tales horas. Yo le relaté toda la historia, y ella encontró que todo aquello era un embrollo, menos –cosa muy interesante– lo referente a mi aversión hacia el *Macbeth*. Luego añadió que a ella no le ocurría nada cuando pensaba en un número, y yo le respondí: "Vamos a hacer la prueba". Mi mujer nombró el número 117, y en cuanto lo oí repuse: 17 está en relación con lo que te acabo de contar y, además, recuerda que ayer te dije: "Cuando una mujer tiene 82 años y su marido 35, el matrimonio resulta una equivocación irritante". Desde días atrás venía yo haciendo rabiar a mi mujer con la broma de que parecía una viejecita de 82 años. 82 + 35 = 117.»

El marido, que no había conseguido determinar su propio número, encontró, en cambio, inmediatamente la solución cuando su mujer le expresó otro, arbitrariamente elegido en apariencia. En realidad, la mujer había hallado con gran acierto de qué complejo provenía el número de su marido y escogió el número propio tomándolo del mismo complejo, que con seguridad era común a ambos, dado que se trataba de la proporción de sus edades respectivas. Ahora nos es ya fácil interpretar el número escogido por el marido. Como Adler indica, dicho número expresa un deseo reprimido de aquel deseo que totalmente desarrollado diría lo siguiente: «Para un hombre de treinta y cuatro años, como yo, lo que le conviene es una mujer de diecisiete.»

Con el fin de que no se piense demasiado despectivamente de estos «entretenimientos», añadiré aquí que, según me ha comunicado hace poco el doctor Adler, el individuo referido se separó de su mujer un año después de la publicación del anterior análisis[2].

Análogas explicaciones da Adler para el origen de números obsesivos. La elección de los llamados «números favoritos» no deja tampoco de estar en relación con la vida del sujeto y presenta un cierto interés psicológico.

Un señor que reconocía su especial predilección por los números 17 y 19 pudo explicarla después de corta meditación, diciendo que a los diecisiete años fue cuando comenzó su independiente vida universitaria durante largo tiempo deseada, y que a los diecinueve emprendió su primer viaje importante e hizo poco después de éste su primer descubrimiento científico. La fijación de su predilección por dichos números no se verificó, sin embargo, hasta dos lustros después, cuando aquéllos adquirieron asimismo una relación importante con su vida erótica. También a aquellos números que con aparente arbitrariedad se pronuncian frecuentemente en relación con determinados contextos pue-

de hallárseles, por medio del análisis, un sentido inespera-
do. Así sucedió a uno de mis clientes, que solía exclamar
cuando se hallaba impaciente o disgustado: «Esto te lo he
dicho ya diecisiete o treinta y seis veces», y quiso saber si
para la aparición constante de dichas cifras de la misma clase existía alguna motivación. En cuanto reflexionó sobre
ello se le ocurrió que había nacido el día 27 de un mes y su
hermano menor el 26 de otro, y que podía quejarse de que
el Destino le había robado muchos bienes vitales para con-
cedérselos a su hermano pequeño. Así, pues, representaba
esta parcialidad del Destino restando diez de la fecha de su
nacimiento y agregándolos a la de su hermano. «Soy el mayor y, sin embargo, he sido disminuido.»

Insisto en estos análisis de ocurrencias de números porque
no conozco otra clase de observaciones individuales que
demuestren tan claramente la existencia de procesos mentales de tan gran coherencia y que, sin embargo, permanez-
can desconocidos para la conciencia, ni ejemplo mejor de
análisis en los que no pueda intervenir para nada la coope-
ración del médico (sugestión), a la que con tanta frecuencia
se atribuyen los resultados de otros experimentos psicoanalíticos. Por tanto, comunicaré aquí, con la autorización del
interesado, el análisis de una ocurrencia de número de un
paciente mío, del cual no tengo necesidad de dar más datos
que los de que era el menor de una serie de hermanos y que
su padre, al que él quería y admiraba mucho, había muerto
siendo él aún un niño. Hallándose en un sereno y alegre estado de ánimo dejó que se le ocurriese el número *426.718* y
se preguntó: «Vamos a ver, ¿qué es lo que se me ocurre ante
este número? En primer lugar, el siguiente chiste que oí una
vez: cuando se tiene un constipado y se llama al médico, le

dura a uno 42 días, y si no se llama al médico ni se ocupa uno de la enfermedad, 6 semanas.» Esto corresponde a las primeras cifras del número $42 = 6 \times 7$. Después de esta primera solución no pudo ya mi paciente seguir adelante, y yo le ayudé llamándole la atención sobre el hecho de que en el número de seis cifras por él escogido existían los ocho primeros números, a excepción del 3 y del 5. Entonces halló en seguida la continuación del análisis. «Somos –dijo– 7 hermanos, yo el más pequeño de todos. El número 3 corresponde en esta serie a mi hermana A. y el 5 a mi hermano L. Ambos se gozaban en hacerme rabiar cuando todos éramos niños, y por entonces acostumbraba yo rogar a Dios, todas las noches, que quitase la vida a mis dos atormentadores. En el caso actual me parece haber realizado este deseo por mí mismo. En efecto, 3 y 5, el perverso hermano y la odiada hermana han desaparecido.» «Entonces –observé yo–, si el número por usted expresado quiere significar la serie de hermanos, ¿a qué viene el 18 que aparece al final? Ustedes no son más que 7.» «He pensado muchas veces –me replicó mi paciente– que si mi padre hubiera vivido más tiempo no hubiera sido yo el menor de mis hermanos. Si hubiese nacido *uno* más hubiéramos sido 8, y yo hubiera tenido detrás de mí un hermanito con quien poder hacer de hermano mayor.»

Con esto quedó explicado el número que se le había ocurrido; pero nos quedaba todavía que reconstituir la conexión entre la primera y la segunda parte del análisis, cosa que nos fue fácil partiendo de la condición necesaria a las últimas cifras; esto es, que el padre hubiera vivido más tiempo: $42 = 6 \times 7$ significaba la burla contra los médicos que no habían podido impedir la muerte del padre, y, por tanto, expresaba de esta forma el deseo de que el padre hubiese continuado viviendo. El número total correspondía, en realidad, a la realización de sus dos deseos infantiles relativos a su círculo familiar: la muerte de los dos perversos hermanos y el nacimiento de un hermanito, deseos que pueden concretarse en la frase siguiente: «¡Cuánto mejor sería que hubieran muerto mis dos hermanos en lugar de mi querido padre!»[3].

Un pequeño ejemplo que me ha sido comunicado por uno de mis corresponsales. El jefe de Telégrafos de L. me escribió que su hijo, un muchacho de dieciocho años y medio, que deseaba estudiar Medicina, se ocupa ya de la Psicopatología de la vida cotidiana, e intentaba convencer a sus padres de la verdad de mis teorías. Doy aquí uno de sus intentos, sin juzgar la discusión que hace del caso:

Mi hijo hablaba con mi mujer de lo denominado «casual» y le explicaba que le sería imposible citar una sola poesía o un solo número que pudiese considerarse que se le había ocurrido por completo «casualmente». Sobre esto se desarrolló la conversación que sigue:

El hijo.– Dime un número cualquiera.

La madre.– 79.

–¿Qué se te ocurre en relación con él?

–Pienso en un precioso sombrero que vi ayer.

–¿Cuánto costaba?

–158 marcos.

–Ahí lo tenemos: 158:2 = 79. Te pareció muy caro el sombrero y pensaste seguramente: «Si costase la mitad, me lo compraría.»

Contra esta opinión de mi hijo alegué, en primer lugar, la objeción de que las señoras no suelen estar muy fuertes en matemáticas y que lo más seguro era que su madre no había visto claramente que 79 era la mitad de 158, deduciéndose de esto que su teoría suponía que lo subconsciente calculaba mejor que la conciencia normal. Mi hijo me respondió: «Nada de eso. Aun concediendo que mamá no haya hecho el cálculo de 158 : 2 = 79, puede muy bien haber visto en algún lado esta igualdad o también haberse ocupado en sueños del sombrero y haberse dicho: "¡Cuán caro sería aunque no costase más que la mitad!".».

De la obra de Jones, tantas veces citada (pág. 478), tomo el siguiente análisis de un número: un conocido del autor dijo al azar el número 986 y le desafió a que lo refiriera a un pensamiento suyo. «La primera asociación del sujeto fue el recuerdo de un chiste que hacía ya mucho tiempo había olvidado. Seis años antes, en el día más caluroso del verano, había dado un periódico la noticia de que el termómetro había alcanzado 986° Fahrenheit, grotesca exageración de la cifra real de 98°6. Durante esta conversación nos hallábamos sentados ante una chimenea en la que ardía gran fuego, del que el sujeto se había retirado, expresando luego, no sin razón, que el calor que sentía era lo que le había hecho recordar la anécdota referida. Sin embargo, yo no me di por satisfecho tan fácilmente y pedí que me explicase cómo aquel recuerdo había quedado tan fuertemente impreso en él. Entonces me dijo que la chistosa errata le había hecho reír de tal manera que no podía dejar de divertirle aún cada vez que la recordaba. Mas como yo no encontraba que el error fuese en realidad tan gracioso, me confirmé cada vez más en mi sospecha de que detrás de todo aquello había algún sentido oculto. Su siguiente pensamiento fue el de que la representación del calor había sido siempre muy importante para él. El calor era lo más importante del mundo, la fuente de toda vida, etc. Tal entusiasmo en un joven tímido en general no dejó de parecerme sospechoso, y le rogué que continuase sus asociaciones. La primera de éstas se refirió a la chimenea de una fábrica que él veía desde la ventana de su alcoba. Por las noches acostumbraba fijar su vista en ella, meditando en la lamentable pérdida de energía que suponía el no haber medio de utilizar el calor que con el humo y las chispas que por ella salían se desperdiciaba. Calor, fuego, fuente de vida, energía perdida al salir por un tubo: no era difícil adivinar por estas asociaciones que la representación "calor y fuego" estaba ligada en él con la representación del amor, como sucede habitualmente en el pensamiento simbólico, y que su ocurrencia numérica había sido motivada por un fuerte complejo de masturbación.»

Aquellos que quieran adquirir un conocimiento preciso de cómo se elabora en el pensamiento inconsciente el material numérico pueden consultar el trabajo de C. G. Jung titulado «Contribuciones al conocimiento de los sueños de números» (*Zentralblatt für Psychoanalyse,* I, 1912) y otro de E. Jones: «Unconscious manipulations of numbers» (*Ibíd.,* II, 5, 1912).

En análisis personales de este género me han llamado especialmente la atención dos hechos: primero, la seguridad de sonámbulo con la cual voy derecho siempre al fin desconocido para mí, sumiéndome en una reflexión matemática que llega de repente al número buscado, y la rapidez con la que se verifica toda la labor subsiguiente; y segundo, el hecho de que los números se presenten con tan gran facilidad a la disposición de mi pensamiento inconsciente, siendo como soy un desastroso matemático y costándome las mayores dificultades poder recordar conscientemente fechas, números de casas y datos análogos. Además, en estas operaciones mentales inconscientes con cifras encuentro en mí una tendencia a la superstición, cuyo origen ha permanecido durante largo tiempo desconocido para mí[4].

No ha de sorprendernos hallar que no sólo las ocurrencias espontáneas de números, sino también las de palabras de otro orden, se demuestran al ser sometidas al análisis como perfectamente determinadas.

Jung nos presenta un precioso ejemplo de derivación de una palabra obsesiva *(Diagnost. Assoziationsstudien* IV, p. 15): «Una señora me relató que desde hacía algunos días se le venía constantemente a la boca la palabra *Taganrock,* sin que tuviese la menor idea de cuál podría ser la causa de esta obsesión. A mi pregunta sobre qué sucesos importantes le habían acaecido y qué deseos reprimidos había tenido en los días anteriores respondió, después de vacilar un poco, que le hubiera gustado mucho comprarse un *traje de mañana (Morgenrock),* pero que su marido no parecía muy inclinado a satisfacerla. *Morgenrock* (traje de mañana) y *Taganrock* tienen no sólo una semejanza de sonido, sino también, en parte, de sentido. *(Morgen*-mañana, *Tag*-día, *Rock*-traje). La determinación de la forma rusa *Taganrock* provenía de que la señora había conocido por aquellos días a una persona residente en dicha ciudad eslava.»

Al doctor E. Hitschmann debo la solución de otro caso, en el cual un verso se presentaba espontáneamente en la memoria del sujeto siempre que éste pasaba por determinado lugar geográfico y sin que apareciesen visibles su origen ni sus relaciones.

Relato del señor E., doctor en Derecho: «Hace seis años iba yo desde Biarritz a San Sebastián. La línea férrea pasa sobre el Bidasoa, que en aquel sitio constituye la frontera entre Francia y España. Desde el puente que atraviesa dicho río se goza de una preciosa vista. A un lado, un amplio valle que termina en los Pirineos, y al otro, el mar. Era un bello y claro día estival todo lleno de luz y de sol, y yo me hallaba en viaje de vacaciones, muy contento de ir a visitar España. En este lugar y esta situación se me ocurrieron de repente los siguientes versos: "Pero el alma está ya libre, / flotando en un mar de luz".

»Recuerdo que pensé entonces de dónde procederían tales versos, sin serme posible averiguarlo. Dado su ritmo, tenían aquellas frases que formar parte de una poesía, pero el resto de ésta y hasta el título y autor habían desaparecido por completo de mi memoria. También creo que después, habiendo vuelto a recordarlos repetidas veces, pregunté sobre ellos a diversas personas, sin que nadie me sacase de dudas.

»El año pasado volví a recorrer igual camino a mi regreso de otro viaje por España. Era noche cerrada y oscura y estaba lloviendo. Miré por la ventanilla para ver si estábamos ya cerca de la frontera y me di cuenta de que nos hallábamos en el puente sobre el Bidasoa. Inmediatamente volvieron a emerger en mi memoria los versos mencionados, sin que tampoco pudiera acordarme de su origen.

»Varios meses después cogí en casa un tomo de poesías de Uhland, y al abrirlo se presentaron ante mi vista los versos: "Pero el alma está ya libre, / flotando en un mar de luz", que constituyen el final de una composición titulada *El peregrino*. Leí ésta y recordé muy oscuramente haberla conocido muchos años atrás. El lugar de la acción es España, y ésta me pareció ser la única relación que el verso recordado tenía con el lugar en que había emergido en mi memoria. No me quedé muy satisfecho con tal descubrimiento y seguí hojeando el libro. Los versos "Pero el alma está ya libre", etc., eran los últimos de una página, y al dar la vuelta a la hoja encontré que la poesía que comenzaba en la página siguiente se titulaba *El puente del Bidasoa*.

»Quiero observar aún que el contenido de esta poesía me pareció todavía más desconocido que el de la primera, y que las palabras con que comienza son las siguientes: "Sobre el puente del Bidasoa está en pie un anciano Santo, bendiciendo a su derecha las montañas españolas y a su izquierda los valles francos".»

2. Esta comprensión de la determinación de nombres y números elegidos arbitrariamente en apariencia puede, quizá, contribuir al esclarecimiento de otro problema. Conocido es que gran número de personas alega en contra de la afirmación de un absoluto determinismo psíquico su intenso sentimiento de convicción de la existencia de la voluntad libre. Esta convicción sentimental no es incompatible con la creencia en el determinismo. Como todos los sentimientos normales, tiene que estar justificada por algo. Pero, por lo que yo he podido observar, no se manifiesta en las grandes e importantes decisiones, en las cuales se tiene más bien la sensación de una coacción psíquica y se justifica uno con ella. («Me es imposible hacer otra cosa.») En cambio, en las resoluciones triviales e indiferentes se siente uno seguro de haber podido obrar lo mismo de otra manera; esto es, de haber obrado con libre voluntad no motivada. Después de nuestros análisis no hace falta discutir el derecho al sentimiento de convicción de la existencia del libre albedrío. Si distinguimos la motivación consciente de la motivación inconsciente, este sentimiento de convicción nos indicará que

la motivación consciente no se extiende a todas nuestras decisiones motoras. *Minima non curat praetor.* Pero lo que por este lado queda libre recibe su motivación por el otro, por lo inconsciente, y de este modo queda conseguida, sin solución de continuidad, la determinación en el reino psíquico[5].

3. Aunque el conocimiento de la motivación de los rendimientos fallidos antes descritos debe escapar por completo al pensamiento consciente, sería, sin embargo, de desear que se descubriese una prueba psíquica de la existencia de la misma, y, en realidad, por razones que se nos revelan conforme vamos penetrando en el conocimiento de lo inconsciente, parece probable que tales pruebas puedan hallarse en algún lado. En dos lugares pueden señalarse, en efecto, determinados fenómenos que parecen corresponder a un conocimiento inconsciente y por tanto, desplazado de dicha motivación.

a) Un rasgo singular y generalmente observado de la conducta de los paranoicos es el de interpretar y utilizar como base de subsiguientes deducciones, dándoles gran importancia, los pequeños y triviales detalles que observan en la conducta de los demás, detalles a los que los normales ni siquiera prestamos atención. El último paranoico que he tratado dedujo que existía determinada confabulación entre todos los que le rodeaban por haber visto al salir de viaje que toda la gente que quedaba en la estación al partir el tren hacía un mismo o parecido gesto con una mano. Otro observó la manera que la gente tiene de andar por la calle, llevar el bastón, etcétera[6].

La categoría de lo accidental, de lo no necesitado de motivación, en la que el individuo normal incluye parte de sus propias actividades psíquicas y de sus rendimientos fallidos, es rechazada por el paranoico con relación a las manifestaciones psíquicas de los demás. Todo lo que en los demás observa es significativo e interpretable. Mas ¿cómo llega a considerarlo así? Probablemente aquí, como en otros muchos casos análogos, proyecta en la vida psíquica de los demás lo que en la suya existe inconscientemente. En la paranoia se hacen conscientes muchas cosas que en los individuos normales o en los neuróticos permanecen en lo inconsciente, y cuya existencia en este sistema sólo por medio del psicoanálisis llega a revelarse[7]. Así, pues, el paranoico tiene aquí razón en cierto sentido. Percibe algo que escapa al individuo normal, ve más claramente que un hombre de capacidad intelectual normal, pero el desplazamiento de lo así percibido en otros anula el valor del conocimiento adquirido. Confío en que no se esperará de mí que justifique aquí todas y cada una de las interpretaciones paranoicas. Pero sí haré observar que este principio de justificación que concedemos a las paranoias en nuestra concepción de los actos casuales nos facilitará la comprensión psicológica de la convicción que en el paranoico se liga a estas sus interpretaciones. *En ellas hay realmente algo de verdad,* nuestros errores de juicio, que no son calificados de patológicos, adquieren de igual manera su sentimiento de convicción. Este sentimiento aparece justificado con respecto a determinado trozo del proceso mental erróneo o a la fuente de que proviene; y lo extendemos nosotros luego al contexto restante.

b) Los fenómenos de la superstición nos dan otras indicaciones sobre el conocimiento desplazado e inconsciente de la motivación de los funcionamientos casuales y fallidos. Trataré de exponer claramente mi opinión sobre estas cuestiones relatando un sencillo suceso que constituye para mí el punto de partida de estas reflexiones.

Al volver de mis vacaciones veraniegas, mis pensamientos se dirigieron en seguida hacia los pacientes que habían de ocupar mi actividad durante el año de trabajo que para mí empezaba. Mi primera visita fue a una anciana señora, a la cual venía viendo dos veces al día desde años atrás, para prestarle cada una de ellas iguales atenciones profesionales (véase la pág. 219). Esta monotonía de mi labor había sido aprovechada con gran frecuencia por mis pensamientos inconscientes para hallar un medio de exteriorizarse, tanto durante el camino hacia casa de la anciana paciente como estando prestándole mi asistencia. Como la referida señora había llegado ya a los noventa años, podía yo preguntarme al principio de cada temporada si llegaría aún con vida al final de ella. El día en que me sucedió lo que aquí quiero relatar me hallaba falto de tiempo y tomé un coche para dirigirme a casa de mi cliente. Todos los cocheros de la parada que hay frente a mi casa conocen ya las señas de la anciana señora por haberme llevado a su domicilio repetidas veces, mas aquel día sucedió que el que me llevó se equivocó y detuvo su coche en una casa del mismo número, pero situada en una próxima calle, paralela a la verdadera. Advertí el error y reproché su descuido al cochero, el cual se disculpó un tanto confuso. ¿Debería tener alguna significación aquel hecho de conducirme el coche a una casa en la cual no vivía la anciana paciente? Para mí, ninguna; pero si yo fuese *supersticioso* hubiera visto en este suceso un aviso del Destino de que aquel año iba a ser el último de la señora. Gran número de presagios conservados en la Historia no se muestran fundados en un mejor simbolismo. Sin embargo, yo considero este incidente como una simple casualidad, sin más significación.

El caso sería muy distinto si hubiera hecho el camino a pie y «sumido en mis pensamientos», o «distraído», hubiera ido a parar a una calle distinta de la verdadera. Esto no lo denominaría yo de ninguna manera «casualidad», sino que lo consideraría como un acto llevado a cabo con intención inconsciente y necesitado de interpretación. Mi explicación de este error de dirección sería la de que esperaba no encontrar ya próximamente en su casa a la anciana señora.

Así, pues, me diferencio de un supersticioso en lo siguiente:

No creo que un suceso en el que no toma parte mi vida psíquica me pueda revelar la futura conformación de la realidad, pero sí que una manifestación inintencional de mi propia vida psíquica me descubre algo oculto que pertenece también exclusivamente a ella. Creo en accidentes casuales exteriores (reales), pero no en una casualidad interior (psíquica). Por lo contrario, el supersticioso ignora en absoluto la motivación de sus actos casuales y funcionamientos fallidos y cree en la existencia de casualidades psíquicas, estando, por tanto, inclinado a atribuir al accidente exterior una significación que se manifestará más tarde en una realidad y a ver en lo casual un medio de exteriorización de algo exterior a él, pero que permanece oculto a sus ojos. La diferencia entre el supersticioso y yo se manifiesta en dos cosas. Primeramente, el supersticioso proyecta hacia el exterior una motivación que yo busco en el interior, y en segundo lugar, interpreta el accidente por un suceso real que yo reduzco a un pensamiento. Pero en el supersticioso, el elemento oculto corresponde a lo que en mí es lo inconsciente, y a ambos nos es común el impulso a no dejar pasar lo casual como tal, sino a interpretarlo[8].

Admito, pues, que este desconocimiento consciente y conocimiento inconsciente de la motivación de las casualidades psíquicas sea una de las raíces psíquicas de la superstición. El supersticioso, *por* ignorar la motivación de los propios actos casuales y *porque* el hecho de esta motivación lucha por ocupar un lugar en su reconocimiento, se ve obligado a transportarla, por medio de un desplazamiento, al mundo exterior. Si esta conexión existe, no estará, seguramente, limitada a ese caso aislado. Creo, en efecto, que gran parte de aquella concepción mitológica del mundo que perdura aún en la entraña de las religiones más modernas *no es otra cosa que psicología proyectada en el mundo exterior.* La oscura percepción (podríamos decir percepción endopsíquica) de los factores psíquicos y relaciones[9] de lo inconsciente se refleja –es difícil expresarlo de otro modo y tenemos que apoyarnos para hacerlo en las analogías que esta cuestión presenta con la paranoia–, se refleja, decíamos, en la construcción de una *realidad trascendental* que debe ser vuelta a transformar por la ciencia en *psicología de lo inconsciente.* Podríamos, pues, atrevernos de este modo, o sea transformando la *metafísica* en *metapsicología,* a solucionar los mitos del Paraíso, del Pecado original, de Dios, del Bien y el Mal, de la inmortalidad, etc. La diferencia existente entre el desplazamiento del supersticioso y el del paranoico es menor de lo que a primera vista parece. Cuando los hombres comenzaron a pensar se hallaron, indudablemente, compelidos a interpretar antropomórficamente el mundo exterior como una pluralidad de personalidades de su propia imagen. Por tanto, las casualidades, a las que daban una interpretación supersticiosa, eran para ellos actos y manifestaciones de personas y, en consecuencia, se conducían como los paranoicos, que sacan deducciones y conclusiones de los signos insignificantes que observan en los demás, y como los individuos sanos, que utilizan muy justificadamente, como fundamento de su estimación del carácter de sus semejantes, los actos casuales e inintencionados que en ellos observan. Nuestra moderna concepción del mundo, científica, pero aún no definitivamente fijada, ni mucho menos, es lo que hace que la superstición nos parezca tan fuera de lugar en la actualidad. En la concepción del mundo que se tenía en tiempos y por pueblos precientíficos, la superstición estaba justificada y era lógica.

El romano que al observar en su camino un vuelo de pájaros, que constituía mal presagio, abandonaba una importante empresa, tenía una relativa razón de hacerlo así, pues obraba conforme a sus principios. Pero cuando abandonaba la empresa por haber tropezado en el umbral de su casa *(Un romain retournerait)* se mostraba muy superior a nosotros los descreídos y mucho mejor psicólogo de lo que nos esforzamos en llegar a ser, pues dicho tropezón debía revelarle la existencia de una duda, de una contracorriente interior cuya fuerza era suficiente para burlar el poder de su propósito consciente en el momento de iniciar su ejecución. No se puede estar seguro de un éxito completo más que cuando todas las fuerzas psíquicas tienden de consuno hacia el fin propuesto. ¿Qué es lo que responde el Guillermo Tell, de Schiller, que tanto tiempo ha dudado antes de tirar a la manzana colocada sobre la cabeza de su hijo, cuando el bailío le pregunta para qué ha guardado en el seno otra flecha?

«Con esta flecha os hubiera traspasado si con la otra hubiera herido a mi hijo. Y a vos –creedme– no os habría errado.»

4. Todo aquel que haya tenido ocasión de investigar por los medios psicoanalíticos los ocultos movimientos psíquicos de los hombres podrá exponer muchas cosas nuevas sobre la calidad de los motivos inconscientes que se manifiestan en la superstición. En los individuos nerviosos que padecen ideas y estados obsesivos, y que son con mucha frecuencia personas de claro entendimiento, es en los que con mayor claridad se ve que la superstición es originada por impulsos hostiles y crueles reprimidos. La superstición es, en gran parte, un temor de desgracias futuras, y aquellas personas que frecuentemente desean mal a otras, pero que a consecuencia de una educación orientada hacia la bondad han reprimido tales deseos, rechazándolos hasta lo inconsciente, están especialmente próximas al temor de que como castigo a dicha maldad inconsciente les acaezca alguna desgracia que caiga sobre ellos viniendo de la realidad exterior.

Convenimos en que con estas consideraciones no hemos agotado, ni mucho menos, la psicología de la superstición; pero, por otro lado, no queremos dejar de examinar la cuestión de si ha de negarse siempre que la superstición tenga raíces reales y que existan presentimientos, sueños proféticos, experiencias telepáticas, manifestaciones de fuerzas sobrenaturales, etc. Nada más lejos de mí que rechazar, desde luego, y sin formación de causa, estos fenómenos, sobre los cuales existen tantas y tan penetrantes observaciones de hombres de alta intelectualidad y que deben, desde luego, seguir siendo objeto de investigación. Es de esperar que algunas de estas observaciones lleguen a ser totalmente aclaradas por medio de nuestro naciente conocimiento de los procesos psíquicos inconscientes y sin obligarnos a una transformación fundamental de nuestras concepciones actuales. Si llegaran a demostrarse otros fenómenos (por ejemplo, los afirmados por los espiritistas), emprenderíamos las modificaciones de nuestras «leyes» exigidas por las nuevas experiencias, sin que ello trajera consigo para nosotros una confusión en las relaciones de los objetos en el mundo.

Dentro de los límites de estas consideraciones no me es posible contestar a todas las interrogaciones que sobre esta materia se acumulan más que subjetivamente; esto es, conforme a mi experiencia personal. He de confesar que, por desgracia, pertenezco a aquellos indignos individuos a cuyos ojos ocultan los espíritus su actividad y de los cuales se aparta lo sobrenatural, de manera que jamás me ha sucedido nada que haya hecho surgir en mí la fe en lo maravilloso. Como todos los hombres, he tenido presentimientos y me han sucedido desgracias, pero nunca han correspondido éstas a aquéllos. Mis presentimientos no se han realizado, y las desgracias han llegado a mí sin anunciarse. En la época en que, siendo muy joven, vivía en una ciudad extranjera, me sucedió oír varias veces mi nombre pronunciado por una querida voz inconfundible, y siempre apunté el momento en que sufría tal alucinación para preguntar a mis familiares ausentes lo que en dicho momento les había ocurrido. Nunca coincidió mi alucinación con ningún suceso. En cambio, posteriormente, estuve en una ocasión prestando asistencia a mis pacientes con absoluta tranquilidad y sin sospecha alguna, mientras mi hijo se hallaba en peligro de muerte a causa de una hemorragia. Tampoco ninguno de los presentimientos que me han sido relatados por mis pacientes ha podido nunca llegar a conseguir mi reconocimiento como fenómeno real.

La creencia en los sueños proféticos cuenta con gran número de adeptos, por el hecho de que encuentra un fundamento en que determinadas cosas suceden en la realidad futura tal y como el deseo las ha construido en el sueño. Mas esto tiene poco de maravilloso, y siempre, entre el sueño y su realización, aparecen grandes diferencias, que la credulidad del sujeto suele no tomar en consideración. Una paciente mía, persona muy inteligente y sincera, me procuró una vez ocasión de analizar con toda precisión un sueño suyo que justificadamente podía calificarse de profético. Había soñado encontrar en determinada calle y frente a determinada tienda a su médico de cabecera y antiguo amigo de su casa, y a la mañana siguiente, yendo por el centro de la ciudad, le encontró realmente en el sitio preciso en el que le había visto en sueños. Debo hacer constar que este maravilloso encuentro no revistió luego significación importante ninguna, pues no resultaron de él consecuencias apreciables, y que, por tanto, no puede quedar justificado como una señal de acontecimientos futuros.

Un cuidadoso examen demostró que no existía prueba alguna de que la señora hubiese recordado dicho sueño durante la mañana siguiente a la noche en la que afirmaba haberlo tenido; esto es, antes de salir a la calle y verificarse el encuentro real. Tampoco pudo alegar nada contrario a mi concepción del suceso, que quitaba a éste todo aspecto maravilloso y lo dejaba reducido a un interesantísimo problema psicológico. Para mí, lo sucedido era que, habiendo salido la señora por la mañana y encontrado en una calle y ante una tienda a su antiguo médico y amigo, había adquirido, en el momento de verle, la convicción de haber tenido la noche anterior un sueño en el que se encontraba a la misma persona y en aquel mismo sitio. El análisis pudo después indicar, con gran verosimilitud, cómo la señora había podido llegar a adquirir tal convicción. Un encuentro en un sitio determinado, y después de una espera más o menos larga, constituye una cita. El antiguo médico de la casa hizo surgir en la señora el recuerdo de tiempos pasados, en los que sus encuentros con *una tercera persona,* amiga también del médico, eran algo muy importante para ella. Sus relaciones con dicha persona no se habían interrumpido todavía, y el día anterior al pretendido sueño la había estado esperando sin que acudiera. Si me fuera posible comunicar aquí más detalladamente todo lo que a este caso se refiere, me sería muy fácil demostrar que la ilusión del sueño profético que surgió en la señora al ver a su médico y amigo de los pasados tiempos era equivalente a la siguiente exclamación: «¡Ay, doctor! Me recuerda usted ahora aquellos tiempos en que nunca esperaba en vano la llegada de N. cuando nos habíamos dado una cita.»

En mí mismo he observado un sencillo ejemplo fácilmente interpretable de aquellos «singulares encuentros» en los que nos hallamos de pronto ante la persona que precisamente ocupaba nuestros pensamientos, ejemplo que constituye un buen modelo de estos y análogos casos. Pocos días después de serme otorgado el título de profesor, el cual da gran autoridad aun en los países de régimen monárquico, se entregaron mis pensamientos, mientras iba dando un paseo por las calles de la ciudad, a una infantil fantasía vengativa dirigida contra determinado matrimonio que meses antes me había llamado para asistir a una hija suya en la que se había presentado una curiosa obsesión después de un sueño que había tenido. Yo me tomé gran interés por aquel caso, cuya curación creía posible llegar a obtener; pero los padres rechazaron el tratamiento que propuse, dándome a entender su propósito de dirigirse a una autoridad médica extranjera, que aplicaba un procedimiento curativo basado en el hipnotismo. Mi fantasía suponía que los padres después del completo fracaso de este método, me rogaban volviese a asistir a su hija, manifestándome que tenían absoluta confianza en mí, etc. Yo les respondía: «Sí; ahora que me han nombrado profesor tienen ustedes confianza en mí. Pero el título no puede haber cambiado mis aptitudes, y si antes no les servía a ustedes, también pueden pasarse sin mí ahora.» Al llegar a este punto quedó mi fantasía interrumpida por el saludo: «Adiós, señor profesor», que en voz alta me fue dirigido, y al alzar la vista vi que se cruzaba conmigo el matrimonio del cual acababa de tomar ideal venganza rechazando su ruego de volver a encargarme de la curación de su hija. La apariencia sobrenatural de este encuentro desapareció en cuanto comencé a reflexionar sobre él.

Iba yo por una calle muy ancha, recta y casi desierta, y había visto con una rápida ojeada al corpulento matrimonio cuando aún me hallaba a veinte pasos de él; pero por aquellos motivos afectivos, que luego desarrollaron su influencia en mi fantasía vengativa, aparentemente espontánea, había rechazado –según sucede con las alucinaciones negativas– dicha percepción.

Otto Rank publicó en la *Zentralblatt für Psychoanalyse*, II, 5, la siguiente «Solución de un supuesto presentimiento»:

«Hace algún tiempo viví una extraña variante de aquellas "coincidencias singulares" en las que se encuentra uno a la persona en la que en aquel preciso momento iba pensando. Días antes de Navidad me dirigía al Banco Austro-Húngaro para obtener en él diez monedas de plata de nuevo cuño, destinadas a determinados regalos que pensaba hacer con motivo de las próximas fiestas. Sumido en ambiciosas fantasías, en las que comparaba mis escasos medios económicos con las enormes sumas acumuladas en el banco, entré en la estrecha calle en que aquél se halla situado. Ante la puerta del edificio bancario, por la que entraba y salía mucha gente, se hallaba parado un automóvil. Lo que yo vengo a hacer aquí –pensé– no dará mucho trabajo a los empleados. No tengo más que sacar mi billete y decir: "Háganme el favor de darme *oro*". En el acto me di cuenta de mi error –lo que yo quería obtener era *plata*– y desperté de mi fantasía. Me encontraba a pocos pasos de la entrada, y de repente vi venir hacia mí a un joven, al que me pareció reconocer, pero cuya personalidad no pude fijar al pronto, a causa de mi miopía. Cuando llegó a mi lado vi que era un condiscípulo de mi hermano, apellidado *Oro,* que, a su vez, tenía un hermano, conocido escritor, con cuya ayuda había yo contado al principio de mi carrera literaria. Estas esperanzas no se habían realizado, y con ellas había desaparecido también el éxito económico que ocupaba mi fantasía durante mi camino hacia el banco. Debía, pues, abstraído en mis fantasías, haber percibido la proximidad del señor Oro, percepción que en mi conciencia, ocupada en un sueño referente al éxito económico, se transformó en mi resolución de demandar al cajero *oro* en vez de plata, metal menos valioso. Por otro lado, el hecho paradójico de que mi inconsciente pudiera percibir un objeto antes que éste fuera reconocido por mis ojos queda explicado en parte por la "disposición al complejo" *(Komplexbereitschaft),* de que habla Bleuler, la cual se hallaba dirigida hacia la cuestión económica y guió, desde un principio, mis pasos, a pesar de mi mejor conocimiento, a aquel edificio, en donde únicamente se cambia oro y papel moneda.»

A la categoría de lo maravilloso y extraño pertenece también la peculiar sensación que se experimenta en algunos momentos y situaciones de haber vivido ya aquello mismo otra vez, de haberse encontrado antes en idéntica situación; pero sin que consigamos, por mucho que en ello nos esforcemos, recordar claramente tales experiencias y situaciones anteriores. Sé que al designar con el nombre de «sensación» aquello que se manifiesta en nosotros en tales momentos no hago más que emplear el impreciso lenguaje vulgar, pues de lo que se trata es de un juicio, y, en realidad, de un juicio de reconocimiento; pero estos casos tienen, no obstante, un carácter peculiarísimo y no debemos olvidar que en ellos nunca logramos recordar lo que queremos. No sé si este fenómeno de *déjà vu* ha sido considerado seriamente como una prueba de una anterior existencia psíquica del individuo; lo cierto es que los psicólogos le han dedicado su interés y han intentado llegar a la solución del problema que plantea por los más diversos caminos especulativos. Ninguna de las hipótesis explicativas expuestas hasta el día me parece acertada, pues en ninguna de ellas se toma en cuenta algo más que las manifestaciones que acompañan al fenómeno y las condiciones que lo favorecen. Aquellos procesos psíquicos que, según mis observaciones, deben considerarse como los únicos responsables para una explicación de lo *déjà vu,* esto es, las fantasías inconscientes, han sido y son aún hoy en día descuidados por los psicólogos.

En mi opinión, es un error calificar de ilusión la sensación de «haber vivido ya una cosa». Por lo contrario, nos hallamos en tales momentos ante algo que en realidad se ha vivido ya, pero que no puede ser recordado conscientemente porque no fue jamás consciente. En concreto: la sensación de *déjà vu* corresponde al recuerdo de una fantasía inconsciente. Existen fantasías inconscientes (o sueños diurnos), lo mismo que análogas creaciones conscientes que todos conocemos por experiencia propia.

Reconozco que esta cuestión sería digna de un estudio detenidísimo; pero no quiero exponer aquí más que el análisis de un caso de *déjà vu*, en el cual la sensación correspondiente se significó por una especial intensidad y duración. Una señora de treinta y siete años afirmaba recordar clarísimamente que cuando tenía doce hizo una primera visita a unas condiscípulas suyas que vivían en el campo, y al entrar en el jardín de la casa en la que aquéllas habitaban experimentó en el acto la sensación de haber estado ya allí otra vez. Esta sensación se repitió al entrar en las habitaciones de la casa, y de tal manera, que le parecía saber de antemano qué cuarto era el contiguo a aquel en que se hallaba, qué panorama se divisaba desde sus ventanas, etc. Sin embargo, podía rechazarse con absoluta seguridad, y así lo confirmaron su padres cuando les preguntó sobre ello, la sospecha de que esta sensación de reconocimiento estuviese justificada por otra visita que hubiese hecho a dicha casa en su primera infancia. La señora que me comunicaba este caso no le había buscado una explicación psicológica, sino que había visto en dicha sensación una señal profética de la importancia que aquellas amigas suyas habían de adquirir en el futuro para su vida sentimental. La apreciación de las circunstancias en las cuales surgió en ella el fenómeno referido nos indica el camino hacia otra distinta concepción del mismo. Cuando decidió visitar a sus condiscípulas sabía ya que el único hermano de éstas se hallaba gravemente enfermo. Durante su visita tuvo ocasión de verle, y al comprobar su mal aspecto pensó que no tardaría mucho en morir. Esto coincidía con el hecho de que meses antes había sufrido su propio hermano una grave infección diftérica, durante la cual fue ella alejada de la casa de sus padres para evitar el contagio y estuvo viviendo en la de un cercano pariente. Creía recordar que su hermano, ya curado, la había acompañado en su visita a sus condiscípulas, y hasta que aquélla era la primera salida duradera que el convaleciente había hecho después de su enfermedad; mas este recuerdo se presentaba en ella singularmente impreciso, mientras que todos los demás detalles del suceso, y en especial del traje que ella llevaba aquel día, aparecían con la mayor claridad ante sus ojos. Para el perito en estas cuestiones no resulta nada difícil deducir de estos signos que en la muchacha desempeñaba por entonces un importantísimo papel la esperanza de que su hermano muriera; sentimiento que o no llegó jamás a hacerse consciente o fue enérgicamente reprimido después de la curación de aquél. Si el hermano no hubiese curado, la muchacha hubiera tenido que llevar otro vestido; esto es, un vestido de luto. En casa de sus amigas se halló con una análoga situación, o sea que el único hermano estaba en peligro de morir en breve, cosa que, en efecto, sucedió. La muchacha debió de recordar conscientemente que hacía pocos meses se había ella encontrado en situación análoga; pero en vez de recordar esto, que se hallaba inhibido por la represión llevada a cabo, transportó la sensación de recordar sobre la localidad, el jardín y la casa, y cayó en la *fausse reconnaissance* de haber ya visto todo aquello otra vez. Del hecho de la represión podemos deducir que la esperanza que había abrigado de que su hermano muriera no estaba muy lejos de poseer el carácter de una fantasía-deseo. Muerto su hermano, quedaría ella como hija única. En la neurosis que padeció más tarde sufrió intensamente bajo el miedo de perder a sus padres, detrás del cual el análisis pudo descubrir, como de costumbre, el deseo inconsciente de igual contenido.

Siempre me ha sido posible derivar en análoga forma mis pasajeras experiencias personales de *déjà vu* de la constelación emocional del momento. Estos casos de *déjà vu* podían definirse como «una reviviscencia de fantasías conscientes o inconscientes que el sujeto construyó en épocas pasadas y que respondían al deseo de ver mejorar su situación».

Esta explicación del fenómeno de *déjà vu* no ha sido apreciada hasta ahora más que por un solo observador, el doctor Ferenczi, a quien tantas y tan valiosas aportaciones debe la tercera edición de este libro, y que me escribe lo siguiente: «Las observaciones que tanto en mí mismo como en otras personas he verificado me han llevado a la convicción de que el inexplicable sentimiento de "haber vivido o visto ya una cosa" puede referirse a fantasías inconscientes que nos son recordadas inconscientemente en una situación actual. En una de mis pacientes parecía a primera vista que este fenómeno seguía un proceso diferente, pero en realidad era el mismo. Dicho sentimiento surgía en ella con gran frecuencia, mas demostrando proceder siempre de *un trozo olvidado (reprimido) de un sueño* de la noche anterior. Parece, por tanto, que el fenómeno de *déjà vu* puede proceder no sólo de sueños diurnos, sino también de sueños nocturnos.» (Posteriormente he sabido que Grasset dio en 1904 una explicación de este fenómeno muy cercana a la mía.)

En un breve ensayo publicado en 1913 he descrito otro fenómeno muy análogo al de *déjà vu*. Es el de *déjà raconté,* la ilusión de haber relatado ya algo, ilusión particularmente interesante cuando surge durante el tratamiento psicoanalítico. El paciente afirma entonces, dando muestras de la mayor seguridad subjetiva, haber relatado ya un determinado recuerdo. Pero el médico está seguro de lo contrario y, por lo general, logra convencer al paciente de su error. La explicación de este interesante fallo funcional es probablemente la de que el sujeto ha tenido el propósito de comunicar el recuerdo de que se trata, pero no lo ha realizado, y sustituye luego el recuerdo de dicho propósito por el de su realización.

Análoga forma y probablemente igual mecanismo muestran los «actos fallidos supuestos» de que nos habla Ferenczi. El sujeto cree haber olvidado, extraviado o perdido algo –un objeto–, pero comprueba al punto que nada de ello ha sucedido. Por ejemplo, una paciente que acaba de salir del gabinete de consultas vuelve a entrar en seguida, alegando haberse dejado el paraguas..., que en realidad trae en la mano. Existía, pues, en la sujeto el impulso a cometer tal acto fallido; y este impulso bastó para sustituir la realización del mismo, siendo este último detalle lo único en que tales «actos fallidos supuestos» se diferencia de los verdaderos.

5. Uno de mis colegas, persona de amplia cultura filosófica, al que recientemente tuve ocasión de exponer algunos ejemplos de olvido de nombres, con sus análisis correspondientes, se apresuró a responderme: «Sí; todo eso es muy bonito, pero en mí el olvido de nombres se manifiesta de otra manera.» Estas cuestiones no pueden nunca juzgarse con tal ligereza. No creo que mi colega hubiera pensado jamás en someter a un análisis cualquier olvido de nombre y, por tanto, no podía decir en qué difería en él el proceso de tales olvidos del que mostraban los ejemplos por mí expuestos. Pero su observación toca, sin embargo, un problema que muchos estarán inclinados a colocar en primer término. La solución de los actos fallidos y actos casuales que aquí damos ¿puede aplicarse en general o sólo en casos par-

ticulares? Y si lo que sucede es esto último, ¿cuáles son las condiciones en las cuales puede aplicarse a la explicación de los otros fenómenos? Mi experiencia no es suficiente para permitirme contestar a esta pregunta. Mas lo que sí puedo hacer es advertir que no se deben creer escasas las ocasiones en que aparecen en dichos fenómenos las conexiones por nosotros señaladas, pues siempre que he hecho la prueba en mí mismo o en mis pacientes se han manifestado aquéllas con toda evidencia, como puede verse en los ejemplos expuestos, o, por lo menos, han aparecido vigorosas razones para sospechar su existencia. No es de admirar que no todas las veces se consiga hallar el oculto sentido de los actos sintomáticos, pues hay que tener en cuenta que la magnitud de las resistencias interiores que se oponen a la solución debe considerarse como un factor decisivo. Tampoco es siempre posible interpretar todos y cada uno de los sueños propios o de los pacientes; mas para confirmar la validez general de la teoría es suficiente que nos permita penetrar algo en las asociaciones ocultas. El sueño que se muestra refractario a un intento de solución, realizado al día siguiente de su aparición, se deja con frecuencia arrancar su secreto una semana o un mes después, cuando una transformación real, surgida en el intervalo, ha debilitado los factores psíquicos, que luchan unos contra otros. Esto mismo debe también tenerse en cuenta en la solución de los actos fallidos y sintomáticos. El ejemplo de equivocación en la lectura, *En tonel por Europa,* expuesto en el capítulo 6, me permitió demostrar cómo un síntoma, al principio ininterpretable, llega a ser accesible al análisis cuando nuestro *interés real* respecto a los pensamientos reprimidos se ha debilitado[10]. Mientras existió la posibilidad de que mi hermano alcanzase antes que yo el envidiable título, se resistió la referida equivocación en la lectura a todos los esfuerzos analíticos; mas en cuanto se demostró lo improbable de la temida preferencia, se iluminó ante mí el camino que había de conducirme hasta la solución del error.

Sería, por tanto, desacertado afirmar que todos aquellos casos que se resisten al análisis son efecto de mecanismos diferentes al mecanismo psíquico aquí demostrado. Para admitir tal afirmación harían falta otras pruebas y no solamente las puramente negativas. La general disposición de los individuos de salud normal a creer en otra distinta explicación de los actos fallidos y sintomáticos carece también de toda fuerza probatoria y no es, naturalmente, más que una manifestación de las mismas fuerzas psíquicas que han establecido el misterio y que se cuidan asimismo de mantenerlo, resistiéndose a su revelación.

Por otra parte, no debemos dejar de tener en cuenta que los pensamientos y sentimientos reprimidos no crean por sí mismos su exteriorización en forma de actos sintomáticos y fallidos. La posibilidad técnica de tal desliz de las inervaciones tiene que darse independientemente de ellos, y entonces es aprovechada por la intención de lo reprimido de llegar a una exteriorización consciente. En el caso de los rendimientos fallidos lingüísticos se ha intentado en penetrantes investigaciones, llevadas a cabo por filósofos y filólogos, fijar las relaciones estructurales y funcionales que se ponen al servicio de la referida intención. Si en las condiciones determinantes de los actos fallidos y sintomáticos consideramos separadamente el motivo inconsciente y las relaciones fisiológicas y psicofísicas que en su auxilio acuden, quedará en pie la cuestión de si dentro de los límites de la salud normal pueden o no existir otros factores que al igual y en sustitución del motivo inconsciente, sean susceptibles de originar, valiéndose de estas relaciones, los actos sintomáticos y fallidos. Pero no es a mí a quien compete resolver este problema.

No es tampoco mi intención exagerar las diferencias, ya de por sí harto grandes, entre la concepción vulgar de los rendimientos fallidos y su concepción psicoanalítica. Por el contrario, quisiera señalar algunos casos en los que dichas diferencias aparecen muy reducidas. La interpretación de los ejemplos más sencillos y menos singulares de equivocaciones orales y gráficas, que no pasan de ser una confusión de dos palabras en una o una omisión de letras o palabras, carece de toda complicación. Desde el punto de vista psicoanalítico hay que afirmar que en estos casos se ha anunciado una perturbación de la intención; pero no se puede señalar de dónde procede dicha perturbación ni cuáles fueran sus intenciones. Lo único que logró fue dar cuenta de su existencia. En estos mismos casos se ve también actuar, cosa que nunca hemos discutido, la ayuda prestada al rendimiento fallido por relaciones de valores fonéticos y asociaciones psicológicas próximas. Pero de todos modos es una natural conducta científica el juzgar tales casos rudimentarios de equivocaciones orales o gráficas conforme a otros más importantes y significativos, cuya investigación nos ha dado tan inequívocas conclusiones sobre la causa de los rendimientos fallidos.

6. Desde la discusión de las equivocaciones orales nos hemos contentado con demostrar que los rendimientos fallidos poseen una motivación oculta y con abrirnos camino, por medio del psicoanálisis, hasta el conocimiento de dicha motivación. La naturaleza general y las peculiaridades de los factores psíquicos que se exteriorizan en los rendimien-

tos fallidos no han sido hasta aquí objeto de nuestras consideraciones o, por lo menos, no hemos tratado de definirlas ni de investigar sus leyes. Tampoco intentaremos ahora llevar a cabo una elucidación fundamental de esta cuestión, pues los primeros pasos que por este camino diéramos nos demostrarían que atacando el asunto por otro lado nos sería más fácil penetrar en este campo. Sobre este punto podemos plantear varias cuestiones que quiero citar aquí en el orden en que se presentan: 1.ª ¿Cuál es el contenido y origen de los pensamientos y sentimientos que se revelan por medio de los actos fallidos y casuales? 2.ª ¿Cuáles son las condiciones que fuerzan a un pensamiento o un sentimiento a servirse de tales ocurrencias como medio de expresión y los ponen en situación de hacerlo así? 3.ª ¿Puede demostrarse la existencia de asociaciones constantes y definidas entre el carácter de los rendimientos fallidos y las cualidades de lo que por medio de ellos se exterioriza?

Comenzaré por reunir y aportar algún material para la respuesta a la última de las anteriores interrogaciones. En la discusión de los ejemplos de equivocación oral hemos encontrado que era necesario ir más allá del contenido del discurso que se tenía intención de expresar y hemos tenido que buscar la causa de la perturbación del discurso fuera de la intención. Esta causa aparecía claramente en una serie de casos y era conocida de la conciencia del orador. En los ejemplos aparentemente más sencillos y transparentes era una segunda concepción del pensamiento que se tenía intención de expresar la que perturbaba la expresión de éste, sin que fuera posible decir por qué había sucumbido la una y emergido victoriosamente la otra (contaminación, según Meringer y Mayer). En el segundo grupo de casos sucumbía una de las concepciones a un motivo que, sin embargo, no tenía fuerza suficiente para hacerla desaparecer por completo (ejemplo *Vorschwein*). También en este caso era claramente consciente la concepción retenida. Únicamente del tercer grupo es del que puede afirmarse sin reserva alguna que en él era diferente el pensamiento perturbador del que se tenía intención de expresar y, naturalmente puede establecerse una distinción esencial. El pensamiento perturbador, o está ligado con el perturbado por asociaciones de ideas (perturbación por contradicción interior) o es sustancialmente extraño a él y la palabra perturbada se halla ligada al pensamiento perturbador, con frecuencia inconsciente, por una sorprendente y singular asociación *externa*. En los ejemplos expuestos de psicoanálisis verificados por mí se halla el discurso entero bajo la influencia de pensamientos entrados simultáneamente en actividad, pero totalmente inconscientes, que o se revelan por la misma perturbación (ejemplo: serpiente de cascabel –Cleopatra) o exteriorizan una influencia indirecta, haciendo posible que los trozos aislados del discurso que conscientemente se tiene intención de expresar se perturben unos a otros, como sucede con el ejemplo *naspirar por la ariz,* en el cual se ocultaba detrás de la equivocación el nombre de la calle de Hasenauer y reminiscencias referentes a una francesa. Los pensamientos retenidos o inconscientes de los que parte la perturbación del discurso son de muy diverso origen. Así, pues, por este lado no se descubre ninguna posible generalización.

El examen comparativo de las equivocaciones en la lectura y escritura nos conduce a los mismos resultados. Casos aislados parecen, como en las equivocaciones orales, no deber su origen más que a un proceso de condensación carente de más amplios motivos (ejemplo: «el man... pone cara ridícula», etc.). Sin embargo, nos satisfaría saber si no es indispensable el cumplimiento de condiciones especiales para que tenga lugar tal condensación, que es un funcionamiento regular en el proceso del sueño y fallido en el del pensamiento despierto. Mas de los ejemplos no puede deducirse nada de esto. No obstante, tampoco deduciría yo de ello la no existencia de condiciones distintas del relajamiento de la atención consciente, pues sé, por otras cuestiones, que precisamente los actos automáticos se distinguen por su corrección y seguridad. Prefiero hacer resaltar el hecho de que aquí como frecuentemente sucede en la biología, son las relaciones normales o aproximadas a lo normal objeto menos favorable a la investigación que las patológicas. Aquello que en la explicación de estas sencillas perturbaciones permanece aún oscuro espero quedará aclarado por la de las perturbaciones más graves.

Tampoco en las equivocaciones en la lectura y en la escritura faltan ejemplos que dejan observar una lejana y complicada motivación. *En tonel por Europa* es una perturbación de la lectura que se explica por la influencia de un pensamiento remoto y sustancialmente extraño, originado por un sentimiento reprimido de celos y ambición; sentimiento que utiliza el «cambio» de la palabra «transporte» (*Beförderung*) para su asociación con el tema indiferente e inocente que había de ser leído. En el caso *Burckhardt* es el nombre mismo tal «cambio».

Es indudable que las perturbaciones de las funciones orales se producen con mayor facilidad y exigen un menor esfuerzo de las fuerzas perturbadoras que las de los demás rendimientos psíquicos.

A otro terreno diferente nos lleva el examen del olvido propiamente dicho; esto es, el olvido de sucesos pasados, que debemos distinguir del olvido temporal de nombres propios, palabras extranjeras, series de palabras y propósitos, expuesto en los primeros capítulos de este libro. Las condiciones fundamentales del proceso normal del olvido nos son desconocidas[11]. En él notamos que no hemos olvidado todo lo que creíamos. Nuestra explicación se refiere únicamente a aquellos casos en los cuales el olvido nos produce asombro por infringir la regla de que lo que se olvida es lo indiferente y, en cambio, lo importante es conservado por la memoria. El análisis de aquellos olvidos que nos parecen exigir una especial explicación da siempre como motivo del olvido una repugnancia a recordar lo que puede despertar en nosotros sensaciones penosas. Llegamos a la sospecha de que este motivo lucha universalmente por exteriorizarse en la vida psíquica, pero que su manifestación regular es impedida por otras fuerzas que actúan en contra. La amplitud y la significación de esta repugnancia a recordar parecen ser dignas del más cuidadoso examen psicológico. El problema de qué condiciones especiales son las que hacen posible el olvido en cada caso no encuentra tampoco su solución en esta más amplia asociación.

En el olvido de propósitos aparece en primer término otro factor. Aquel conflicto que en la represión de lo penoso de recordar no hacemos más que sospechar, se hace aquí tangible, y en los análisis se descubre regularmente una repugnancia que se opone al propósito sin hacerlo cesar. Como en rendimientos fallidos, anteriormente discutidos, se observan aquí dos tipos del proceso psíquico: en uno, la repugnancia se dirige directamente contra el propósito (en intenciones de alguna consecuencia), y en el otro es dicha repugnancia sustancialmente extraña al propósito y establece su conexión con él por medio de una asociación *externa* (en propósitos casi indiferentes).

El mismo conflicto rige los fenómenos de los actos de término erróneo o torpezas. El impulso que se manifiesta en la perturbación del acto es muchas veces un impulso contrario a éste, pero aún con mayor frecuencia es un impulso totalmente extraño a él, y que no hace más que aprovechar la ocasión de llegar a manifestarse en la ejecución del acto por una perturbación del mismo. Los casos en los que la perturbación resulta de una contradicción interior son los más significativos y conciernen a las más importantes actividades.

El conflicto interno pasa a segundo término en los actos sintomáticos o casuales.

Estas manifestaciones motoras, poco estimadas o totalmente despreciadas por la conciencia, sirven de expresión a numerosos y diversos sentimientos inconscientes o retenidos. En su mayor parte representan, simbólicamente, fantasías o deseos.

Podemos contestar a la primera de las interrogaciones expuestas, o sea a la de cuál es el origen de los pensamientos y sentimientos que se exteriorizan en los rendimientos fallidos, haciendo observar que en una serie de casos puede verse inequívocamente el origen de los pensamientos perturbadores en sentimientos reprimidos de la vida psíquica. Sentimientos e impulsos egoístas, celosos y hostiles, sobre los cuales gravita el peso de la educación moral, utilizan en las personas sanas el camino de los rendimientos fallidos para manifestar de cualquier modo su poder innegable, pero no reconocido por superiores instancias psíquicas. El dejar ocurrir estos actos fallidos y casuales corresponde, en gran parte, a una cómoda tolerancia de lo inmoral. Entre estos sentimientos reprimidos, desempeñan un importante papel las diversas corrientes sexuales.

El que estas corrientes sexuales aparezcan tan raras veces entre los pensamientos revelados por el análisis, en los ejemplos expuestos en este libro, débese tan sólo a que como los ejemplos que he sometido aquí al análisis procedían, en su mayor parte, de mi propia vida psíquica, la selección efectuada tenía que ser parcial desde el primer momento, dado que tenía que existir en mí una tendencia a excluir todo material sexual.

Otras veces parecen ser inocentes objeciones y consideraciones lo que constituye el origen de los pensamientos perturbadores.

Llegamos ahora a la respuesta a la segunda interrogación: ¿cuáles son las condiciones psicológicas responsables de que un pensamiento no pueda manifestarse en forma completa, sino que tenga que buscar su exteriorización de un modo parasitario, como modificación y perturbación de otro? De los más singulares casos de actos fallidos puede deducirse fácilmente que tales condiciones deben buscarse en relación con el grado de capacidad de devenir consciente del material «reprimido»; esto es, con su más o menos firme carácter de tal. Mas el examen de la serie de ejemplos expuestos no nos da más que muy imprecisas indicaciones para la fijación de este carácter. La tendencia a dejar de lado algo que nos roba tiempo, y la creencia de que el referido pensamiento no pertenece propiamente a la materia que se tiene intención de tratar, parecen desempeñar, como motivos para la represión de un pensamiento destinado después a manifestarse por medio de la perturbación de otro, el mismo papel que la condenación moral de un rebelde sentimiento emocional, o que el origen de cadenas de pensamientos totalmente inconscientes. Por este camino no es posible llegar a una visión de la naturaleza general de la condicionalidad de los rendimientos fallidos y casuales.

Un único hecho importante nos es dado por esta investigación: cuando más inocente es la motivación del rendimiento fallido, y cuanto menos desagradable y, por tanto, menos incapaz de devenir consciente es el pensamiento que en aquél logra exteriorizarse, tanto más fácil se presenta la solución del fenómeno cuando dirigimos nuestra atención sobre él. Los más sencillos casos de olvido se notan en seguida y se corrigen en el acto. En los casos en que se trata de una motivación por sentimientos realmente reprimidos, la solución requiere un cuidadoso análisis que a veces puede tropezar también con dificultades y hasta fracasar.

Está, pues, justificado el tomar el resultado de esta última investigación como una señal de que la explicación satisfactoria de las determinantes psicológicas de los actos fallidos y casuales debe buscarse por otros caminos y en otros lados. El lector indulgente no habrá, pues, de ver en esta discusión más que el examen de las superficies de fractura de una parte de la cuestión, extraída, un tanto artificialmente, de una más amplia totalidad.

7. Con algunas palabras indicaremos, por lo menos, la dirección en que debemos buscar esta más amplia totalidad. El mecanismo de los actos fallidos y casuales, tal y como nos lo ha enseñado la aplicación del análisis, muestra en los puntos más esenciales una coincidencia con el mecanismo de la formación de los sueños, discutido por mí en el capítulo titulado «La elaboración del sueño», de mi libro sobre la interpretación de los fenómenos oníricos. En uno y otro lado pueden hallarse las condensaciones y las formaciones transaccionales (contaminaciones), siendo, además, la si-

tuación idéntica: pensamientos inconscientes que por desusados caminos y asociaciones externas llegan a manifestarse como modificaciones de otros pensamientos. Las incongruencias, absurdos y errores del contenido del sueño, a consecuencia de los cuales apenas si se puede reconocer el fenómeno onírico como producto de un funcionamiento psíquico, se originan del mismo modo –aunque con más libre utilización de los medios existentes– que los comunes errores de nuestra vida cotidiana. *Aquí, como allí, se explica la apariencia de la función incorrecta por la peculiar interferencia de dos o más funcionamientos correctos.* De este encuentro puede deducirse una importante conclusión: el peculiar modo de laborar, cuyo rendimiento más singular reconocemos en el contenido del sueño, no debe achacarse al estado durmiente de la vida psíquica poseyendo como poseemos en los actos fallidos tantas pruebas de su actividad durante la vida despierta. La misma conexión nos prohíbe también considerar como determinantes de estos procesos psíquicos que nos parecen anormales y extraños un profundo relajamiento de la actividad psíquica o patológicos estados de la función[12].

Llegamos a un acertado juicio de la extraña labor psíquica, que permite originarse tanto el funcionamiento fallido como las imágenes oníricas cuando observamos que los síntomas neuróticos, especialmente las formaciones psíquicas de la histeria y de la neurosis obsesiva, repiten en su mecanismo todos los rasgos esenciales de este modo de laborar. En este punto deberá, pues, comenzar la continuación de nuestras investigaciones. Para nosotros tiene, sin embargo, todavía un especial interés considerar los actos fallidos, casuales y sintomáticos a la luz de esta última analogía. Si los comparamos con los rendimientos de los psiconeuróticos y con los síntomas neuróticos, aumentarán los fundamentos de dos afirmaciones que repetidas veces se han expuesto; esto es, que el límite entre la normalidad y la anormalidad nerviosa es indistinto, y que todos somos un poco nerviosos.

Fuera de toda experiencia médica pueden señalarse diversos tipos de tal nerviosidad simplemente indicada –de las *formes frustrées* de las neurosis–, casos en los cuales no aparecen sino muy pocos síntomas, o aparecen éstos muy raras veces y sin violencia ninguna, debiendo, por tanto, atribuirse la extenuación a la cantidad, intensidad y extensión temporal de los fenómenos patológicos. Puede así suceder que precisamente el tipo que constituye la más frecuente transición entre salud y enfermedad sea el que no se descubra nunca. El tipo que hemos examinado, y cuyas manifestaciones patológicas son los actos fallidos y sintomáticos, se caracteriza por el hecho de que los síntomas son trasladados a los funcionamientos psíquicos de menor importancia, mientras que todo aquello que puede pretender un más alto valor psíquico sigue su marcha regular sin sufrir perturbación alguna. La inversa disposición de los síntomas, esto es, su emergencia en los funcionamientos o rendimientos individuales y sociales de importancia, perturbando la alimentación, las relaciones sexuales, el trabajo profesional y la vida social, corresponde a los casos graves de neurosis y caracteriza a éstos mejor que la multiformidad o violencia de las manifestaciones patológicas.

El carácter común a los casos benignos y a los graves, carácter del cual participan también los actos fallidos y casuales, yace en *la posibilidad de referir los fenómenos a un material psíquico incompletamente reprimido, que es rechazado por la conciencia, pero al que no se ha despojado de toda capacidad de exteriorizarse.*

Notas

2. Olvido de palabras extranjeras

1. Éste es el medio general para atraer a la conciencia las representaciones que permanecen ocultas.
2. Esta acusación surgió por primera vez en Francia, durante el reinado de Felipe II (1180-1223), y fue la causa que motivó la expulsión de los judíos de dicho país. Desde entonces, y hasta los tiempos modernos, ha resurgido siempre que en tiempos de Pascua desaparecía o era encontrado asesinado un cristiano en los barrios judíos. Varias de estas supuestas víctimas han llegado a ser canonizadas, entre ellas San Simón de Trento. *(N. del T.)*
3. Este breve análisis ha sido muy comentado y ha provocado vivas discusiones. Sirviéndose precisamente de él como base, ha intentado E. Bleuler fijar de un modo matemático la verosimilitud de las interpretaciones psicoanalíticas, y ha llegado a la conclusión de que entrañan mayor verosimilitud que muchos otros «descubrimientos» médicos no discutidos. Los recelos con que tropiezan se deberían tan sólo a que en la investigación científica no se tiene aún costumbre de contar con verosimilitudes psicológicas. *(Das autistich-indiszíplinierte Denken in Medizin und seine Uberwindung,* Berlín, 1919.)
4. Una más sutil observación reduce en mucho la antítesis que respecto a los recuerdos sustitutivos existe entre el análisis del caso *Signorelli*

341

y el caso *aliquis*. En efecto, también en este último aparece acompañado el olvido de una formación de sustitutivos. Cuando posteriormente pregunté a mi compañero si en sus esfuerzos por recordar la palabra olvidada no se le había ocurrido alguna otra en sustitución de ella, me comunicó que primero había sentido la tentación de introducir en el verso la palabra *ab* y decir *nostris ab ossibus* (quizá fuera este *ab* el trozo desligado de *a-liquis*), y que después la palabra *exoriare* había acudido a su pensamiento repetida y obstinadamente. Como escéptico a mis teorías, añadió que esto se debía, sin duda, a ser aquélla la palabra con la que comenzaba el verso. Cuando después le rogué que considerara con atención las asociaciones que siguieron a *exoriare,* me dijo que la primera era *exorcismo.* Podemos suponer, por tanto, que la acentuación intensiva de *exoriare* tenía en la reproducción el valor de tal formación de sustitutivos. Ésta habría sido continuada por los nombres de santos después de pasar sobre la asociación *exorcismo.* De todos modos, éstas son sutilezas a las que no hay necesidad de conceder un valor extraordinario. Pero ahora sí nos parece posible considerar la aparición de cualquier especie de recuerdos sustitutivos como un signo constante, aunque quizá tan sólo característico y revelador del olvido tendencioso motivado por represión. Esta formación de sustitutivos existiría aun en aquellos casos en que no se presentan falsos nombres sustitutivos, manifestándose entonces bajo la forma de intensificación de un elemento vecino o continuo al elemento olvidado. En el caso *Signorelli,* y durante todo el tiempo que el nombre del pintor permaneció inaccesible para mí, tuve, en cambio, un *clarísimo* recuerdo visual, mucho más intenso de lo que estos recuerdos lo suelen ser generalmente en nosotros, de su ciclo de frescos y de su autorretrato que aparece en un ángulo de uno de aquéllos. En otro caso que también relatamos en nuestro artículo publicado en 1898, del que ya hemos hecho mención, olvidamos, hallándonos en una ciudad extranjera, el nombre de la calle en la que debíamos hacer una visita poco atractiva; pero, como una burla, retuvimos clarísimamente el número de la casa, cuando de ordinario es en nosotros el recuerdo de números y cifras lo que con más dificultad se conserva.

5. No quisiéramos aceptar con completo convencimiento la falta de conexión entre los dos círculos de pensamientos del caso *Signorelli.* Una cuidadosa prosecución de los pensamientos reprimidos sobre muerte y sexualidad nos hacen, en efecto, llegar a una idea que se relaciona muy de cerca con el tema de los frescos de Orvieto.

3. Olvido de nombres y de series de palabras

1. También estos bellos versos de la poesía goethiana fueron alterados por mi colega, tanto en su contenido como en el objeto a que se aplican. El fantasma de la muchacha de Corinto dice a su prometido: «Te he dado mi cadena / y me llevo un bucle de tus cabellos. / *Míralo bien* / mañana *habrás tú* encanecido / y ya no volverás a poseer negros cabellos hasta que estés allá abajo.»
2. C. G. Jung: *Sobre la psicología de la dementia praecox,* 1907, p. 67.
3. *Dementia praecox,* p. 52.
4. *Zentralblatt für Psychoanalyse,* I, 9, 1911.
5. Th. Reik: «Sobre el olvido colectivo», en *Internationale Zeitschrift für Psychoanalyse,* IV, 1920.
6. *Hure,* prostituta.

4. Recuerdos infantiles y encubridores

1. «Enquête sur les premiers souvenirs de l'enfance." (*L'année Psychologuique,* III, 1897.)
2. «Study of early memories.» (*Psycholog. Review,* 1901.)
3. Baso esta afirmación en algunas informaciones recogidas por mí mismo.
4. Aquellos a quienes interesa la vida anímica de estos años infantiles inferirán sin dificultad la condicionalidad más profunda de la exigencia planteada al hermano mayor. El pequeño, que no ha cumplido aún los tres años, se ha dado ya cuenta, sin embargo, de que la hermanita últimamente nacida se ha formado en el seno de la madre. Nada satisfecho con tal incremento de la familia, abriga la penosa sospecha de que el seno materno encierra aún otros niños. El armario o el cajón son, para él, símbolos del seno materno. Demanda, pues, echar una ojeada en el interior de los mismos y se dirige para ello al hermano mayor, sobre el cual se ha desplazado, según se desprende de otras circunstancias, la rivalidad con el padre. Contra este hermano se orienta, a más de la fundada sospecha de haber hecho «encajonar» a la niñera, la de haber introducido en el cuerpo de la madre la niña recientemente nacida. La desilusión que el niño experimenta al comprobar que el cajón está vacío proviene de la motivación superficial del deseo infantil de ver el interior del cajón. En cambio, la intensa satisfacción experimentada al comprobar la esbeltez materna procede evidentemente de estratos psíquicos más profundos.

5. Equivocaciones orales

1. Véase *La interpretación de los sueños,* Alianza Editorial, Madrid, 2011 (1966). *(N. del T.)*
2. Hallábase, en efecto, como más tarde se demostró, bajo la influencia de un pensamiento inconsciente sobre el embarazo y la manera de evitarlo. Con las palabras «doblada como una navaja de bolsillo», que expresó conscientemente como un lamento, quería describir la posición del niño en el claustro materno. La palabra «Ernst», pronunciada por mí, había evocado en ella el nombre de S. Ernst, conocido comercio vienés, situado en la Kaertnestrasse, que suele anunciarse como lugar en el que pueden adquirirse medios preventivos de la concepción.
3. *Internationale Zeitschrift für Psychoanalyse,* IV, 1916-17.
4. «Dejar que todos los cinco sean pares» es una locución familiar alemana, que viene a significar «salirle a uno una cosa por una friolera». La palabra *gerade* tiene la doble significación de «derecho» y «par». *(N. del T.)*
5. Puede observarse también que las personas de la aristocracia suelen desfigurar con particular frecuencia los nombres de los médicos a los que han consultado, de lo cual se descubre que interiormente no los estiman demasiado, a pesar de la cortesía que muestran en su trato con ellos. Quiero citar aquí algunas acertadas observaciones sobre el olvido de nombres, tomándolas de la obra inglesa sobre este tema, escrita por el profesor E. Jones, residente en Toronto en la época en que la publicó: *The Psychopathology of Everyday Life (American J. of Psychology,* oct. 1911).
   «Pocas son las personas que pueden reprimir un movimiento de enfado al notar que otras han olvidado su nombre, sobre todo cuando esperan que éstas lo hubiesen retenido en su memoria. En estos casos acostumbra decirse, sin reflexionar, que estas personas no hubiesen sufrido tal flaqueza de memoria si se hubiese dejado en ellas una más vigorosa impresión, pues el nombre es un elemento esencial de la personalidad. Por otro lado, es extraordinariamente halagador ver que una alta personalidad recuerda nuestro nombre. Napoleón, maestro en el arte de manejar a los hombres, dio durante la desdichada campaña de 1814 una asombrosa prueba de su memoria en esta cuestión. Hallándose en una ciudad próxima a Garonne, recordó que veinte años antes había hecho conocimiento con el que en aquellos tiempos desempeñaba el puesto de alcalde de dicha ciudad, un individuo llamado De Bussy. Consecuencia de esto fue que De Bussy, encantado de que el emperador le recordase al cabo de veinte años, se entregó en cuerpo y alma a su servicio. Inversamente, el medio más seguro de

afrentar a una persona es fingir no recordar su nombre, pues con ello manifestamos que nos es por completo indiferente. Esta cuestión ha sido también muy explotada en la literatura. En la obra de Turgueniev titulada *Humo* aparece el pasaje siguiente: "¿Sigue usted encontrando que Baden es un sitio divertido, señor... Litvinov?" "Ratmirov acostumbraba pronunciar el nombre de Litvinov vacilando un poco, como si tuviese que hacer un esfuerzo para recordarlo. Con esto, así como con la orgullosa manera que tenía de quitarse el sombrero al saludarle, se proponía herir a Litvinov en su vanidad." En otra de sus obras, *Padres e hijos,* escribe el mismo autor: "El gobernador invitó a Kirsanov y Balarov al baile y repitió su invitación pocos minutos después, considerándolos como hermanos y llamándolos a ambos Kisarov." En este caso, el olvido de haberlos invitado ya anteriormente, el error en el nombre y la incapacidad de considerar por separado a cada uno de los dos jóvenes, constituyen un cúmulo de alfilerazos irritantes. La desfiguración de los nombres tiene la misma significación que el olvido de los mismos; es un primer paso hacia esto último.»

6. Atribuida erróneamente en la revista a E. Jones.

7. «Según nuestras leyes, no se admite el divorcio más que cuando queda probado que uno de los cónyuges ha cometido adulterio, y entonces los derechos que el divorcio ocasiona no se conceden más que al cónyuge ofendido.»

8. Otros ejemplos de equivocaciones orales que, según la intención del poeta, deben ser interpretadas como muy significativas y, en su mayoría, como confesiones involuntarias, aparecen en el *Ricardo III,* de Shakespeare, y en el *Don Carlos,* de Schiller. No sería difícil ampliar esta lista.

9.   *Ce qu'on conçoit bien*
   s'énonce clairement
   et les mots pour le dire
   arrivent aisément.

   Boileau: *Art poétique.*

10. En inglés en el original. Su traducción es: «Un amigo mío me describió la enfermedad nerviosa que aquejaba a una tercera persona para que yo le dijese mi opinión sobre dicha enfermedad y el modo posible de curarla.» Mi respuesta fue: «Creo poder remover con el tiempo, y por medio del psicoanálisis, todos los síntomas que atormentan al paciente, pues me parece un caso *durable,* digo *curable.*» (N. del T.)

6. Equivocaciones en la lectura y en la escritura

1. Para la inteligencia de este ejemplo debe tenerse en cuenta que la palabra *Beförderung* tiene dos sentidos: el de «transporte» y el de «promoción». *(N. del T.)*

2. Véase el *Julio César* shakespeariano (acto III, esc. 3.ª):
   «Cinna.—Mi nombre es Cinna.
   Ciudadanos.—Despedazadle. Es un conjurado.
   Cinna.—¡Soy Cinna el poeta; no Cinna el conjurado!
   Ciudadanos.—No importa. Su nombre es Cinna. Arrancadle el nombre del corazón y dejarle marchar.»

3. Véase el análisis de este sueño en *La interpretación de los sueños,* en Alianza Editorial, Madrid, 2011 (1966). *(N. del T.)*

4. Entre las equivocaciones en la escritura y los olvidos debe incluirse el caso de que alguien omita el colocar su firma en cualquier carta o documento. Un cheque no firmado supone lo mismo que un cheque olvidado. Para exponer la interpretación de un olvido similar, quiero transcribir aquí un análisis, verificado por el doctor H. Sachs, de una situación de esta clase, incluida en una novela:

   La novela *The Island Pharisees,* de John Galsworthy, nos ofrece un ejemplo muy instructivo y transparente de la seguridad con que los poetas saben utilizar el mecanismo de los actos fallidos y sintomáticos según su sentido psicoanalítico. La acción principal de la novela está constituida por las vacilaciones de un joven de la clase media acaudalada, entre un profundo sentimiento de comunidad social y las conveniencias sociales de su clase.

   En el capítulo XXVI se describe la manera de reaccionar del protagonista ante una carta de un joven vagabundo al que, atraído por su original concepción de la vida, ha prestado ya auxilio alguna vez. La carta no contiene una petición directa de dinero pero sí el relato de una apuradísima situación, que no puede ser interpretado en otra forma. El destinatario rechaza primero la idea de arrojar su dinero al incorregible en vez de reservarlo a establecimientos benéficos: «Extender una mano auxiliadora, un trozo de uno mismo, hacer un signo de camaradería a nuestro prójimo sin propósito ni fin alguno y tan sólo porque le vemos en mala situación, ¡qué locura sentimental! Alguna vez se ha de poner un término.» Pero mientras murmuraba estas conclusiones sintió cómo su sinceridad se alzaba contra él, diciéndole: «¡Farsante! Quieres conservar tu dinero. Eso es todo.»

   Después de estas dudas, escribe una amable carta al vagabundo, y termina con las palabras: «Le incluyo un cheque. Sinceramente suyo, *Richard Shelton.*»

346

«Antes de extender el cheque distrajo su atención una polilla que revoloteaba altededor de la llama de la vela. Se levantó para atraparla y soltarla fuera y, al hacerlo, olvidó que no había metido el cheque con la carta.» Ésta va, tal como estaba, al correo.

Pero el olvido está aún más sutilmente motivado que por la victoria final de la tendencia egoísta de ahorrarse el dinero, que al principio parecía vencida.

Shelton se siente aislado en la residencia campestte de sus futuros suegros y entre su novia, la familia de ésta y sus invitados. Por medio de su acto fallido, se indica que el joven desea la presencia de su protegido, que, por su pasado y su concepción de la vida, constituye el extremo contrario a las personas que le rodean, cortadas todas ellas por el mismo irreprochable patrón de las conveniencias sociales. En efecto, el vagabundo, que sin auxilio no puede mantenerse en el puesto en que se hallaba, llega unos días después, solicitando la explicación de la ausencia del anunciado cheque.

7. Olvido de impresiones y propósitos

1. En general, acuden después a la conciencia, en el curso de la consulta, todos los detalles de la primera visita olvidada.

2. Al inquirir de un paciente si ha padecido diez o quince años atrás alguna infección luética, se olvida con demasiada frecuencia que el interrogado suele haber considerado psíquicamente dicha enfermedad como otra distinta en absoluto, por ejemplo, como un reumatismo agudo. En las informaciones que los padres dan al médico sobre sus hijas enfermas de neurosis puede apenas distinguirse lo que olvidan de lo que con toda intención ocultan, pues dan de lado, esto es, reprimen sistemáticamente todos aquellos datos que suponen pueden perjudicar un ulterior matrimonio de las hijas. Un individuo que había perdido a su querida mujer, víctima de una afección pulmonar, me comunicó el siguiente caso de engaño al médico que la visitaba, engaño que no puede explicarse más que por un olvido: «Al ver que después de muchas semanas de tratamiento no cedía la pleuritis de mi pobre mujer, llamamos en consulta al doctor P. Al hacer éste el historial de los antecedentes de la enferma preguntó, entre otras cosas, si en la familia de mi mujer había habido algún caso de enfermedad del pulmón. Mi mujer lo negó, y tampoco yo recordé nada en contrario de su negación. Al despedirse el doctor P. comenzamos a hablar, como casualmente, de viajes y excursiones, y mi mujer me dijo: "Sí; el viaje hasta Langersdorf, *donde está enterrado mi pobre hermano,* es bastante

largo." Este hermano había muerto hacía unos quince años, después de una larga tuberculosis. Mi mujer le había querido mucho y me había hablado de él en frecuentes ocasiones. Al oír la frase anterior, recordé que mi mujer se asustó mucho cuando su enfermedad fue diagnosticada de pleuritis, y dijo con tristeza: *También mi hermano murió de una enfermedad del pulmón*. Mas su recuerdo se hallaba de tal modo reprimido, que ni aun después de su frase sobre el sitio donde se hallaba enterrado su hermano encontró ocasión de corregir la información que había dado sobre sus antecedentes familiares. A mí mismo no se me presentó tal recuerdo hasta el momento en que ella aludió al hermano.» E. Jones relata un caso análogo al anterior en la obra que ya hemos citado varias veces. Un médico, cuya mujer padecía una enfermedad abdominal no bien definida aún, le dijo, queriendo alentarla: «Lo bueno es que en tu familia no ha habido ningún caso de tuberculosis.» La mujer le respondió con gran sorpresa: «Pero ¿has olvidado que mi madre falleció de ella y que mi hermana también la padeció, curándose después de estar desahuciada por los médicos?»

3. En los días en que me hallaba escribiendo estas páginas me sucedió el siguiente caso de olvido, que me pareció casi increíble:

En los primeros días de enero acostumbro revisar mi libro de notas para enviar a mis clientes la cuenta de los honorarios devengados. En los apuntes correspondientes al mes de junio hallé un nombre M. I. y me fue imposible acordarme de la persona a la que correspondía. Mi extrañeza subió de punto al seguir hojeando el libro y ver que se trataba de un enfermo instalado en un sanatorio y al que había visitado a diario durante varias semanas. No es natural que un médico se olvide al cabo de seis meses de un enfermo al que ha asistido en tales circunstancias. ¿Sería algún individuo paralítico, un caso sin interés? —me preguntaba a mí mismo—. Por fin, la nota de los honorarios recibidos hizo volver a mi memoria todo el conocimiento que quería eludir el recuerdo. M. I. era una muchacha de catorce años, el caso más notable que se me había presentado en los últimos tiempos y cuyo desgraciado final hubo de proporcionarme horas muy penosas, dándome una lección que no olvidaré nunca. Esta muchacha padecía una inequívoca histeria, que se mejoró rápida y fundamentalmente bajo mis cuidados. Después de esta mejoría fue retirada del sanatorio por sus padres, aun cuando ella se quejaba todavía de dolores abdominales, los cuales habían desempeñado un principal papel en el cuadro sintomático de la histeria. Dos meses después murió de un sarcoma de las glándulas abdominales. La histeria, a la que la muchacha se hallaba muy predispuesta, había aprovechado la formación del tumor como agente provocador, y fascinado yo por las tumultuosas, pero inofensivas, manifestaciones de la histeria, había descuidado los primeros signos de la otra insidiosa e incurable enfermedad.

4. A. Pick ha reunido hace poco una serie de autores que aceptan el valor de la influencia ejercida por factores afectivos sobre la memoria y reconocen —más o menos expresamente— la participación en los olvidos de una fuerza defensiva contra lo penoso o desagradable. Ninguno de nosotros ha podido representar este fenómeno y su fundamento psicológico tan completa e impresionantemente como Nietzsche en uno de sus aforismos (*Más allá del bien y del mal*, II, 68, Alianza Editorial, 2009 [1972]): «Has hecho esto, me dice mi memoria. Eso no puedo haberlo hecho, dice mi orgullo, y permanece inconmovible. Por último, cede la memoria.». A. Pick, *Psicología del olvido en los enfermos mentales y nerviosos*. (Archivo de antropología criminal y criminología de H. Gross.)

5. *Opinión de Darwin sobre los olvidos* (E. Jones). En la autobiografía de Darwin se halla el siguiente pasaje, que refleja su honradez científica y su agudeza psicológica:

   «Durante muchos años he seguido una "dorada regla". En cuanto encontraba un hecho publicado, una nueva observación o un pensamiento que contradecían mis resultados generales, tomaba nota de ellos lo más exactamente posible, pues la experiencia me había enseñado que tales hechos y pensamientos escapan más fácilmente de nuestra memoria que aquellos otros que nos son favorables.»

6. Hace algún tiempo, uno de mis lectores me remitió un volumen de la colección infantil de Fr. Hoffmann, en el cual se relata detalladamente una fantasía de salvamento análoga a la construida por mí durante mi estancia en París. La coincidencia se extiende hasta determinados giros poco comunes que aparecen en ambas versiones. No es posible excluir por completo la posibilidad de haber leído en mis años juveniles dicho libro. La biblioteca escolar de nuestro gimnasio poseía la colección de Hoffmann, y el bibliotecario acostumbraba ofrecer a los alumnos volúmenes de esta colección con preferencia a otro alimento espiritual. La fantasía que a los cuarenta y tres años creía recordar como invención de otro pudiera muy bien no haber sido sino una fiel reproducción de una impresión de lectura recibida entre los once y los trece años. La fantasía de salvamento atribuida por mí al tenedor de libros de *El Nabad* no tenía más objeto que abrir un camino a la fantasía de mi propio salvamento y hacer tolerable a mi orgullo el deseo de hallar una persona que me favoreciera y protegiese. Ningún psicólogo extrañará oírme afirmar que en mi vida consciente me ha repugnado siempre la idea de depender del favor de un protector, habiendo tolerado muy mal las escasas situaciones reales en las que ha sucedido algo análogo. En un trabajo titulado *Vetererretung und Vatermord in den neurotischen Phantasiegebilden*, en *Internationale Zeitschrift für Psychoanalyse*, VIII, 1922, nos ofrece Abraham el sentido más profundo de las fantasías de este contenido y una explicación casi exhaustiva de sus peculiaridades.

7. Véase la obra de Bernheim *Nuevos estudios sobre hipnotismo, suges-tión y psicoterapia,* 1892.

8. En la comedia *César y Cleopatra,* de B. Shaw, se atormenta César, al ir a partir de Egipto, con la idea de que se había propuesto hacer algo antes de partir y había olvidado qué. Por fin, resulta que lo que ha olvidado es ¡despedirse de Cleopatra! Este pequeño rasgo debe dar cuenta –por cierto, en completa contradicción con la verdad históri-ca– de lo poco que César se ocupaba de la pequeña princesa egipcia. (E. Jones, *l. c.,* p. 488.)

9. Las mujeres, con su fina comprensión de los procesos mentales incons-cientes, se inclinan siempre más a considerar como una ofensa el que no se las reconozca en la calle y, por tanto que no se las salude, que a pensar en la «explicación más inmediata», esto es, en que el que ha cometido la omisión es corto de vista o que, sumido en sus pensamien-tos, no ha reparado en ellas. Así, pues, suelen concluir que se las ha-bría visto si se sintiese algún interés por ellas.

10. S. Ferenczi nos comunica que él ha sido uno de tales «distraídos» y que sus conocidos se extrañaban de la frecuencia y originalidad de sus errores. Pero los signos de esta «distracción» han desaparecido casi por completo desde que comenzó a tratar a los enfermos por el méto-do psicoanalítico y se vio obligado a prestar también atención al aná-lisis de su propio *yo.* A su juicio, renunciamos a los actos fallidos cuan-do aprendemos a extender considerablemente los límites de la propia responsabilidad, siendo, por tanto, la distracción un estado depen-diente de complejos inconscientes y curables por medio del psicoaná-lisis. Sin embargo, un día que se reprochaba a sí mismo haber cometi-do un error técnico en el psicoanálisis de una paciente, aparecieron de nuevo todas sus distracciones. Tropezó varias veces andando por la calle (representación del *faux pas* cometido en el tratamiento), olvidó su cartera en casa, quiso pagar en el tranvía cinco céntimos de menos, abrochó equivocadamente sus vestidos, etc., etc.

11. E. Jones observa respecto a esta cuestión: «Frecuentemente, la resis-tencia es de un orden general. Así, un hombre ocupado olvida echar las cartas que le ha confiado su esposa —comisión poco molesta—, como podía olvidar otra más engorrosa: traerle los encargos de las tiendas, por ejemplo.»

12. Por no alterar la unidad del tema, quiero hacer aquí una digresión y añadir a lo antedicho que, en relación a las cuestiones de dinero, muestra la memoria de los hombres una particular parcialidad. Re-cuerdos erróneos de haber pagado ya algo son con frecuencia, como en mí mismo he podido comprobar, de una gran tenacidad. En los casos en que la intención de ganar dinero se manifiesta al margen de los grandes intereses de la vida y se le pueda dejar libre de curso sin tomarla en serio, como sucede con el juego, los hombres más honra-

dos propenden a caer en errores, recuerdos falsos y faltas en el cálculo, encontrándose así, sin saber cómo, envueltos en pequeños fraudes. El carácter psíquicamente reposante del juego depende, en gran parte, de tales posibles libertades. El refrán de que en el juego se conoce el carácter del hombre puede aceptarse añadiendo: el carácter reprimido. El mismo mecanismo preside las faltas que los camareros cometen en el cálculo de las cuentas. Entre los comerciantes es muy frecuente aplazar determinados pagos, aplazamiento que no proporciona ventaja alguna al deudor y que debe interpretarse psicológicamente como una exteriorización de la contrariedad de tener que hacer un gasto. Brill observa a este respecto, y con agudeza epigramática, lo siguiente: «Somos más capaces de extraviar aquellas cartas que contienen una cuenta que las que contienen un cheque.» En conexión con los sentimientos más íntimos y menos aclarados está el hecho de que mujeres de gran rectitud muestran a veces una particular desgana en satisfacer los honorarios del médico. Ordinariamente suelen olvidar el portamonedas y no pueden pagar en la consulta. Luego olvidan día tras día enviar el dinero y, de este modo, acaban por conseguir que el médico las haya asistido gratuitamente «por sus bellos ojos».

8. Torpezas o actos de término erróneo

1. Una segunda publicación de Meringer me ha demostrado posteriormente mi error al atribuir a este autor tal comprensión.
2. En francés en el original. *(N. del T.)*
3. En inglés en el original. *(N. del T.)*
4. «¡Ay! Se ha perdido la Venus –¡pataplum!– de Médicis.»
5. En esta frase, el verbo reflexivo *sich vergreifen* seguido de la preposición «bei» significa «equivocarse», pero seguido de la preposición «an» significa «atentar, profanar, violar. Así se explica la conexión entre «equivocarse con la anciana» y «atentar contra la anciana». *(N. del T.)*
6. Este sueño ha sido denominado por mí «sueño de Edipo», puesto que nos da la clave para la comprensión de la leyenda del rey Edipo. En el texto de Sófocles, éste coloca en boca de Yocasta la relación de dicho sueño.
7. El automaltrato que no se propone una completa autoanulación no tiene en nuestro estado de civilización actual más remedio que ocultarse detrás de la casualidad, o manifestarse como simulación de una enfermedad espontánea. Antiguamente era un signo usual de duelo y podía ser expresión de ideas de piedad y renunciamiento al mundo.
8. El caso es entonces idéntico al atentado sexual contra una mujer en el que el ataque del hombre no puede ser rechazado por la total fuerza

muscular de la mujer y porque a él coadyuva, aceptándolo, una parte de las sensaciones inconscientes de la atacada. Ya se suele decir que tal situación *paraliza* las fuerzas de la mujer y no se necesita añadir las razones de esta paralización. Desde este punto de vista aparece injusta, psicológicamente, una de las ingeniosas sentencias dictadas por Sancho Panza en su ínsula (*Quijote* parte II, capítulo XLV.) Una mujer acusa a un hombre de haberla forzado. Sancho la indemniza con una repleta bolsa que hace que le entregue el acusado, y da a éste, una vez que ha partido la mujer, permiso para correr tras ella y arrancarle la bolsa. Al poco tiempo aparecen de nuevo los litigantes y la mujer se vanagloria de que el supuesto violador no haya tenido fuerzas para arrancarle el dinero. Al oír esto, dice Sancho: «Si el mismo aliento y valor que habéis mostrado para defender esta bolsa lo mostrarais, y aun la mitad menos, para defender vuestro cuerpo, las fuerzas de Hércules no os hicieran falta.»

9. Es evidente que la situación de un campo de batalla es precisamente la requerida por la intención consciente de suicidarse, que, sin embargo, rehúye el camino directo. Véase en el *Wallenstein* las palabras del capitán sueco sobre la muerte de Max Piccolomini: «Dícese que quería morir.»

10. Autocastigo por un aborto observado por el doctor J. E. G. van Emdem. La Haya (Holanda), en *Zentralblatt für Psychoanalyse*, II, 12.

11. Una persona me escribe sobre el tema «Daños autoinfligidos como castigo»: Si se observa la conducta de las personas en las calles, se tiene ocasión de ver con cuánta frecuencia les sucede algún pequeño accidente a aquellos hombres que –como es ya casi general costumbre– se vuelven a seguir a las mujeres con la vista. Tan pronto tropiezan con algo, aun yendo por llano, como topan con un farol o se hieren de alguna otra forma.

12. En muchos de estos casos de lesiones o muerte por accidente queda dudosa la interpretación. Las personas ajenas a la víctima no hallarán motivo alguno para ver en la desgracia cosa distinta de un accidente fortuito, mientras que sus familiares y amigos, conocedores de sus intimidades, podrán encontrar razones para sospechar la existencia de una intención inconsciente. El siguiente relato de un joven, cuya prometida murió víctima de un atropello, nos ofrece un acabado ejemplo de este género.

«En septiembre del año pasado conocí a la señorita X. Z., de treinta y cuatro años de edad y excelente posición económica. Prometida a un oficial antes de la guerra, había pasado por el dolor de perder a su futuro, caído en el frente en 1916. De nuestro conocimiento nació pronto una mutua inclinación amorosa sin que al principio pensásemos en el matrimonio, pues la diferencia de edad –yo tenía por entonces veintisiete años– parecía poco favorable a tal idea. Sin embargo, como vivíamos en la misma calle y nos veíamos y reuníamos a diario, nuestras relaciones acabaron por tomar un carácter íntimo, circunstancia que nos acercó más a la idea del matrimonio. Acordamos, pues, dar estado oficial a nuestras relaciones y fijamos la fecha de nuestros esponsales. Antes se proponía la señorita Z. hacer un viaje para visitar a un pariente suyo, propósito que la huelga ferroviaria le impidió, a última hora, llevar a cabo. Las sombras que la victoria de la clase obrera parecían proyectar sobre el porvenir influyeron durante algún tiempo en nuestro estado de ánimo. Sobre todo, mi futura, sujeta ya por naturaleza a grandes oscilaciones de ánimo, creía ver, en los sucesos sociales, graves obstáculos para nuestros proyectos. El sábado 20 de marzo mostraba, sin embargo, alegría y animación excepcionales que me sorprendieron y contagiaron, haciéndonos verlo todo de color de rosa. Algunos días antes habíamos quedado en ir una mañana juntos a la iglesia, aunque sin precisar cuándo. Al día siguiente, domingo 21 de marzo, a las nueve y cuarto de la mañana, me telefoneó diciéndome que fuese a buscarla para ir a la iglesia, pero me fue imposible complacerla por tener ocupaciones ineludibles. Visiblemente contrariada por mi negativa, decidió ir sola a la iglesia. En la escalera de la casa encontró a un conocido, con el que anduvo un rato, dando muestras de excelente humor y sin aludir para nada a nuestra conversación telefónica. Cerca ya de la iglesia se despidió de su acompañante, alegando, en tono festivo, que su guarda no le era ya necesaria, puesto que sólo tenía ya que cruzar la calle, tranquila y despejada en aquel lugar. Un momento después, cuando iba ya a alcanzar la acera opuesta, fue atropellada por un coche, muriendo a las pocas horas. Por aquel mismo lugar habíamos atravesado juntos infinitas veces. Mi futura se mostraba siempre en extremo prudente y además, precisamente aquella mañana, era casi nulo el tránsito rodado, puesto que los ómnibus, tranvías, etc., estaban en huelga. Resulta, pues, inconcebible que no viera el coche que la atropelló ni siquiera lo oyese acercarse. Todo el mundo creyó en un accidente "casual". Mi primera impresión fue totalmente contraria, aunque tampoco podía pensar en un propósito premeditado. Intenté, pues, hallar una explicación psicológica, y al cabo de mucho tiempo creí encontrarla al leer su *Psicopatología de la vida cotidiana*. La señorita Z. manifestaba, a veces, cierta tendencia al suicidio, e incluso había intentado hacerme compartir sus opiniones, habiéndome yo esforzado en desvanecer tales ideas. Dos días antes de la desgracia, al regreso de un paseo, comenzó a hablar, sin motivo alguno exterior, de su muerte y de la conveniencia de tomar sus disposiciones testamentarias. Sin embargo, no inició paso alguno en tal sentido, lo cual prueba que sus manifestaciones no obedecían a un propósito suicida. Así, pues, a mi juicio, que desde luego no considero indiscutible, la muerte de la señorita Z. no puede atribuirse a una desgracia casual, ni a una obnubilación de la conciencia, sino a una autodestrucción intencionada, dependiente de un motivo inconsciente que consiguió ocultarse bajo el disfraz de un accidente fortuito. Esta opinión mía queda robustecida por ciertas manifestaciones, hechas por la señorita Z. a sus familiares, antes de su conocimiento conmigo y luego también a mí mismo. Hemos, pues, de suponer que su desgraciado fin fue una consecuencia de la muerte de su primer prometido, al que nada podía sustituir para ella.»

13. Hayermans, *Schetsen von Samuel Falkland,* Amsterdam, H. J. W. Becht, 1914.

9. Actos sintomáticos y casuales

1. «Aportación al simbolismo en la vida cotidiana». Ernest Jones, Toronto. Traducido al alemán por Otto Rank (Viena) y publicado en la *Zentralblatt für Psychoanalyse,* I, 3, 1911.
2. «Freud's Theory of Dreams», en *American Journ, of Psychol.,* abril de 1910, p. 301, núm. 7.
3. Compárese Oldham: *I wear my pen as others do their sword.*
4. Alph. Maeder: «Contributions à la Psychopathologie de la vie quotidienne», en *Archives de Psychologie,* t. VI, 1906.
5. En francés en el original. *(N. del T.)*
6. He aquí una pequeña colección de diversos actos sintomáticos observados tanto en individuos sanos como neuróticos:
Un colega mío, ya de edad avanzada y al que disgusta mucho perder en los juegos carteados, perdió una noche una crecida suma, que pagó sin lamentarse, pero dejando transparentar un particular estado de ánimo. Después de su marcha se descubrió que había dejado sobre la mesa casi todo lo que llevaba en los bolsillos: los lentes, la petaca y el pañuelo. Este olvido debe ser traducido en la forma siguiente: «¡Bandidos! ¡Me habéis saqueado!». Un sujeto que padecía de impotencia sexual en algunas ocasiones, pero no crónicamente, impotencia que tenía su origen en la intimidad de sus relaciones infantiles con su madre, me comunicó que tenía la costumbre de ornar algunos escritos y notas con una S., letra inicial del nombre de aquélla, y que no podía tolerar que las cartas que recibía de su casa anduviesen revueltas sobre su mesa con otra clase de correspondencia *non sancta,* sintiéndose forzado a conservar las primeras en sitio aparte. Una señora joven abrió de repente un día la puerta del cuarto en el que recibo a mis pacientes antes que saliera de él la enferma que la precedía. En el acto se excusó diciendo que lo había hecho «sin pensar», pero pronto se

descubrió que le había impulsado a ello la misma curiosidad que en su infancia la llevaba a penetrar repentinamente en la alcoba de sus padres. Aquellas muchachas que están orgullosas de su bella cabellera saben siempre enredar tan hábilmente con sus horquillas y peinetas que consiguen que en medio de la conversación se les suelte el pelo. Muchos individuos que durante un reconocimiento o tratamiento médicos tienen que permanecer echados suelen desparramar por el suelo una cantidad mayor o menor del dinero que llevan en el bolsillo del pantalón, pagando así, según en lo que lo estiman, el trabajo del médico. Aquel que olvida en casa del médico algún objeto: lentes, guantes, bolsillo, etc., manifiesta con ello un sentimiento de gratitud o simpatía y su deseo de volver nuevamente. E. Jones dice: «Se puede medir el éxito con que un médico practica la psicoterapia por la colección que en un mes pueda hacer de sombrillas y paraguas, pañuelos y bolsillos olvidados en su casa por los clientes.» Los más pequeños actos habituales llevados a cabo con un mínimo de atención, tales como dar cuerda al reloj antes de acostarse, apagar la luz al salir de una habitación, etc., están sometidos ocasionalmente a perturbaciones que demuestran la influencia de los complejos inconscientes sobre aquellas «costumbres» que se tienen por más arraigadas. Maeder relata en la revista *Coenobium* el caso de un médico interno de un hospital, que estando de guardia y no debiendo abandonar su puesto, tuvo que hacerlo, sin embargo, por reclamarle en otro lado un asunto de importancia. Cuando volvió notó con sorpresa que había luz en su cuarto. Al salir se le había olvidado apagarla, cosa que jamás le había ocurrido antes. Reflexionando sobre el caso, halló en seguida el motivo a que obedecía su olvido. El director del hospital, que residía en él, debía deducir de la iluminación del cuarto de su interno la presencia de éste. Un individuo, abrumado de preocupaciones y sujeto a temporales depresiones de ánimo, me aseguró que cuando por la noche se acostaba cansado de lo duro y penoso de su vida, hallaba siempre, al despertarse por la mañana, que se le había parado el reloj por haberse olvidado de darle cuerda. Con tal olvido simbolizaba su indiferencia de vivir o no al día siguiente. Otro sujeto, al que no conozco personalmente, me escribió: «Habiéndome ocurrido una dolorosa desgracia, se me apareció la vida tan penosa y desagradable, que me imaginaba no hallar fuerza suficiente para mantenerme vivo al siguiente día, y en esta época me di cuenta de que casi a diario me olvidaba de dar cuerda al reloj, cosa que nunca había omitido y que llevaba a cabo mecánicamente al acostarme. Sólo me acordaba de hacerlo cuando al siguiente día tenía alguna ocupación importante o de gran interés para mí. ¿Será esto también un acto automático? No podría, si no, explicármelo.» Aquel que, como Jung (*Sobre la psicología de la «dementia praecox»,* 1902, p. 62), o como Maeder («Une voie nouvelle en Psychologie: Freud et son école», en *Coenobium,* Lugano, 1909), quiera tomarse el trabajo de prestar atención a las melodías que se tararean al descuido y sin intención hallará regularmente la relación existente entre el texto de la melodía y un tema que ocupa el pensamiento de la persona que la canta. También la sutil determinación de la expresión del pensamiento en el discurso o en la escritura merece una observación cuidadosa. En general, se cree poder elegir las palabras con que revestir nuestro pensamiento o la imagen que ha de representarlo. Una más cuidadosa observación muestra, tanto la existencia de otras consideraciones que deciden tal elección, como también que en la forma en que se traduce el pensamiento se transparenta a veces un sentido más profundo y que el orador o escritor no se ha propuesto expresar. Las imágenes y modos de expresión de que una persona hace uso preferente no son, en la mayoría de los casos, indiferentes para la formación de un juicio sobre ella, y en ocasiones se muestran como alusiones a un tema que por el momento se retiene en último término, pero que ha impresionado hondamente al orador. En una determinada época oí usar varias veces a un sujeto, en el curso de conversaciones teóricas, la expresión «cuando le pasa a uno algo de repente por la cabeza». No me extrañó ver esta locución repetidas veces en boca del referido sujeto, pues sabía que poco tiempo antes había recibido la noticia de que un proyectil ruso había atravesado de parte a parte el gorro de campaña de su hijo.

10. Errores

1. Esta afirmación mía no fue por completo errónea. La versión órfica del mito hace repetir a Zeus, con su padre, la castración que éste hizo sufrir al suyo. (Roscher: *Diccionario de Mitología.)*

11. Actos fallidos combinados

1. Esta continua actuación de los elementos inconscientes se manifiesta unas veces en forma de un sueño consecutivo al acto fallido, y otras, en la repetición del mismo o en la omisión de una rectificación.
2. No es raro que el sueño anule los efectos de un acto fallido tal como la pérdida o el extravío de un objeto, revelándonos dónde hallaremos lo perdido; pero esta revelación no tiene nada de sobrenatural en cuanto el que la recibe es el mismo sujeto que ha sufrido la pérdida. Una señora joven relata: «Hace unos cuatro meses perdí una sortija

muy bonita. Después de rebuscar inútilmente por todos los rincones de mi cuarto, soñé una noche que la sortija se hallaba junto a un cajón al lado del radiador. Naturalmente, lo primero que hice al levantarme fue dirigirme al lugar indicado en mi sueño, y allí estaba, en efecto, la sortija.»

La sujeto se maravilla de este suceso y afirma que le ocurre con frecuencia ver satisfechos en esta forma singular sus deseos y sus pensamientos, pero omite preguntarse qué transformaciones hubo en su vida entre la pérdida y la recuperación de la sortija.

12. Determinismo. Fe casual. Superstición. Consideraciones

1. Alfred Adler: «Tres psicoanálisis de cantidades arbitrarias y cifras obsesivas.» *(Psych. Neur. Wochenschrift,* núm. 28, 1905).
2. Como aclaración a lo relacionado con *Macbeth,* volumen número 17 de la B. U., me comunica el doctor Adler que el sujeto del análisis ingresó, teniendo diecisiete años, en una sociedad anarquista que se había señalado como fin la muerte del rey. Por esta razón cayó quizá en el olvido el contenido del *Macbeth.* En aquella época recibió el referido sujeto una comunicación secreta en la que las letras eran sustituidas por números.
3. Para simplificar, he suprimido algunas ocurrencias intermedias, perfectamente pertinentes.
4. El señor Rudolf Schneider, de Múnich, ha expuesto una interesante objeción contra la fuerza demostrativa de estos análisis de números. (R. Schneider: «La investigación freudiana de las ocurrencias de números», *Internat. Zeitschr. f. Psychoanalyse,* 1920-21). Escogiendo una cifra dada, por ejemplo la primera fecha que se presentaba a sus ojos al abrir un libro de historia, o comunicando a otra persona un número elegido por él, hizo Schneider el experimento de ver si se presentaban también ante este número asociaciones aparentemente determinantes. En efecto, se presentaron en la práctica tales asociaciones. En el ejemplo, producto de un autoanálisis, que Schneider nos comunica, el resultado de las asociaciones emergentes fue una determinación tan rica y significativa como la que resulta en nuestros análisis de números espontáneamente emergidos, siendo así que en el experimento de Schneider el número no necesitaba determinación ninguna, por haber sido dado exteriormente. En otro caso, se facilitó Schneider demasiado la tarea, pues la cifra que dio fue el 2, cuya determinación tiene necesariamente que alcanzarse por cualquier material y en cualquier persona.

De estas investigaciones deduce Schneider dos cosas: primera, que «lo psíquico posee iguales posibilidades de asociación respecto a los números que respecto a los conceptos», y, segundo, que la emergencia de asociaciones determinantes ante números espontáneamente expresados no demuestra que estos números sean originados por los pensamientos que se revelan en el «análisis». La primera consecuencia es de una certeza indudable. A un número dado puede asociarse algo pertinente con igual facilidad que a una palabra dada, y aun quizá más fácilmente, pues la facultad de asociación de las escasas cifras es especialmente grande. Entonces se encuentra uno simplemente en la situación del llamado experimento de asociación, que ha sido estudiado en sus más diversas direcciones por la escuela de Bleuler-Jung. En esta situación, la ocurrencia (reacción) es determinada por la palabra dada (palabra-estímulo). Esta reacción puede ser, sin embargo, de muy distinta naturaleza, y las investigaciones de Jung han mostrado que la diferenciación no queda abandonada a la «casualidad», sino que en la determinación toman parte «complejos» inconscientes cuando han sido heridos por la palabra-estímulo.

La segunda consecuencia de Schneider va demasiado lejos. Del hecho de que ante números (o palabras) dados emerjan ocurrencias pertinentes, no puede deducirse, sobre la derivación de los números (o palabras) espontáneamente emergentes, nada que no hubiera de haberse debido tener en cuenta antes del conocimiento de este hecho. Estas ocurrencias (palabras o números) podían ser indeterminadas, determinadas por los pensamientos, que aparecen en el análisis o, por último, determinadas por otros pensamientos que no se han revelado en el mismo, en cuyo caso éste nos habría engañado. Hay que libertarse de la tendencia a creer que este problema se plantea para los números de distinto modo que para las palabras. No está dentro de las intenciones de este libro realizar una investigación crítica del problema, y con ella una justificación de la técnica psicoanalítica en esta cuestión de las ideas espontáneas. En la práctica analítica se parte de la hipótesis de que la segunda de las mencionadas posibilidades es la cierta y la utilizable en la mayoría de los casos. Las investigaciones de un psicólogo experimental han mostrado que es la más probable (Poppelreuter). (Véase además, sobre esta cuestión, las importantes consideraciones de Bleuler en su libro *Das antistichundisziplinirte Denken,* 1919, capítulo IX, «Von den Wahrscheinlinchkeiten der psichologischen Erkenntnis».)

5. Esta doctrina de la estricta determinación de actos aparentemente arbitrarios ha dado ricos frutos para la Psicología y quizá también para la administración de justicia. Bleuler y Jung han hecho de este modo inteligibles las reacciones en el llamado «experimento de asociación», en el cual la persona investigada debe contestar a una palabra que se

le dirija (palabra-estímulo) con otra que al oír aquélla se le ocurra (reacción), midiéndose el tiempo que transcurre entre una y otra (tiempo de reacción). Jung ha mostrado en sus *Diagnostische Assoziationsstudien*, 1906, qué buen reactivo para los estados psíquicos poseemos en este experimento de asociación. Dos discípulos del profesor de Derecho Penal H. Gross, de Praga, los señores Wertheimer y Klein, han desarrollado, basándose en estos experimentos, una técnica para el *diagnóstico de hechos (Tatbestands-Diagnostik),* en casos criminales, técnicas cuyo examen y verificación ocupa en la actualidad a psicólogos y juristas.

6. Partiendo de otros puntos de vista, se ha atribuido esta interpretación de las exteriorizaciones nimias o casuales a las *neurosis de referencia (Beziehungswahn).*

7. Aquellas fantasías de los histéricos, referentes a malos tratos o abusos sexuales, que el análisis trata de hacer conscientes coinciden ocasionalmente, hasta en sus menores detalles, con los lamentos de los paranoicos perseguidos. Es singular, mas no incomprensible, el que también se halle igual contenido como una realidad en los hechos ejecutados por los perversos para la consecución de sus deseos.

8. En un trabajo titulado «Psicoanálisis y superstición» *(Int. Zeitschrift f. Psychoan.,* VIII, 1922) incluye N. Ossipow el siguiente ejemplo, encaminado a precisar las diferencias entre las interpretaciones supersticiosas, psicoanalítica y mítica de un mismo suceso. El mismo día de su matrimonio, celebrado en una pequeña ciudad provincial, emprendió Ossipow su viaje de novios con destino a Moscú. Próximo ya al término de su viaje, en una estación situada a unas dos horas de Moscú, se le ocurrió descender del tren para echar una ojeada a la población correspondiente. Suponiendo que la parada duraría lo bastante para permitirle satisfacer su deseo, atravesó la estación y anduvo unos momentos camino de la ciudad. Pero al regresar se encontró con que el tren había partido, llevándose a su mujer. Cuando su vieja ama de llaves tuvo noticia de este suceso, exclamó con aire preocupado: «¡Ese matrimonio acabará mal!» Ossipow acogió con grandes risas aquella profecía, pero cuando cinco meses más tarde se vio divorciado, hubo de interpretar lo sucedido en su viaje de novios como una «protesta inconsciente» contra su matrimonio. La ciudad en la que tuvo efecto su acto fallido adquirió para él, años después, una importante significación, por residir en ella una persona con la que el Destino le unió luego íntimamente. En la época de su matrimonio no conocía aún a tal persona, ni siquiera sospechaba su existencia. Pero la interpretación mítica del suceso hubiera sido la de que el hecho de haber abandonado en aquella ciudad el tren de Moscú, y a su mujer en él, constituía un signo del futuro.

9. Percepción exenta, naturalmente, de todo carácter de conocimiento.

10. Se enlazan aquí interesantes problemas de naturaleza *económica,* que surgen al tener en cuenta el hecho de que los procesos psíquicos tienden a la consecución de placer y la supresión de displacer. Constituye ya un problema económico cómo es posible recuperar, por medio de asociaciones sustitutivas, un nombre olvidado por un motivo de displacer. Un bello trabajo de Tausk («Entwertung des Verdängungsmotiv durch Recompense», en *Int. Zeitschrift für Psychoan,* I, 1913) muestra, con excelentes ejemplos, cómo el nombre olvidado se nos hace de nuevo accesible cuando conseguimos incluirlo en una asociación placiente capaz de compensar la probable emergencia de displacer en su reproducción.

11. Puedo dar las siguientes indicaciones sobre el mecanismo del olvido propiamente dicho: el material de la memoria sucumbe, en general, a dos influencias: condensación y desfiguración. La desfiguración es obra de las tendencias dominantes en la vida psíquica y se dirige, sobre todo, contra aquellas huellas del recuerdo que han permanecido afectivas y que presentan una mayor resistencia a la condensación. Las huellas que han devenido indiferentes sucumben al proceso de condensación sin resistencia alguna, pero puede observarse que, además, hacen también presa en este material indiferente determinadas tendencias de desfiguración que no han quedado satisfechas en el lugar en que querían manifestarse. Dado que estos procesos de condensación y desfiguración se desarrollan durante un largo período de tiempo, durante el cual actúan todos los nuevos sucesos en la transformación del contenido de la memoria, opinamos que es el tiempo lo que hace inseguros e imprecisos a los recuerdos. Es muy probable que en el olvido no exista en absoluto una función directa del tiempo. En las huellas de recuerdo reprimidas puede comprobarse que no han sufrido cambio ninguno en los más largos períodos de tiempo. Lo inconsciente está, en general, fuera del tiempo. El carácter más importante y singular de la fijación psíquica es el que todas las impresiones son conservadas, por una parte, en la misma forma en la que se recibieron y, además, también en todas aquellas formas que han adoptado en ulteriores desarrollos, carácter que no puede aclararse por ninguna comparación con otros campos. En virtud de esta teoría, podría reconstituirse para el recuerdo todo estado anterior de contenido de la memoria, aun cuando sus elementos hayan cambiado todas sus relaciones originales por otras nuevas.

12. Véase *La interpretación de los sueños,* en Alianza Editorial, Madrid, 2011 (1966). *(N. del T.)*

Obras de Sigmund Freud en Alianza Editorial: